国古代陶瓷所体现的造物艺术思想

朱广宇 著

东南大学出版社
SOUTHEAST UNIVERSITY PRESS
·南京·

图书在版编目(CIP)数据

中国古代陶瓷所体现的造物艺术思想 / 朱广宇著.
— 南京 ：东南大学出版社，2018.3
(六朝松艺术文库 / 王廷信主编)
ISBN 978-7-5641-7676-1

Ⅰ. ①中… Ⅱ. ①朱… Ⅲ. ①古代陶瓷-研究-中国
Ⅳ. ①K876.34

中国版本图书馆 CIP 数据核字(2018)第 062068 号

东南大学出版社
(南京市四牌楼 2 号　邮编 210096)
出版人:江建中
网　　址:http://www.seupress.com
电子邮箱:press@seupress.com
全国各地新华书店经销　常州市武进第三印刷有限公司印刷
开本:787 mm×980 mm　1/16　印张:11　字数:203 千
2018 年 3 月第 1 版　2018 年 3 月第 1 次印刷
ISBN 978-7-5641-7676-1
定价:52.00 元

总序

人类自觉或不自觉地创造艺术，当有数万年的历史了。

数万年来，艺术与人类同在，成为人类生命当中不可或缺的一个组成部分，也酿为人类文化的重要形式。

数千年来，中外有关艺术的研究著作汗牛充栋。这些著作均为一代代学人感受艺术、品评艺术、思考艺术规律的结晶。时代发展到今天，艺术的创造、接受、传播以及艺术史的梳理、艺术理论的探索仍然需要学人孜孜以求。

东南大学位于六朝宫苑旧址，校园内的六朝松见证着南京的历史，也见证着东南大学的历史。东南大学艺术学院位于六朝松下，自两江师范学堂监督李瑞清先生起，这里就有无数学人研究艺术、创作艺术、培养艺术新人。时至今日，这里依然薪火相传，艺声不断。为了表达东大学人对于艺术的思考，总结新一代学人的研究成果，我们决定出版“六朝松艺术文库”。

这套文库以艺术学二级学科成果为主导，兼及艺术学其他二级学科的学术成果。自20世纪90年代二级学科艺术学从制度上创设于东南大学以来，我国已有近60家大学开设该学科。但这个学科还是一个年轻的学科，仍然需要几代人的努力。尤其是鉴于二级学科艺术学与美学、门类艺术学之间既有区别又有关联的关系，本文库在选题上并未局限于二级学科艺术学范围内。

本文库的作者均为东南大学艺术学院的教师，他们当中有20世纪80年代出生的青年学者，也有年过花甲的老教授，所以有的选题较为成熟，有的尚且稚嫩。但大家都分别从某个角度、某个方面探讨艺术的基本规律，力求独得之见。

本文库的出版将持续较长的时间，分别在不同的出版社陆续推出，欢迎各界学人批评指正。

东南大学艺术学院

2009年6月

编委会名单

“六朝松艺术文库”编委会

目录

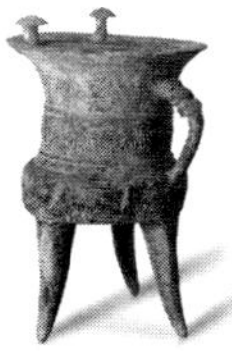

绪　论

第一节　研究主题和研究范围

造物艺术思想，是人类造物过程中的指导思想，它不仅包含着造物过程中作为造物者的人所体现出来的原则、依据和预想，同时也表现为被造物者所创造出来的“物”所折射出来的社会思潮、科技文明和历史文化。分析造物艺术，有利于我们更加科学地、正确地、全面地认识和了解我国造物艺术的发展历史和宝贵经验；也有助于我们在今天的历史条件下，正确地吸收和弘扬我国造物艺术的优良传统，灵活地运用传统造物思想的精华，设计和创造出适应现代人类生活所需求的新作品。相信通过对造物艺术思想的考察，可以从中看出中国传统文化的人文精神、人与物的关系，以及贯穿在整个造物过程中以人为本的运作模式，借古鉴今，会带给我们一些有益的启示。

“设计”，作为一种创造性的思维活动和实践过程，包含着科学、技术、艺术、经济等多方面、多层次、多角度的思考，它的整个过程离不开抽象思维、形象思维和灵感思维。亚里士多德曾在其《形而上学》中说：“关于制造过程，一部分称为‘思想’，一部分称为‘制作’——起点和形式是由思想进行的，从思想的末一步再进行的功夫为制作。”①就设计艺术而言，有的学者也用“技术”和“艺术”两个层面加以涵盖，这两个层面的变异和发展决定着设计产品的取向。日本学者后藤涓士在其《技术制作与艺术制作》②一文中将这两个过程作了如下表 0－1 的比较：

---

① 亚里士多德著，吴寿彭译：《形而上学》，商务印书馆 1991 年版，第 137 页。

② 后藤涓士：《技术制作与艺术制作》，载《技术美学与工业设计》第一期，南开大学出版社 1986 年版，第 69 页。

表0-1 "技术"与"艺术"的比较

技术	艺术
技术世界	艺术世界
技术人	艺术家
技术创造	艺术创造
技术作品	艺术作品

在上表中，设计家对于"技术世界"和"艺术世界"的把握，主要依靠对以往所形成的知识和经验的把握，例如，对于"技术世界"而言，就表现为对科学、技术方面的前期经验的把握；而对于"艺术世界"而言，则包括对艺术史、审美、创作心理和艺术流派等方面的了解和把握。"艺术家"或"技术人"通过对艺术世界和技术世界的研究，再加入自己的创作理念，通过创作过程最终形成作品。而"技术作品"或"艺术作品"一旦产生，其影响范围则会相当广阔，不仅局限于对当时社会各层面的影响，还会影响到后来社会的技术和艺术的发展。因此，从设计艺术的内在发展机制来看，它是一个对于思想形态和创造意识的加工、提炼，然后再创作的过程，而其中的每一步都必不可少地蕴含和体现着造物思想。因此，我们研究和把握造物艺术思想，也就是为了更好地为设计艺术的创作和发展提供有益的借鉴和指导。

根据本书确定的主题，笔者除了从实物标本的研究着手，考察和观摩主要陶瓷产地和著名博物馆的收藏之外，在导师指导下，还着重从古代文献资料关于造物思想的相关论述中，从当代前辈学者的研究成果中，从自身做过的一些设计和造物实践中，体察和揣摩传统造物思想的精神实质。力图通过古代陶瓷艺术遗产中的三个部分的资料如①日常生活中的实用器皿，②古代礼制和宗教仪式中的礼仪器皿，③古代丧葬明器等，来剖析陶瓷艺术中所体现的传统造物思想。

我们知道，20世纪的一百年间，我国的设计艺术领域有过三次名称变革，即从最初的"图案"——到后来的"工艺美术"——再发展到今日的"设计艺术"(或"艺术设计")。名称的变更实际上表现了对造物艺术和设计艺术的认识在不断深化。在我国传统工艺美术领域中，一些小型家庭作坊和手工艺人是重要组成部分。在这些作坊里，工艺与设计之间并没有特别清晰的界限。造物艺术中蕴含的思想内容不可能脱离工艺美术的内在运行机制而独立存在，在他们的作品中反映出来的思想内涵，也就会简单而直接地成为这个时期设计艺术的体现。至于"工艺"一词，正如张道一先生所指出的："'工艺'这个词，在汉语中有两种含义，一是在艺术范畴之内，是对一般美术的限定，也可作为工艺美术的简称，与绘画、雕塑、建筑等相并列；但是在艺术范畴之外，'工艺'便不能单独使用，因为还

有第二种解释，即在生产技术上对物质原料或半成品的加工，……并非所有的工艺都是工艺美术。”①可见，我国长期使用的“工艺美术”一词，是指属于造型艺术范畴之内的，具有实用与装饰双重功能的造物艺术。五四运动以来，尤其是中华人民共和国成立以来，对于艺术思想史和造物思想史的研究逐渐受到学术界的重视，学者和相关专著层出不穷。从 1917 年商务印书馆出版许衍灼撰写的《中国工艺沿革史略》开始，关于中国工艺美术的通史、断代史、专史等著作，不断发表。中华人民共和国成立以来，诸如陈之佛、庞薰琹、沈从文、雷圭元、沈福文、周锡保、田自秉、王家树等老一辈的专家学者，他们从不同的角度为工艺美术的发展和研究作出了卓越的贡献。而对于存在于各种工艺美术品类中的造物艺术思想的探讨，似乎涉及不多。因此，研究生七年中，在先生的指导下，本人努力从传统的工艺美术品类着手，关注和探讨其中蕴含的造物艺术思想及其变化轨迹，希望为我国设计艺术的发展贡献自己的一份力量。

首先，为了更加准确地把握“造物艺术思想”这一概念，我想应该从“思想”的定义和前人对工艺美术思想史的研究两个方面来切入。

“思想”，按照葛兆光先生在《中国思想史》一书所言：“思想的出现要起码符合三个条件，即，第一，只有当古人的意识活动已经有了某种‘非实用性’，即超越了实际生活与生产的具体意味时，它才有可能是‘思想’。第二，这种思想中形成了某些共识，即被共同认可的观念。就是说，思想活动有了一定的普遍性与抽象性，……形成了一些至少在一批人中共同认可的，而且是可以说明不止一个事实的观念才是思想。第三，‘思想’必须是有符号记载或图像显示，因为没有符号或图像，思想不仅不能交流，也无法传下来为我们所研究，只有古人把它们的思绪与心情留在了他们的文字、图饰、器物等等之中，传达给他人，流传给后人，思想才真正进入了历史。也就是说，对于今人，只有当文献资料、文化人类学的知识和考古发现足以复原古代的一些观念，思想才真正有了历史。”②《现代汉语词典》中关于“思想”的定义是：“客观存在反映在人的意识中经过思维活动而产生的结果。思想的内容为社会制度的性质和人们的物质生活条件所决定，在阶级社会中，思想具有明显的阶级性。”③由此可见，“思想”所包容的内涵是巨大的，而这篇论文主要论述的是造物思想，尤其是和陶瓷艺术相关的造物思想，这只是“思想”领域中的一小部分。对造物思想的研究不同于政治、宗教、经济或哲学等领域对思想体系的研究，它更多注重的是物质文化层面的解读，即对于体现思想的人造

---

① 奚传绩主编：《设计艺术经典论著选读·序》，东南大学出版社 2002 年版，第 3 页。

② 葛兆光：《中国思想史》卷一，复旦大学出版社 2003 年版，第 5 页。

③ 中国社会科学院语言研究所词典编辑室：《现代汉语词典》(第 7 版)，商务印书馆 2016 年版，第 1237 页。

物的解读，这一解读所涉及的方面，包括社会形态、科技发展、文化主流、审美意识等方面，以及政治结构、经济发展、自然环境等与造物有关的部分，主要借用了考古学、文献资料和文化人类学的研究方法。

当然，造物艺术作为人的思想的物化，它所蕴含的思想内容十分复杂，当研究者面对造物形态，而要去把握造物者的全部创造历程和精神内涵，实在是非常困难的。通过种种资料的佐证，我们期望从传统的工艺美术品类中发掘出古代造物思想中的一部分内容。从单个的工艺美术品类着手，考察设计艺术中存在的思想内涵，更有利于我们把握不同的传统工艺美术种类中蕴含的不同思想内容，以及诸种不同工艺美术种类之间的交叉影响状况。传统的工艺美术品，并非无缘无故产生的，它受很多因素的制约和影响，如政治、经济、宗教信仰、审美倾向、生活需要等外部因素，以及自身的材料、技术的制约性、用途和功能的合理性、装饰和造型的美观性等内部因素。笔者在研究过程中发现，一些前辈、学者、专家在其著作中有过对工艺美术思想的研究，如张道一先生在其《设计观念——工艺美术教学的一个关键问题》一文中就曾指出："设计观念是怎样形成的呢？它来源于实践，是基于日常生活的直接需要和生产的需要而建立起来的。我们知道，观念不是由当前外界事物直接引起的反映，而是以前事物在人头脑中的再现。也就是说，它是同物质相对立的意识和思想。"①诸葛铠先生也在其《图案设计原理》中提出设计思想的三种模式，即模仿型、继承性和反叛型，并进一步提出："设计思想是一种观念，也是设计师的世界观，是设计过程的出发点和指导思想。它在任何时代都暗示着'怎样的设计才是合理的和美的'这一命题，并从宏观上控制着设计师在寻找最佳方案时的思维方法。"②杭间的《中国工艺美学思想史》谈到了工艺美学思想的六个基本特征：重己役物，致用利人，审曲面势、各随其宜，巧法造化，技以载道和文质彬彬③。李砚祖的《工艺美术概论》中提到的"工艺设计观"有六个方面：材美工巧、以用为本、文质彬彬、物顺自然、重己役物和物以载道④。潘鲁生的《中国民间美术工艺学》中的"中国民间美术的工艺造物思想"一章中，提到：①工艺造物制品多与农耕业相关。②对自然材料的巧妙利用、制作技术的灵活随机性与创造器物实用功能和审美功能密切结合。③造物过程重经验、感性和规矩、范式，所以制品形态具有人情味和程式化的双重特性⑤。李立新的《中国设计艺术史论》的"轴心时代的造物思想"一节中谈到：①华采之

① 奚传绩主编：《设计艺术经典论著选读》，东南大学出版社2002年版，第150页。
② 诸葛铠：《图案设计原理》，江苏美术出版社1998年版，第259页。
③ 杭间：《中国工艺美学思想史》，北岳文艺出版社1994年版，第14－17页。
④ 李砚祖：《工艺美术概论》，山东教育出版社2003年版，第130页。
⑤ 潘鲁生：《中国民间美术工艺学》，江苏美术出版社1992年版，第49页。

势——孔子“明道”的造物思想。②非乐节用——墨子反装饰的造物思想。③大匠若拙——老子纯朴的造物思想。④返璞归真——庄子自然生态的造物思想。⑤物以致用——韩非功利的造物思想。⑥侈靡消费——管仲经济管理的造物思想等六点造物思想[1]。徐飚的《成器之道》的“设计思想与观念”一节中则提到了“贯通道器,关照本质”的思想原则[2]。夏燕靖的《中国艺术设计史》一书中也对各时代的造物思想有简单的归纳总结[3]。这些著作中,都对中国传统工艺美术思想及造物思想作了一些精湛而翔实的分析。

“造物”的概念,在某些情况下与“设计”的概念是可以互通的,人类造物的过程其实也就是设计意图的实现过程。《现代汉语词典》中关于“设计”的定义为:“在正式做某项工作之前,根据一定的目的要求,预先制定方法、图样等。”[4]从这个解释可以看出,这里的设计指的不仅仅是艺术设计,它所涵盖的范围很大,还包括像战争、建设、工程、机械、企业营销等方面的设计,凡是与“设想、计划”相关的都属于“设计”的领域。因而我们可以看出,“设计”常常是一种协作性很强的活动,它不可避免地与很多领域发生关系,往往在不同的时期有不同的因素与其互相交接。在《简明不列颠百科全书》中,对艺术设计中的“设计”一词做了如下的解释:“美术方面,设计常指拟定计划的过程,又指记在心中或者制成草图或模型的具体计划。产品的设计首先指准备制成成品的部件之间的相互关系。这种设计通常要受到四种因素的限制:材料的性能,材料加工方法所起的作用,整体上各部件的紧密结合,整体对于观赏者、使用者或受其影响者所产生的效果。”[5]这里所提到的四种因素的限制,即材料、技术、构造、功能与美观,这是造物过程中造物者所思考的主要方面,也是造物思想的内在因素。但还有很多影响到造物活动的外部因素,如生产力的发展水平,先进科技在实际生产生活中的应用状况,人们所需生活资料的发展变化情况,自然环境的因素,精神文化的影响,包括风俗习惯、道德规范、礼制、宗教、政治等等,这些都是制约造物艺术发展的外部因素。它们共同影响着造物艺术的价值取向和流变轨迹,通过这些制约因素,我们也可以看出造物艺术在发展过程中要适应的三个主要方面,即科技方面、生活方面和审美方面。这三者不但决定了造物艺术前进的方向,更不断充实和丰富着物质文化和精神文化的内容。因此,当设计艺术的发展进入商品社会的时候,

---

① 李立新:《中国设计艺术史论》,天津人民出版社 2004 年版,第 56 页。

② 徐飚:《成器之道》,南京师范大学出版社 1999 年版,第七章。

③ 夏燕靖:《中国设计艺术史》,辽宁美术出版社 2003 年版。

④ 中国社会科学院语言研究所词典编辑室:《现代汉语词典》(第 7 版),商务印书馆 2016 年版,第 1153 页。

⑤ 《简明不列颠百科全书》卷七,中国大百科全书出版社 1986 年版,第 116 页。

至少包括三个层面的设计，即艺术性的设计、技术性的设计和营销性的设计，这三者不能孤立发展，而是相辅相成、互相作用、互相联系的。但这三个方面在各自范畴内都具有不同的思想理念，诸如经济思想、宗教思想和政治思想等。它们也必将在造物艺术活动中有不同程度的体现。

对于设计师而言，他既要关心产品的外观造型，又要注意到产品的操作性、功能性的因素，对于前者我们可以称其是“装饰设计”，而对于后者我们也可以称其是“功能设计”。因而，从新石器时代的彩陶，到我们今天的航天飞机的制造，几乎每种设计都似乎在寻求着外观与功能之间的平衡。也可以说，在设计艺术中上述各个方面是结合得十分紧密的，任何简单的、机械的划分方式都是不符合人类造物活动的基本特征的。

第二节　为什么要从陶瓷看古代造物艺术思想

对“造物艺术思想”的研究是一个非常复杂的命题。因为我国古代陶瓷艺术中遗存的资料是非常丰富、翔实的，表现在陶瓷艺术品存在的时间范围、空间范围、其自然属性优势、技术成就和影响范围、在历史文献中记载资料的丰富性以及其对历史本来面貌的折射性反映等诸多方面，为此，本书选择陶瓷艺术作为研究中国古代造物艺术思想的一个突破口，通过对这些工艺美术品的历史分析，发掘出创作者的意图和思想，找出造物艺术中存在的规律性。

从时间跨度来看，在迄今为止的考古发掘中，桂林甑皮岩遗址出土的距今12 000年的素面夹砂陶片被确认为目前中国发现最早的陶器，这一时期处于新旧石器时代交替之间。从甑皮岩出土的陶器残片推断，当时的陶器有罐、釜、钵、瓮四种，其中罐最多，陶片胎质厚薄不均，说明当时所使用的是原始的手制工艺，而非轮制。一般来说，当具备如下三个条件时，瓷器才得以真正产生：一是以富含绢云母的瓷石为坯胎原料。二是窑炉的砌筑技术能够把窑床温度提升到1 300 ℃，也就是龙窑的发明与运用。三是草木灰釉的发展。这三个条件在中国东汉末年，浙江余姚的上虞地区已经逐步具备。草木灰釉在高温熔合下附着在胎体上呈现青色或黄绿色，这就使中国发明出来的瓷器首先是高温釉青瓷。余姚古属越州，因此越州青瓷是我国最早的瓷器。瓷器是在陶器制造技术不断发展和提高的基础上得以产生的。商代的白陶以瓷土做原料，烧成温度达到1 000 ℃以上，是瓷器出现的基础，后经过西周、春秋、战国到东汉 1 600 年～1 700 年的变化，终于形成了真正成熟的瓷器。陶瓷艺术有如此旺盛的生命力，以至于一直到今天，我们居家使用的主要器皿仍然是陶瓷器。

从陶瓷的自然属性来看，陶瓷器具有不易腐烂、保存时间久远等优良特性。

我国的传统工艺美术品类繁多，有漆器、竹木器、青铜器、金银器、玉器和料器等，但它们远没有陶瓷器的适应性强。漆器制作工艺十分繁琐复杂，且不耐火；竹木器虽加工简单，但也不耐火；青铜器和金银器、玉器等不但做工复杂，且原料难得，普通民众受用不起；料器虽不像珠玉那样珍贵，但同西方的钠钙玻璃不同，我国出产的多是铅钡玻璃，其化学稳定性差，不易长期保存，也易碎，因而它们的普及面也受到了相应的限制。陶瓷器正是克服了以上诸多缺陷：它制作工艺相对简单，原料易得，且耐火性强，不易破碎，因而陶瓷器在我国获得最大的适应性和最广泛的普及性是必然的。我国古代上至王公贵族，下至黎民百姓，无不使用陶瓷器皿作为日常生活用品，只不过制作精疏有所差别而已。综观我国古代陶瓷艺术，它几乎涉及人们生活的方方面面，有建筑用的地砖、墙砖、瓦、屋脊装饰物、排水管道等，日常生活用的碗、盆、钵、罐、壶、瓶、盘、釜、缶、盂等，以及各种仿铜陶礼器、祭器、明器等，还有各种瓷塑、陶塑、文房用具等等。

从分布地域来看，我国绝大部分的省、市、自治区都有古代窑址的发现。自1949年以来，陶瓷考古发现的古代瓷窑遗址分布于我国十九个省、市、自治区的一百七十个县，其中宋代窑址分布达一百三十个县，占总数的75%，遍布全国各地。从考古发掘来看，我国仅新石器时代的文化遗址就有7 000多处，其中绝大部分都有使用陶器的痕迹。

从还原历史文化本来面貌方面来看，陶瓷艺术中蕴含的造物思想是十分丰富的。梁启超曾在其《五十年中国文化概论》一文中概括地讲述了中国文化变迁的三个层次，即器物—制度—伦理。器物的发展能够反映出一定历史时期的人文思想。陶瓷器物所表现的内容也是与同时期的社会文化背景和人文思潮分不开的。又因为陶瓷器有极强的普及性和适应性，它不但流行于民间，更和宫廷、文人和宗教艺术等各个层面发生着关系，因而，一定历史时期的陶瓷器不仅能够反映当时社会的审美风尚，更能够折射出宗教、政治、经济和社会环境等各方面的变化情况。在历史上，某些传统名窑，或者为宫廷烧造过器皿的窑场，在其自身发展的过程中，或因在技术上较前代发展而有所突破，或因形成不同于其他窑场产品的独特风格，或因能够满足特定的社会需求，从而带动一个地区乃至更大范围内争相仿效，形成诸如“磁州窑系”“耀州窑系”之类的里程碑式的名窑、名器，这些瓷窑所生产的产品毫无疑问地成了研究中国古代陶瓷造物艺术思想的典范和标本。尽管有些陶瓷器中所隐含的，曾经影响当时的陶瓷器创作的社会因素、时代因素已经消失，却作为这些思想载体的陶瓷器实物却依然能够流传久远，如“唐三彩”，它的产生，是前代技术经验积累的结果，从社会根源的角度来看，是唐代厚葬之风的产物。即使到了宋代，虽然已经不再提倡厚葬，但却仍然有着“宋三彩”的延续。这种现象说明，作为一种艺术样式的“三彩”器，已经蜕去葬俗层面的外壳，而以它的审美内核继续存在于人们的生活之中。可见，陶瓷艺术和我国的其他传统手工艺一样，在制作技术的传承、纹饰的流变、形制的变迁和延续方面，都和那个时代的科学技术背景、社会生活因素、文人乃至民间匠人的审美情趣紧密结合在一起。

从各种文献资料的记录方面看，陶瓷艺术也具有得天独厚的优势。我国历代对陶瓷艺术研究的专著很多，其中记录的资料有的已经非常翔实、清晰。如古籍类有宋代蒋祈的《陶记》，明代曹昭的《格古要论》、王世懋的《窥天外乘》、高濂的《遵生八笺》、张应文的《清秘藏》、黄一正的《事物绀珠》、谷应泰的《博物要览》、陈眉公的《妮古瓷》、屠隆的《考盘余事》、宋应星的《天工开物·陶埏》，清代蓝浦的《景德镇陶录》、《南窑笔记》(佚名)、吴骞的《阳羡名陶录》、梁同书的《古铜瓷器考·古窑器考》、朱琰的《陶说》、寂园叟的《陶雅》、程哲的《窑器说》，民国时期刘子芬的《竹园陶说》、许之衡的《饮流斋说瓷》、黄裔的《瓷史》、孙凤翔的《瓷录》、《磁论》(佚名)、赵汝珍的《古玩指南·瓷器》、邵蜇民的《增补古今瓷源流考》、杨獻谷的《古月轩瓷考》、向焯的《景德镇陶业纪事》、郭葆昌的《瓷器概说》、吴仁敬和辛安潮的《中国陶瓷史》《绘瓷学》、江思清的《景德镇瓷业史》、张斐然的《江西陶瓷沿革》、陈万里的《瓷器与浙江》《中国青瓷史略》，等等不胜枚举。中华人民共和国成立以来，关于陶瓷艺术的研究专著更是层出不穷，如轻工业部陶瓷工业科学研究所编著的《中国的瓷器》、耿宝昌的《明清陶瓷鉴定》、叶喆民的《中国古陶瓷科学浅说》、朱培初的《明清陶瓷和世界文化的交流》、江西省文化厅文物处编的《中国古代瓷器基础知识》、中国硅酸盐学会编的《中国陶瓷史》《中国古陶瓷论文集》、蒋玄佁的《吉州窑》、上海科学技术出版社出版的《陶瓷史话》，李家治和陈显求等著的《中国古代陶瓷科学技术成就》、傅振伦的《中国伟大的发明——瓷器》、冯先铭的《中国陶瓷》、童书业的《童书业说瓷》、熊海堂的《东亚窑业技术发展与交流史研究》、安金槐的《中国陶瓷全集》、李知宴的《中国陶瓷简史》《中国古代陶瓷》，陈进海的《世界陶瓷艺术史》、杨永善的《陶瓷造型艺术》等，另外，《中国大百科全书》(考古卷)、《中国大百科全书》(文物、博物馆卷)和《中国大百科全书》(美术卷)中也都有相关内容涉及。海外学者在陶瓷艺术上的研究也有不少贡献，如新西兰学者路易·艾黎的《瓷国游历记》、日本三上次男的《陶瓷之路》等。其中古籍类中谈到陶瓷艺术，多从品鉴学的角度予以阐释，自 20 世纪初期才先后有考古学方面的陶瓷论著出现，这从我国 20 世纪 50 年代以后出现的各种考古发掘简报中可以看出。然而，对陶瓷艺术品中所反映出的时代特征和造物思想，以及陶瓷艺术品中蕴含的历史信息的解读的专著还并不多。我们以研究陶瓷艺术品的发展为脉络，进而探求传统设计艺术中的一些原理性问题，就是要从中国传统的人文精神中，从人与物的关系的探索中，发掘出一些对我们今天的设计仍有借鉴意义的造物思想，为中国现代设计艺术的发展提供借鉴。

也正是由于我国古代的陶瓷艺术品有以上诸多典型性特征，加上陶瓷艺术品是我国古代重要的工艺美术品类，以它的发展为研究对象，从而了解我国造物艺术中的一些思想理念，无疑是具有一定的代表性的，这也是本书的研究价值所在。但我国古代陶瓷艺术品的使用范围非常广泛，时间跨度、空间跨度都很广大，本书仅就古代陶瓷中的日用陶瓷，与礼制相关的陶瓷器皿以及丧葬中的陶瓷这三个比较有代表性的方面做详细论述，其他方面的内容，如宗教仪式中使用的陶瓷器或少数民族中使用的陶瓷器等内容，暂不涉及。

关于我国古代陶瓷艺术的研究，很多前辈学者已经做了相当多的工作，大体可以分为三个阶段，即文献考证阶段（“书斋考古”阶段）、考古调查发掘阶段（“考古调查发掘”阶段）和二者综合的研究阶段。我国 20 世纪 30 年代以前，考古学体系还没有完全形成，这一时期对陶瓷艺术的研究基本上仅局限于对古籍史部和集部中的有关陶瓷文献进行解读和考证，尤其是宋元以后的陶瓷著录更是这样，基本上是从品鉴学的角度对器物予以考证和分析。陈万里先生是我国第一位走出书斋，进行实地田野考古调查和发掘的学者。1928 年夏，他先后“八去龙泉，七访绍兴”，对浙江的越窑、龙泉窑进行了实地的考古调查发掘。《瓷器与浙江》是他这一阶段的主要代表作，该书是从传统的“书斋考古”走向第二阶段的古窑遗址考古的一个里程碑。50 年代以来，沿着陈万里先生的路，先后又有冯先铭先生、朱伯谦先生等学者的研究，将我国古代陶瓷艺术研究全面推向了“考古调查发掘阶段”。他们的各种有关古代陶瓷艺术的论文集也先后出版，为我们今天的研究打下了坚实的基础。今天，学者们在掌握大量的考古资料和古代文献的基础上，已经提出了一系列的综合性课题研究，这不仅要借助科学的研究手段，更需要有大量的文献和考古资料的研究积累。① 周仁先生和原上海硅酸盐研究所的专家们，运用自然科学手段在陶瓷工艺技术方面做了很多有益的科学测定工作。

对传统工艺美术品类，尤其是陶瓷艺术品中蕴含的造物思想研究，所要借助的方法不外乎利用传世和出土实物、文献史料、考古调查和发掘资料、科学测定以及民俗学的模拟方法等。从造物思想的角度来对陶瓷艺术的发展加以分析，则要考虑古代社会的手工业制度、经济发展状况、社会风俗的变迁等外部因素。只有对上述材料进行综合的分析和研究，才能更加全面地掌握造物思想对于造物活动的指导作用。

① 李辉炳：《中国瓷器研究现状与展望》，《南方文物》1997 年第 2 期，第 60 页。

第一章 中国古代的造物思想举要

第一节 先秦诸子的造物思想

人类的造物活动与动物的本能活动有着本质的区别。人类的造物活动是经过人类大脑的深思熟虑、有目的的自觉活动，它一般先有一个设想和计划的过程，然后才有制作的过程，而这种设想和计划必然受到造物者所处的特定的时代、社会、阶层等客观因素的影响和制约，使他的造物活动及其成果，都带有那个时代所给予的深刻的烙印，透析出那特定时代的社会思想和文化特征。

工艺美术是人类造物艺术中的一个品类，因而，它也是研究人类造物思想的一个十分重要、十分典型的领域。许多前辈学者对于我国工艺美术造物思想的研究成果，是我撰写本书时的十分重要的理论基础，正是在他们的研究成果的指导下，我对于这一课题的研究，才得以获得一些粗浅的认识和心得，在此求教于各位前辈。

在公元前776至前221年的春秋战国时期，我国文化史上出现了一个空前的“百家争鸣，学术繁荣”的局面，卡尔·雅斯贝斯称这一时期为“轴心时代”①。葛兆光在其《中国思想史》中指出先秦思想是“由一些当时人们普遍接受与理解的观念支持，由人们对应外在变化的通常知识表现，经实践这些知识的技术显示，并通过普通的教育而代代相传，它并不是思想的精髓却是思想家们的出发点，思想史的真正背景就在这种普通的知识土壤之中”②。徐复观在其《中国艺术精神》的“自叙”部分谈到：“但就我目前所能了解的是，中国文化中的艺术精神，穷究到底，只有由孔子和庄子所显出的两个典型。由孔子所显出的仁与音乐合一的典型，这是道德与艺术在穷极之地的统一，可以作万古的标程；但在现实中，乃旷千载而一遇。而在文学方面，则常是儒道两家，尔后又加入了佛教，三者相融相即的共同活动之场。”③先秦思想确是中国传统思想发展的渊源所在。因此，

① 卡尔·雅斯贝斯著，柯锦华等中译本：《智慧之路》，中国国际广播出版社1998年版，第68-70页。

② 葛兆光：《中国思想史》卷一，复旦大学出版社2003年版，第71页。

③ 徐复观：《中国艺术精神》，华东师范大学出版社2001年版，第4页。

我们要分析陶瓷艺术中包含的古代造物思想，就有必要对先秦的造物艺术思想做一个简单的梳理。但是，我们也应该看到，先秦诸子关于造物思想的阐述，多是借题发挥、借物言志，其根本目的或在于治国平天下，实现自己的政治目标；或在于探究事物运动的本源和规律，以求预知未来。

在诸子百家之中，对人类的造物活动，各家都提出了自己的看法，儒家的“因礼而器”，墨家的“因利而器”，道家的“器以体道”，等等学说，都探讨了人类造物活动的性质、目的、方法，并进一步说明造物过程中的创造性思维和人与物的相互关系，具有一定的代表性和影响力。

一、孔子的主张（“礼云，礼云，玉帛云乎哉。”《论语》）

以孔子（前551—前479）和孟子（约前372—前289）为代表的儒家学派，其学说的主要命题实际上是属于社会学和政治学范畴的东西，着眼于维护周代以来形成的一整套社会秩序和伦理道德，提出了关于社会、宗族、家庭和自我等方面的一系列理想化的规范。

孔子对造物艺术思想的概括以礼乐制度为基础，提出人要全面发展，这表现在他教育弟子的“六艺”中，即“礼、乐、数、书、御、射”。这里面，“礼”是核心，而“礼”的具体内容，不外乎是出于社会道德规范所要求的一整套严格的规矩和尺度。对于造物的规范，也在“礼”的范畴之内，必须符合“礼”和“仁、义”等道德规范的要求，所谓“器以藏礼”，“虽小道，必有可观者焉。致远恐泥，是以君子不为也。”（《论语·子张》）这里的“小道”，朱熹注释为“农圃医卜之属”，说“百家众技，犹耳目口鼻，皆有所明，而不能相通，非无可观也，致远则泥矣，故君子不为也。”《论语·述而》又言：“志于道，据于德，依于仁，游于艺。”由此，我们可以理解，孔子这里所说的“君子不为”之“小道”，是要通过“游于艺”，而使之相通，不能拘泥于一才一艺，要多才多艺。

孔子同时也在《论语·阳货》中发出“礼云礼云，玉帛云乎哉？乐云乐云，钟鼓云乎哉”的疑问，这充分说明了孔子“器以藏礼”的观点。他指出玉帛、钟鼓只是“礼”和“乐”表达的形式，而并非礼、乐本身，借玉帛言礼之敬，借钟鼓言乐之和也。这种借物言志的表达手法在先秦诸子之学中屡见不鲜。不过，孔子同样也承认工匠专心致志地钻研技巧，是和君子努力治学的道理一样的。“百工居肆以成其事，君子学以致其道。”（《论语·子张》）对于器的形制，凡是涉及“礼制规矩”的，他都十分认真。子曰：“觚不觚，觚哉，觚哉！”（《论语·雍也》）觚是一种有棱的酒器，孔子认为，若是失其形制，就不是觚了。

孔子和孟子不像墨子和公输班那样把精力用于造物实践的具体过程，他们认为那是“形而下”的工匠劳作，但是却非常重视对于造物成果的评价，以及将它们运用在"礼"和"乐"等形而上的制度、仪式之中。这反映了儒家学说着眼于维护封建秩序的严肃性、规范性，并以此为出发点，来看待造物艺术的人文特征。

二、老子和庄子的主张（"埏埴以为器，当其无，有器之用。"）

以老子李聃（生卒年月不详）和他的弟子庄子庄周（约前 369—前 286）为代表的道家学说，力求紧紧把握哲学的命题，在宇宙论和辩证法方面努力探讨世界的本质与运动、物质与精神的辩证关系、对立与统一、相反与相成的辩证关系等等。老子对造物的理解，深入到哲学的本体之中，提出了许多具有创造精神的精辟见解。

《老子》一书共五千言，八十一章，其中谈到与造物思想有关的有以下几处：

①《老子》第五章："天地之间，其犹橐籥乎？虚而不屈，动而愈出，多言数穷，不如守中。""橐籥"即风箱，是古代冶铸行业中用以吹风助火之器。

②《老子》第十一章："三十辐，共一毂，当其无，有车之用。埏埴以为器，当其无，有器之用。凿户牖以为室，当其无，有室之用。故有之以为利，无之以为用。"

③《老子》第廿七章："善行无辙迹。"

④《老子》第廿八章："朴散则为器，圣人用之则为官长。故大制不割。"

⑤《老子》第廿九章："天下神器，不可为也。"王弼注曰："无形以合，故谓之神器也"意为返璞归真。

⑥《老子》第七十七章："天之道，其犹张弓与？高者抑之，下者举之；有余者损之，不足者补之。"

⑦《老子》第八十章："小国寡民，使有什伯之器而不用，使民重死而不远徙。虽有舟舆，无所乘之；虽有甲兵，无所陈之。"

这些言论，集中体现了老子想排除一切浮华的雕饰手段，以崇尚自然、混沌、质朴、纯真为最高造物境界的造物思想。"自然"这个命题，在老子看来是比"道"还大的，高于一切的一种状态，在《老子道德经注》（[魏]王弼注）一书中，提到"自然"的地方很多，例如：

①"天地任自然。"（《老子道德经注》第五章）

②"夫晦以理，物则得明；浊以静，物则得清；安以动，物则得生；此自然之道也。"（《老子道德经注》第十五章）

③"自然，其瑞兆不可得而见也；其意趣不可得而睹也。"（《老子道德经注》第十七章）

④"法自然者，在方而法方，在圆而法圆，于自然无所违也。"（《老子道德经注》第二十五章）

⑤"万物以自然为性，故可因而不可为也，可通而不可执也。"（《老子道德经

注》第二十九章）

⑥“圣人达自然之至，畅万物之情，故因而不为，顺而不施。”（《老子道德经注》第二十九章）

⑦“神不害自然也，物守自然，则神无所加，神无所加则不知神之为神也。”（《老子道德经注》第六十章）

⑧“大巧因自然以成器。”（《老子道德经注》第四十五章）

这些言论很多涉及对于造物思想的论述，尤其是“大巧因自然以成器”，“物守自然，则神无所加”的观点，可以了解道家是把“自然”当作造物的最高境界来看待的。唐人柳宗元所说的“求天作地造之状”，宋人苏东坡所说的“造物者之无尽藏也”都是以“自然”为追求。道家的“无为”思想，实际也是“顺应自然，不作弨求”的意思，并不是无所事事。老子说：“无为而无不为。”如果能够真正做到完全依照自然规律，这样的“无为”，当然就能够做到“无所不为”了，因而，老子的造物思想总括来说是“道法自然”和“大制无割”。

三、墨子的主张（《节用篇》）

创立墨家学说的墨子（约前468—前376），出身于工匠家庭，对数学、声学、光学等都有精到的观察和研究。他的造物思想是以是否有利于人民生活为标准的，“若事，上不利天，中不利鬼，下不利人，三不利而无所利，是谓之贼。凡从事此者，寇乱也，盗贼也；不仁不义、不忠不惠、不慈不孝，是故聚敛天下之恶名而加之，是其故何也？”（《墨子·天志下》）。因此，他极力反对儒家提倡的“礼乐”和繁琐的仪式，说儒家提倡礼乐是“盛容修饰以蛊世，弦歌鼓舞以聚徒，繁登降之礼以示仪，务趋翔之节以观众”（《墨子·非乐上》），“其道不可以期世，其学不可以导众”（《墨子·非乐上》）。他主张非攻，反对不义战争，为了说服楚王不去攻打宋国，与设计了攻城机械的能工巧匠公输般，展开了一场斗智斗勇的著名论战：“公输般为楚造云梯之械成，将以攻宋。子墨子闻之，起于齐，行十日十夜而至于郢，见公输般。”“子墨子解带为城，以牒为械。公输般九设攻城之机变，子墨子九拒之；公输般之攻械尽，子墨子之守械有余。公输般诎。”（《墨子·公输般》）可见墨子还是一位能动手设计的实践家。他关于筑城、设门、造车、凿井、灌溉等等方面的工程设计，在当时受到各国的重视。

与儒家相对，墨子以“节用”和“有利”的原则来确定造物的尺度和范围，省工省料，用途便利，才是好的设计。他指出：“是故古者圣王，制为节用之法，曰：‘凡天下群百工，轮车、鞼匏、陶冶、梓匠，使各从事其所能。曰，凡足以奉给民用，则止。’诸加费不加于民利者，圣王弗为。”（《墨子·节用中》）《淮南要略》曾载“墨子学儒者之业，受孔子之术，以为其礼烦扰而不悦，厚葬靡财而贫民，服伤生而害事”。《吕氏春秋》亦载墨子曾求教于孔子。但是，墨子并没有盲从儒家学说，出于关心民生疾苦的平民意识，他多处提出了对儒家的批判。在《墨子·公孟篇》中明确地提出了与儒家对立的观点①：儒家不信鬼神，墨子倡“明鬼”②论；儒家厚葬久丧，墨子倡“节葬”论；儒家重礼乐，墨子倡“非乐”论；儒家信天命，墨子倡“非命”论。从这些观点上的冲突，我们可以看出，在造物思想上，儒家以“礼乐”“仁义”为标准，而墨家则大力提倡“利”“节”“用”等实用主义与功利主义的原则。

四、管子的主张（《侈靡篇》）

管子即管仲，曾在齐国为相，与晏婴齐名。其言论辑于《管子》一书，其中有关造物思想的言论，包含于《侈靡篇》的内容之中。虽然《管子》中并没有直接表达出造物思想，但其《侈靡篇》中的经济思想却间接地反映了他的造物思想。也有的学者认为：《管子》一书并非管仲所著，而是托名于管仲的一部论文集。其中包括有辑录的管仲治齐的部分旧档案材料，如《大匡》《中匡》《小匡》三篇，为西汉时刘向所编定的。大多数学者认为，多数篇文成于战国中后期稷下学士之手，是齐国稷下学派的学术成果。无论什么说法，它总是可以反映以管仲为代表的稷下学派的思想的。

管仲在《侈靡篇》中说：“莫善于侈靡。贱有实，敬无用，则人可刑也。故贱粟米而敬珠玉，好礼乐而贱事业，本之始也。珠者，阴之阳也，故胜火；玉者，阳之阴也，故胜水。其化如神。故天子臧珠玉，诸侯臧金石，大人畜狗马，百姓臧布帛。不然，则强者能守之，智者能牧之，贱所贵而贵所贱。不然，鳏寡独老不与得焉。”③管子针对富人阶层指出的所谓“贱有实（粟米）”和“敬无用（珠玉）”实际上是商业思想的表现。他继而也指出，这是“本（农业）之始也”。接着，他又对这一经济思想作了进一步的解释：“饮食者也，侈乐者也，民之所愿也。足其所欲，赡其所愿，则能用之耳。今使衣皮而冠角，食野草，饮野水，孰能用之？伤心者不可以致功。故尝至味而，罢至乐而。雕卵然后瀹之，雕橑然后爨之。丹砂之穴不塞，则商贾不处。富者靡之，贫者为之，此百姓之息生，百振而食，非独自为也，为之畜化。”④“长丧以黰其时，重送葬以起其财，一亲往，一亲来，所以和亲也。……

---

① 《墨子·公孟篇》言：“儒之道足以丧天下者四政焉：儒以天为不明，以鬼为不神，天鬼不说。此足以丧天下。又厚葬久丧，重为棺椁，多为衣衾，送死若徙，三年哭泣，扶然后起，杖然后行，耳无闻，目无见。此足以丧天下。又弦歌鼓舞，习为声乐。此足以丧天下。又以命为有，贫富，寿夭，治乱，安危，有极矣，不可损益也。为上者行之，必不听治矣；为下者行之，必不从事矣。此足以丧天下。”

② 《墨子·明鬼下》言：“是与天下之所以察知有与无之道者，必以众之耳目之实，知有与亡为仪者也。请惑闻之见之，则必以为有；莫闻莫见，则必以为无。”

③ 奚传绩主编：《设计艺术经典论著选读》，东南大学出版社 2002 年 9 月版。

④ 奚传绩主编：《设计艺术经典论著选读》，东南大学出版社 2002 年 9 月版。

巨瘗培，所以使贫民也。美垄墓，所以使文萌也。巨棺椁，所以起木工也。多衣衾，所以起女工也。犹不尽，故有次浮也，有差樊，有瘗藏，作此相食，然后民相利，守战之备合矣。”①因为倡导富人聚财好奢侈，能使百姓得到就业谋生的机会，解除了失业贫困之忧，也是促进经济发展的一种策略。

上面所说的“雕卵然后瀹之”“雕橑然后爨之”“长丧以黫其时”“重送葬以起其财”“巨瘗培”“美垄墓”“巨棺椁”“多衣衾”等侈靡工程，可以“使贫民”“使文萌”“起木工”“起女工”等说的主要是对工商业的影响和作用。这种倡导奢侈消费的经济思想也会进一步促进农业生产的发展。“积者立余食而侈，美车马而驰，多酒醴而靡，千岁毋出食，此谓本事。”②“国贫而鄙富，美如朝市，国富而鄙贫，尽如暮市。市也者，劝也。劝者，所以起本事，而末事起，不侈，本事不得立。”③

因此，《管子·侈靡篇》虽然论及的是工商业发展的策略问题，但它仍旧贯穿着“以农为本”的思想。这种主张侈靡的经济观念客观上促进了社会对手工业的重视和发展，也影响到了造物艺术前进的方向。“从《管子》全书看，结合着管仲的思想和实绩，《侈靡篇》所主张的‘侈靡’，不是孤立进行的。其实，他并没有离开以农业为主的‘务本’，也不主张君主过分奢侈。其提倡‘侈靡’，是为了加强商业，鼓励有钱人多花钱，来消耗他们的财富和时间，可以使平民、奴隶有事可做，充实国家的财富。在这种思想的指导下，工艺也将受到重视，并得到相应的发展。”④相对来说，这种理论对促进手工业的发展，促进造物艺术和技巧的提高，都是很有帮助的。

五、韩非子的主张（“千金玉卮”与“至贱瓦器”）

韩非子（约前 280—前 233）生活在战国末期，是法家的主要代表人物，也是集法家学说之大成者。韩非子的造物思想主要集中体现在其功利主义的一面，但不同于墨子的实用主义，他强调实用的前提是要服务于法治。

集中体现韩非子法治先于功利造物思想的例子在《韩非子》一书中并不少见，如：

①《韩非子·外储说右上》：“堂溪公谓昭侯曰：‘今有千金之玉卮，通而无当，可以盛水乎？’昭侯曰：‘不可。’‘有瓦器而不漏，可以盛酒乎？’昭侯曰：‘可。’对曰：‘夫瓦器，至贱也，不漏，可以盛酒。虽有千金之玉卮，至贵而无当，漏，不可盛水，则人孰注浆哉？”韩非在这里以“千金无当之玉卮”与“至贱有当之瓦器”作为

① 奚传绩主编：《设计艺术经典论著选读》，东南大学出版社 2002 年版。
② 刘柯、李克和：《管子译注》，黑龙江人民出版社 2003 年版，第 240 页。
③ 刘柯、李克和：《管子译注》，黑龙江人民出版社 2003 年版，第 240 页。
④ 奚传绩主编：《设计艺术经典论著选读》，东南大学出版社 2002 年版，第 21 页。

对比，阐明了其功利主义以法治为前提的造物思想。

②《韩非子·显学》："自直之箭，自圜之木，百世无有一，然而世皆乘车射禽者何也？隐栝之道用也。虽有不恃隐栝而有自直之箭、自圜之木，良工弗贵也。何则？乘者非一人，射者非一发也。"

③《韩非子·难势》："夫弃隐栝之法，去度量之数，使奚仲为车，不能成一轮。"

④《韩非子·有度》："巧匠目意中绳，然必(先)以规矩为度。"

⑤《韩非子·用人》："释法术而任心治，尧不能正一国；去规矩而妄意度，奚仲不能成一轮；废尺寸而差短长，王尔不能半中。使中主守法术，拙匠执规矩尺寸，则万不失矣。"

以上言论中的"法术""规矩""尺寸"，都是具有技术层面和社会层面双重涵义的概念。当然，韩非在其文章中也表现出了以实用主义为目的的造物思想，这在其《外储说左上》《外储说左下》以及《说林上》和《说林下》等篇中叙说更为明显，本文还将在以后论及，在此暂不赘述。

总的来说，先秦诸子的造物思想，多寓意在其经济思想之中，且借物咏志的手法屡见不鲜。孔子以是否合乎礼乐规范作为衡量器物优劣的标准；老子以大制无割的自然主义作为造物的根本法则；墨子以实用主义作为衡量器物使用功能的标准；管子以侈靡之道强国立本；韩非子则以法治下的功利主义思想来达到富国强兵的目的。他们言及造物思想的角度也各有不同。

在进入本书的主题——中国传统造物思想在陶瓷艺术中的体现之前，我们先认识一下古代哲人对于造物这个人类多种多样的精神和物质活动的理论探讨，我以为是十分有益的，这些探讨阐明，中国古代哲学家，是用一种宏观的、统一的、运动的、辩证的思想来看待人的造物活动的，从而摒弃了那种局部的、孤立的、静止的、机械的、以人和自然的对立关系为出发点的研究方法。既然我们承认包括人类自身在内的大千世界，是依照共同的规律在运行着的，那么，任何一个简单、微小、率意为之的造物，都会透射出特定时代、特定环境、特定物质材料、特定造物者的特定思想观念和技艺能力等等方面的有关信息。"宇宙间事事物物无一不在阴阳中，斯无一不在生气中也。"所谓"于细微处见精神"，就是要在万事万物中，透过现象看本质，透过形式看内容，透过物的存在，看到人的思想、观念、精神世界。本书从陶瓷器物的创造这个小小的角度，洞观微窍，也是为了取得对于我国古代造物思想的印证，而得以踏步到中国传统哲学对于"天一地一人一物"之间互为影响、互为因果、互为里表、互为消长的辩证关系，为现代设计艺术和工艺美术的继承和创新，探索一条有益的道路。

第二节 《考工记》的造物思想

正当先秦时期诸子百家集中在哲学、政治学、伦理学、社会学等形而上的领域努力探求人类精神世界的秩序、法制、伦理道德之完善的时候，随着生产力的提高，社会上普遍存在的、统称为“百工”的手工业劳动者阶层，以自己的勤劳和智慧，将各行各业的造物技术发展到了惊人的地步。到了周代至春秋时期，统治者不得不设立专门的机构来加以管理。同时，也把相应的百工技术加以总结，制定技术规范，积集成为古代手工业技术文化的第一部技术文献——《考工记》。书中记载了大量的先秦时代各种手工业生产的材料、技术和管理制度。说明了先秦时期统治者和学者们对于物质世界形而下的技术研究，也给予了充分的重视和关心。

《考工记》大约成书于春秋后期，有人认为是齐国宫廷中专门管理百工之事的官吏来记录当时各种手工工艺技术水平的一本“技艺全书”。齐国是当时生产力比较发达、经济繁荣、技术先进的国家，所以本书在一定程度上代表了先秦时期工艺技术的前沿水平。西汉河间献王刘德整理先秦古籍时，将本书补入《周礼》的《冬官》篇，故一般称《周礼·冬官·考工记》。书中对“百工”作了较为详尽的说明，除“总论”外，下分“攻木之工”“攻金之工”“攻皮之工”“设色之工”“刮磨之工”“抟埴之工”六大类。其论述之详尽，几乎可以依书中指导，在今日复原制作。开篇明义：“国有六职，百工与居一焉。或坐而论道；或作而行之；或审曲面埶，以饬五材，以辨民器；或通四方之珍异以资之；或饬力以长地财；或治丝麻以成之。”更提出：“知者创物，巧者述之，守之世，谓之工。百工之事，皆圣人之作也。烁金以为刃，凝土以为器，作车以行陆，作舟以行水，此皆圣人之所作也。”而《国语·齐语》载：“令夫工群萃而州处，审其四时，辨其功苦，权节其用，论比协材。旦暮从事，施于四方以饬其子弟，相语以事，相示以巧，相陈以功。少而习焉，其心安焉，不见异物而迁焉。是故其父兄之教，不肃而成；其子弟之学，不劳而能。夫是，故工之子恒为工。”《荀子·儒效》云：“工匠之子，莫不继事。”这是中国传统工匠传授技术和训练业务的主要途径，这种父子相传，乃至以后的师傅带徒弟的言传身教之法，为后世所宗。

“百工”是周代的官职名称，一种主管营建和制造的官员。汉郑玄注《考工记》曰：“百工，司空事官之属……司空掌营城郭，建都邑，立社稷宗庙，造宫室车服器械监百工者。”由此我们可以看出，“百工”只是各种工匠的统称。

先秦著作中，不乏对“百工”的记载：

①“来百工则财用足。……日省月试，既禀称事，所以劝百工也。”（《中庸》）

②“故仁人在上，则农以力尽田，贾以察尽财，百工以巧尽械器，士大夫以上至于公侯，莫不以仁厚知能尽官职。”(《荀子·荣辱篇》)

③“农夫无草莱之事则不比；商贾无市井之事则不比；庶人有旦暮之业则劝；百工有器械之巧则壮。”(《庄子·徐无鬼》)

④“论百工，审时事，辨功苦，尚完利，便备用，使雕琢文采不敢专造于家，工师之事也。”(《荀子·王制篇》)

⑤“百工维时，庶绩咸熙，礼义修而任贤德也。”(《淮南子·泰族训》)

⑥“百工居肆以成其事，君子学以致其道。”(《论语·子张》)

如上所述，《考工记》中共记载了六个技术门类、三十个专业分工：“凡攻木之工七，攻金之工六，攻皮之工五，设色之工五，刮摩之工五，抟埴之工二。攻木之工，轮、舆、弓、庐、匠、车、梓；攻金之工，筑、冶、凫、栗、段、桃；攻皮之工，函、鲍、韗、韦、裘；设色之工，画、缋、钟、筐、㡛；刮摩之工，玉、楖、雕、矢、磬；抟埴之工，陶、旊。有虞氏上陶，夏后氏上匠，殷人上梓，周人上舆。”这些具体从事技术劳动的都称之为“工”，其上更有“人”“氏”“师”等职官管理，《考工记》贾疏：“某氏者，其义有二。一者，官有世功，则以官为氏，若韦氏、裘氏、冶氏之类是也；二者，族有世业，以氏名官，若凫氏、栗氏之等是也。”孙诒让注《周礼正义》卷七十四曰：“命工师令百工。注云：工师，司空之属官也。又《孟冬》：命工师效功。注云：工师，工官之长也。是冬官之属有工师与匠师、梓师，同领诸工，而前五官亦或有给事之工，若玉府典妇功诸职所属之工皆是也。”①

对于造物思想的研究，《考工记》给了我们以下几方面的启示。

1. 工匠已是相当普及的职业，各地皆有不同专业的能工巧匠。

“粤无镈，燕无函，秦无庐，胡无弓车。粤之无镈也，非无镈也，夫人而能为镈也。燕之无函也，非无函也，夫人而能为函也。秦之无庐也，非无庐也，夫人而能为庐也。胡之无弓车也，非无弓车也，夫人而能为弓车也。”这是说，粤、燕、秦、胡之地人人都能做镈、函、庐、弓、车，所以也就没有制作这些东西的专门的工匠了。

2. 提出“天有时，地有气，材有美，工有巧，合此四者，然后可以为良”的造物艺术思想。

将天、地、物和人结合起来，这也是先秦“天人合一”思想的表现。天之时，地之气，不但直接和“材之美”相关，而且也关系到“工之巧”。所以它特别强调“材美工巧，然而不良，”其原因就在于“则不时，不得地气也”。天时、地气、材美、工巧实际上是我国古代基于唯物主义思想的朴素的辩证法，是把形而下的工匠之艺，与哲学家的思辨结合起来了。

---

① 刘国良：《中国工业史·古代卷》，江苏科学技术出版社1990年版，第110页。

3. 生产协作中的分工多而且细致。

有一工做数器的，像“梓人为饮器”“梓人为侯”“梓人为笱虡”；“车人为耒”“车人为车”；“轮人为轮”“轮人为盖”等，也有一器数工协作的，像做车就有“轮人为轮”“轮人为盖”“舆人为车”“輈人为輈”“车人为车”的不同分工。并提出“有虞氏上陶，夏后氏上匠，殷人上梓，周人上舆，故一器而工聚焉者，车为多”如此精细的分工协作，其产品之精细也就可想而知了。

4. 器物的名目繁杂。

例如：“凫氏为钟，两栾谓之铣，铣间谓之于，于上谓之鼓，鼓上谓之钲，钲上谓之舞，舞上谓之甬，甬上谓之衡，钟县谓之旋，旋虫谓之干，钟带谓之篆，篆间谓之枚，枚谓之景，于上之攠谓之隧。”只是一个甬钟，其各部分的名目皆各不相同，由此也可见当时工匠制器分工细致而庞杂，同时也说明当时礼制影响下给器物的定名已形成非常复杂的系统。王国维在其《说觥》①中言：“凡传世古礼器之名，皆宋人所定也。曰钟、曰鼎、曰鬲、曰甗、曰敦、曰簠、曰簋、曰尊、曰壶、曰盉、曰盘、曰匜、曰盦，皆古器自载其名，而宋人因以名之者也；曰爵、曰觚、曰觯、曰角、曰斝，故器铭辞中均无明文，宋人但以大小之差定之，然至今日仍无以易其说。”

5. 有精密的数据资料记载。

纵观整篇《考工记》的三十个工种，有大半都记载了详细的制作数据。以舆人为车例：“舆人为车，轮崇、车广、衡长，参如一，谓之参称。参分车广，去一以为隧；参分其隧，一在前，二在后，以揉其式。以其广之半为之式崇；以其隧之半为之较崇。”这种对器物制作数据的精密记载，在秦汉之后言及造物的时候，也经常看到。

《考工记》为我们提供了如此丰富的设计理念及应用数据，不但为后世的设计发展提供了翔实的借鉴资料，更进一步讲，它提出的“天有时、地有气、材有美、工有巧，合此四者，然后可以为良”的造物理念，对我们今时今日的设计发展仍有很好的参考价值。

第三节 《天工开物》的造物思想

《天工开物》是我国古代重要的科学技术文献之一，其作者宋应星，是万历年间的举人。《天工开物》比较全面地记述了明代及明代以前的农业、手工业的生产技术成就和经验，形成了一个比较完善的科学体系。“自《考工记》以来，记述造物设计的工艺专著不少，但都是只涉及某一个设计领域而非综合性的著作，且

① 王国维著，傅杰编校：《王国维论学集》，中国社会科学出版社 1997 年版，第 51 页。

多失传。如唐代《工艺六法》、五代朱遵度的《漆经》、宋人喻皓的《木经》等。而《天工开物》……几乎涵盖了除漆器之外造物设计的各个方面。从所撰内容看，着重于一般造物，表现出宋代以来随着商品经济的发展，民间手工业的活跃。”①

从《天工开物》中，我们可以看出以下几点造物思想。

1. 设计制造的分类已经十分完备细致。

《天工开物》共三卷十八章，所述内容涉及农业和工业近 30 个部门的技术。其中《乃粒》记述了稻麦等粮食作物的种植、栽培技术及有关生产工具；《乃服》记述了养蚕、缫丝、丝织、棉纺、麻纺、毛纺等生产技术、工具、设备等；《彰施》记述了各种植物染料和染色技术；《粹精》记述了稻麦等农作物的收割、脱粒、磨粉等加工技术和有关工具；《作咸》记述了海盐、池盐、井盐的产地和技术；《甘嗜》记述了甘蔗的种植、制糖技术和工具等；《陶埏》记述了砖瓦、陶器、瓷器的制造技术及工具；《冶铸》记述了中国传统的铸造技术；《舟车》记述了交通工具的制造和使用；《锤锻》记述了铁器、铜器的锻造以及各种铁制工具的制造工艺等；《燔石》记述了采煤和烧制石灰、矾石、硫黄及砒石的技术；《膏液》记述了 16 种油料，植物果实的产油率、油的性状、用途以及提制油脂的技术和工具；《杀青》记述了纸的种类、原料、用途、制造工艺和设备；《五金》记述了金、银、铜、铁、锡、铅、锌等金属矿的开采、洗选、冶炼和分离技术；《佳兵》记述了冷武器和火器的制造技术；《丹青》记述了笔墨等文房用具的制造技术；《曲糵》记述了酒母、药用神曲及丹曲所用原料和制造技术；《珠玉》记载了采集玉和宝石的方法及加工技术。全书还有插图 123 幅，形象地展示了部分工农业产品的生产过程。另外，《陶埏》篇中还载：“共计一杯工力，过手七十二，方克成器，其中微细节目上不能尽也。”这种复杂的分工协作充分说明了当时的手工业生产已经十分发达。

2. 顺应自然，物尽其用的和谐、系统的造物观。

自然界的行为与人类活动相协调生产，人类借助一定的技术手段从自然资源中开发一定的物产来为己所用。其实，早在《吕氏春秋》中就说：“夫稼，为之者人也，生之者地也，养之者天也。”②贾思勰强调：“顺天时，量地利，则用力少而成功多。任情返道，劳而无获。”③这种顺应自然的造物思想从《天工开物》的书名中也可看出，“天工”与“开物”分别语出《尚书・皋陶谟》的“天工人其代之”和《周易・系辞上传》的“夫易何为者也？夫易开物成务，冒天下之道，如斯而已者也”，这里可以看出，“天工开物”即是“人凭借自然界的工巧和法则开发万物”之意。

---

① 李立新：《中国设计艺术史论》，天津人民出版社 2004 年版，第 122 页。

② 《吕氏春秋・审时》。

③ 《齐民要术・种谷》。

另外，宋应星也在《天工开物》的序言中提到："天覆地载，物数号万，而事亦因之曲成而不遗，岂人力也哉?"这充分体现了其顺应自然物质的发展而略加工巧的设计思想。

《陶埏·罂瓮》载："凡缸瓶窑不平于地，必于斜阜山岗之上，延长者二三十丈，短者亦十余丈，连接为数十窑，皆一窑高一级。盖依傍山势，所以驱流水湿滋之患，而火气又循级透上。其数十方成陶者，其中苦无重值物，合并众力众资而为之也。其窑鞠成之后，上铺覆以绝细土，厚三寸许。窑格五尺许，则透烟窗，窑门两边相向而开。装物以至小器装载头一低窑，绝大缸瓮装在最末尾高窑。发火先从头一低窑起，两人对面交看火色。大抵陶器一百三十斤，费薪百斤。火候足时，掩闭其门，然后次发第二火，以次结竟至尾云。"因陶瓷器件有大有小，所需温度也不相同，一般烧小件用瓶窑，烧大件用缸窑，分开烧，成本高，而且质量也未必好。宋应星这里提到的"瓶窑接缸窑"的联烧法，不仅节约了燃料，更能充分利用余热使上面窑的温度大为提高，这种系统化的烧窑工程，正反映了其设计思想的物尽其用，协调系统的方面。

《冶铸》《五金》篇中还谈到了废钢铁、有色金属及贵重金属的回收利用方面的技术方法，即使在采矿、铸冶等领域，也尽量增加技术过程中的自然因素，如采煤矿时注意通风、排水、支护、回填等①，在炒钢时以黄土、稻草为助熔剂造渣，渗碳制钢时以松木等作为渗碳剂，等等②。

3. 重农思想。

《天工开物》的序言中说道："卷分前后，乃'贵五谷而贱金玉'之义。……丐大业文人弃掷案头！此书于功名进取毫不相关也。"这里谈到的"贵五谷而贱金玉"，语出西汉晁错《论贵粟疏》："夫珠玉金银，饥不可食，寒不可衣。……粟、米、布、帛……一日弗得而饥寒至。是故明君贵五谷而贱金玉。"

宋应星同样在其《野议·民财议》里说："所少者，田之五谷、山林之木、墙下之桑、洿池之鱼耳。有饶数物者于此，白镪黄金可以疾呼而至。"可见他很重视农业生产。我国自三代以来，历朝历代的统治者对农业生产都极其重视，这种"农本"思想，由来已久。早在《国语·周语》中已经记载："夫民之大事在农。"管子宣扬"富民"政治，并指出："善为政者，田畴垦而国邑实，朝廷闲而官府治，公法行而私法止，仓廪实而囹圄空。"战国后期，荀子首先提出"重农抑商"的政策，提出："以农为本，工商为末。"韩非子在其《五蠹》篇中进一步强调："夫明王治国之政，使工商游食之民少而名卑，以寡去本务而趋末作。"又在《诡使》篇中言："仓廪之

① 刘守仁等，《中国煤文化》，新华出版社 1991 年版，第 31－33 页。

② 胡维佳主编：《中国古代科学技术史纲——技术卷》，辽宁教育出版社 1996 年版，第 157－162 页。

所以实者，耕农之本务也。"在重农思想影响下发展出的小农经济，成为贯穿我国整个封建社会时期的主导性的经济类型。相应地，我国关于农业的著述也极为丰富，据统计有五百多种，其中最具有代表性的是西汉时期的《氾胜之书》，北魏贾思勰的《齐民要术》，南宋陈敷的《农书》，元代王桢的《农书》和明代徐光启的《农政全书》等。

为了使小农不受伤害，保持社会稳定，保证国家财源，封建统治者极力推行"重农抑商""均田地""均赋役""平籴"和"常平"等一系列的有利于小农经济发展的政策。然而，也正是因为把政治稳定看得高于一切，把农业与工商业对立起来，这限制了商品经济的发展，使中国持续了两千多年的封建社会，且小农经济长期占据了主导地位。

陶瓷艺术在我国古代传统工艺美术中，始终占据重要位置，《考工记》中记有"抟埴之工二"，《天工开物》中有《陶埏》篇专门论述制陶技术。它们对我国古代传统制陶工艺进行了科学的总结，使我们在今天还能够清楚地了解陶瓷造物技术的具体过程，并且从这些宝贵的实践经验中清晰地看出凝结在陶瓷艺术中的造物艺术规律。工艺美术是实用性和审美性的统一。这里的实用性，既包括精神上的实用性也包括物质上的实用性，像原始社会的彩陶，有很多是祭祀用具或随葬器，它表现出原始人渴望平安舒适的生活，以祭祀等活动祈福纳祥的精神需求，在他们看来，这更能鼓舞族人的士气，而彩陶上的纹饰，往往是他们与神灵交流的工具，或成为财富与权力的象征。审美规律，因不同时期、不同的阶层中而有所不同，适应着不同的功利需求和审美需求，历代陶瓷艺术家们创造了千变万化、形象各异的造型和纹饰，是我们中华民族对于世界文明的伟大贡献。

陶瓷造物虽然主要出自个体工匠之手，但是其中凝结的不仅仅是设计师本人的设计理念，而且也常常体现出那个时代总的审美趋向。文人甚至宫廷阶层参与陶瓷造型和纹饰设计甚或制作的也屡见不鲜，因而在陶瓷艺术中，我们可以发现凝结其中的具有广泛代表性的传统造物思想。从华夏土壤中生长出来的陶瓷艺术，与人们的生活息息相关，无论是制造它的陶工，还是设计它的各阶层人士，总会用符合当时人们对于美的认识来设计和制作它，这种造物思想是陶瓷艺术创作的内在驱动力。因而，我们要通过陶瓷艺术的例证，来考察中国古代的设计艺术思想，就要涉及古代的自然观和哲学观，从这些思想中，寻找陶瓷艺术发展的轨迹。

第二章 日常实用陶瓷中的造物思想

第一节　原始陶器的产生及造物思想的启示

旧石器时代晚期至新石器时代早期，在我国广袤的大地上，原始初民的造物活动出现了第一次质的飞跃，其标志就是陶器的发明。① 在陶器出现以前，人类已经能够按照自己的需要制造出石器、骨器、木器、编结器等工具和日常生活用具，但是，在对这些器物的制造过程中，人们仅仅是改变了自然物的外在物理形态，并没有改变其内在的质地结构。利用黏土烧制的陶器，不但改变了自然物的形态（将黏土制作成土坯），同时也改变了自然物的本质（将泥烧制成陶）。恩格斯把陶器的出现作为新石器时代或“野蛮时代”开始的标志，②可见制陶技术曾经在人类文明发展史上所起的重大作用。

关于陶器的起源，一直众说纷纭。国内外的专家学者，甚至中国的古人，都有各种各样的解说。见诸我国古代历史文献中关于陶器起源问题的说法主要有：

①《考工记》记载：“知者创物，巧者述之，守之，世谓之工。百工之事，皆圣人之作也。”“烁金以为刃，凝土以为器，作车以行陆，作舟以行水，此皆圣人之所作也。”

②女娲抟土造人的传说，始见于《太平御览》卷七八引《风俗通》：“俗说天地开辟，未有人民，女娲抟土作人。”

③神农制陶器的文献，记载在《周书》一书佚文中。据清马啸《经史》卷四引《周书》“神农之时，天雨粟。神农遂而种之，作陶冶斧斤”；清朱琰所著《陶说》卷二引《周书》“神农作瓦器”；宋《太平御览》卷八百之十三亦引《周书》“神农耕而作陶”。

---

① 中国社会科学院考古研究所编：《新中国的考古发现和研究》，文物出版社 1984 年版，第 19 页、第 24 页。

② 恩格斯：《家庭、私有制和国家的起源》，《马克思恩格斯选集》第四卷，人民出版社 1972 年版，第 19 页。

④《墨子・尚贤下》载:“瓦者,舜耕于历山,陶于河滨,渔于雷泽,灰于常阳。”其他如《韩非子・难一》也有类似记载。《史记・五帝本纪》载有:“舜耕历山,渔雷泽,陶河滨,作什器于寿丘,就时于负夏。”

⑤《列仙传》卷上载:“宁封子者,黄帝时人也,世传为黄帝陶正。有人过之,为其掌火,能出五色烟,久则以教封子。封子积火自烧,而随烟气上下,视其灰烬,犹有其骨。时人共葬于宁北山中,故谓之宁封子焉。”四川民间对宁封子则别有说法:灌县青城山建福宫后有山,名丈人山,传说是轩辕黄帝问道于宁封丈人处。宁封因封于此山,故名宁封。其时洪水泛滥,人民居洞穴。每至山下取水,无盛水物,乃以山下湿润泥土为器,易碎。偶烧野兽,宁封于火中得硬泥,遂悟作陶之理。因传说宁封为黄帝陶正。某次于窑中架火烧陶,宁封升窑顶添柴,不意窑已烧空,窑顶柴忽塌下,宁封遂葬身火窟。人见灰烟中有宁封形影,随烟气冉冉上升,便谓宁封火化登仙而不死矣。① 这个宁封子的活动范围,似应在南方的长江流域四川、湖北一带。

⑥《吕氏春秋・审分览・君守》载:“昆吾作陶。”高诱注:“昆吾,颛顼之后,吴回之孙,陆终之子,己姓也,为夏伯制作陶冶埏埴为器。”昆吾之陶,是在夏地,今黄河流域中下游的河南濮阳、许晏一带。

以上古文献中记载的诸位与陶器起源有关的先贤圣人,其造陶事迹均已无法考证。此外,还有一些民间传说中,也提到许多古代圣贤和帝王,像皋陶、老子、雷公等,在某些地方被尊奉为“陶神”。这种众说纷纭的古代圣贤和帝王作陶的记载,正说明了在中国大地上,制陶技术的起源是多元的,是由许多心灵手巧的能工巧匠前赴后继创造出来的,而不太可能仅仅是某人、某时、某地的孤立突兀的个体行为。

虽然中国古代流传着许多把陶器的发明归功于某些圣贤帝王的说法,但纵观陶瓷发展的历史,我们发现,是随着人类自身生产和生活的发展而产生的对于特定用途的器皿的需求,促进了陶器的发明。人类在与大自然共处时,缓慢地产生了对于水、火、泥土的性能的认识,在不断深入的认识和实践中,推动了陶器产生的进程。至于那些被认为是“陶器发明者”的历史人物,不过是这个历史过程中的必然代表而已。

陶器的产生与农业的出现和发展有着密切的联系。我们通过对新石器时代早期的前陶时期和有陶时期文化遗址的比照,可以发现,农业经济相对发达的黄河和长江流域的文化遗存中,制陶业比较发达;而渔猎和采集经济比较发达的地区,如我国东南沿海一带,其制陶业就不相对滞后,这说明农业经济所带来的定

① 袁珂:《中国神话传说词典》,上海辞书出版社 1985 年版,第 136 页。

居生活和随之而来的熟食、贮藏、灌溉、制酒、洗涤、饮水等一系列生产生活方式，促进了陶器的产生。早期陶器的出现，同时也给农业经济带来巨大的发展，使农业开始居于社会生活的核心地位。在我国漫长的农业经济社会中，制陶业和其他手工业一样，都是为农业生产服务的“副业”。正如《中国陶瓷史》所分析的：“一般地讲，陶器产生于农业之后，并促使定居生活更加稳固，因之，陶器的出现于农业经济的发展有着不可分割的联系。我国古代为农业的发源中心之一，干旱的黄土高原首先培植了粟类作物，而湿润多雨的长江流域又是稻类的较早产地……由于事物发展的不平衡，亦即某些条件或因素的限制，个别地区的农业和陶器的因果关系，并不完全如此，但这不过是局部现象，毕竟不能否定陶器产生和发展的基本规律。……如河南新郑裴李岗和河北武安磁山的陶器都具有一定的原始性，其年代可早到公元前五、六千年以前，当时已种植耐旱的粟类作物，奠定了华北早期农业的基础；同时从陶器的性质上，又和后来的仰韶文化、龙山文化表现了一脉相承的发展关系。浙江余姚河姆渡遗址已开辟水田植稻，对秦岭以南的农业生产有着广泛的影响，其年代可早到公元前四千年以前，是亚洲植稻的最古老遗存。这里用稻壳或植物茎叶作为羼合料所制成的夹炭黑陶，也具有相当原始的特点。”①因此，在社会生产力发展之后，人们的劳动产品有了剩余，这样就产生了贮存和保管食物的需求；在房屋和村落形成之后，为了获得生活必需的水，就有了汲水和贮存水的需求；在取火和熟食的生活方式形成之后，为了烹煮食物，就有了对于耐火容器的需求……凡此等等，都是刺激古人去探求陶器制造技术的最直接的因素。不可否认，在陶器产生之前，人类曾经长期以自然物为容器（如贝壳、兽角、兽皮、葫芦之类硬果的壳、植物编结的篮子，乃至动物的颅骨或者尿泡等），用来满足汲水、储物等功能，但这些自然物都存在着这样那样的缺陷，例如为了耐火，人们往往不得不采用在外部涂上泥土层等办法来补救。在后来的实践中，人们发现经过火的煅烧之后，泥土会变得坚硬、耐水，从而启发了他们直接用泥土来制作器皿。

关于陶器的起源，恩格斯在《家庭、私有制和国家的起源》中也提到：“可以证明，在许多地方，也许是在一切地方，陶器的制造都是由于在编制的木制的容器上涂上黏土使之能够耐火而产生的。在这样做时，人们不久便发现，成型的黏土不要内部的容器，也可以用于这个目的。”摩尔根也在他的《古代社会》一书中，提到了不少有关制陶术起源方面的实地调查材料：“在没有陶器以前，则采用一种粗陋的方法：将食物盛于涂了黏土的篮子中，或置于衬着兽皮的土坑中，然后用烧热的石头把食物弄熟。”他还提到：“古奎是19世纪最早提出陶器发明的方法

① 中国硅酸盐学会主编，《中国陶瓷史》，文物出版社1987年版，第37页。

的第一人，即人们将黏土涂于可以燃烧的容器之上以防火；其后他们发现只有黏土一种也可以达到这种目的，因此制陶术便出现于世界之上了。”古奎在他的笔记中记录了 1503 年漫游新大陆的冈内维勒上校叙述的当地土著民族的生活情景。在南美洲东南海岸，土著民族所使用的容器，甚至煮沸食物的壶、罐之类，都涂有大约一指厚的黏土，以达到防漏和耐热的目的。在北美洲的土著部落中，最初制造的陶器，似乎是以灯心草的茎秆或柳枝做成的篮子作为器模，俟泥浆硬化后将篮模烧掉，然后得到印有篮纹的粗陶器。[①] 由此可见，在制陶术发明之前，某些地区的人确曾采用过以编织物作为支持物的烧制方法，但也不能一以概之。在有些地方，很可能在一开始就利用当时的技术条件，采用了手捏成形的方法【图 2-1　裴李岗文化红陶双耳三足壶】。

图 2-1　裴李岗文化红陶双耳三足壶

最新考古发掘资料表明，在距今 10 000 年到 13 000 年之间，在河北徐水南庄头、江西万年仙人洞和湖南道县玉蟾岩等遗址都出现了早期陶器。它们的特点都是夹有大小不等、种类不同的砂粒的夹砂陶。如仙人洞出土的陶片就是用遗址附近的红土或黄土作为原料烧制的，即所谓就地取土。陶片质地疏松，出土时碎成小片，只有个别能复原成整器。在仙人洞出土的许多陶片中，只复原了一个陶罐。它们都是手工成型。仙人洞陶器就是用泥片或泥条捏塑成型。虽然这时的制陶工艺十分简单和原始，而且这些陶器的器形有不少与自然界的植物相

① ［美］摩尔根著，杨东莼、张栗原、冯汉骥等译：《古代社会》，三联书店 1957 年版，第 14 页。

似，如圜底钵和葫芦形瓶等都仿自葫芦或葫芦的某一部分。很多器物上的纹饰也都与编织物相关，如网格纹、篮纹等，应属于陶器的初创期，但毕竟中华民族的先民们已有了自己烧制的陶器，开创了制陶工艺，为后世制陶工艺的发展奠定了基础。

就世界范围而言，陶器的发明也是多元的，所以史学界认为："制陶术的发明，不像瓷器的发明那样只有一个中心，它有着好几个中心。……在埃及的尼罗河两岸，西亚地区，包括两河流域，以及叙利亚、巴基斯坦一带，印度的印度河流域一带以及意大利、墨西哥、秘鲁等地区都有新石器时代的陶器。"①这种多中心并发的现象说明了早期人类创造力的同步性和制陶术发明的多元性。

从上述资料来看，原始人类在发明陶器和提高陶器制作技术过程中，一般应当具备以下几个方面的知识和经验：

①了解火并掌握了用火的技术。

②了解和掌握泥土(黏土)和羼合料的性质特点。

③懂得黏土成型技术。

④认识到陶器在生活中的功能效用。

⑤了解人类对于造型的审美鉴赏能力的相应发展。

具备以上这些条件的人类文明阶段，应当是在生产力得到一定提高，人类生活比较稳定的新石器时代。我国是世界上保存新石器时代文化遗址较多的国家之一，据初步统计，全国各地已经发现各种类型的新石器时代文化遗址约有七八千处之多，其分布范围相当广泛。在全国每个省、市、自治区境内，都曾发现有数量不等的新石器时代文化遗址，其中以黄河流域中下游、长江流域中下游、东南沿海和东北等地区所发现的新石器时代文化遗址数量较多，并且新石器时代早、中、晚各期陶器的发展序列也比较清楚。在各地已发掘的新石器时代文化遗址内涵中，陶器(包括陶片的数量)最多，约占出土遗物总数的百分之八十以上，石器次之，另有一些骨器、蚌器、兽骨和其他等遗物。说明陶器在新石器时代与人们的生活密切相关，已被广泛应用。

我国的新石器时代经历了漫长的过程，在此期间，陶器也经历了从原始到成熟，从初级到高级的发展过程。江苏溧水神仙洞、江西万年仙人洞、广西桂林甑皮岩等地出土的形制比较原始，而在距今七八千年前的河南裴李岗文化、河北磁山文化、陕西老官台文化、山东北辛文化、浙江河姆渡文化、湖南彭石山下层等地新石器时代早期文化遗址出土的陶器已经有了发展和提高；而距今五六千年和四千多年的新石器时代中期与晚期黄河中下游流域的仰韶文化、马家窑文化、大

① 李家治等著：《中国古代陶瓷科学技术成就》，上海科学技术出版社 1985 年版，第 21 页。

汶口文化、龙山文化、齐家文化，长江中下游流域的大溪文化、屈家岭文化，东南沿海地区的马家浜文化、良渚文化、昙石山文化、石峡文化和东北地区的新乐文化、红山文化等二十多种具有地方特色的文化遗址，出土了大量新石器时代中、晚期各类陶器，则进入了繁荣时期。在多姿多彩的世界原始文化中，中国新石器时代的陶器文明，是独树一帜的，成就辉煌的，是具有强烈的东方民族特色的艺术。

卡冈在其《艺术形态学》中曾指出原始艺术的四方面特征：第一，确定某一种社会现象的客观本质和实质不能以这一现象的创造者或知觉者对它的主观观念为依据。第二，我们在建筑和实用艺术整个历史进程中还发现了他们的实用功能和一定的非审美内容，这不妨碍我们把创作的这些领域评定为艺术的样式。第三，古老的艺术活动形式被牵入图腾崇拜或者万物有灵论的仪式的体系中不能成为反对原始艺术的“罪证”。第四，如整个艺术文化史所证实，艺术作品过去和现在都经常受到各种信息、交际、符号显示等意义的“重负之累”。……因此，无论原始艺术中这种非审美因素所占的比重多么大，这都不应该影响我们依然把它看作艺术。……由此可以得出结论：“是否存在过原始艺术?”这个问题的解决正取决于我们在远古文化层中是否能发现特殊的艺术构成，虽然他们不曾独立存在过，而是“附着在”实质上非艺术的其他人类活动的形式上。① 进而，他又指出：“艺术存在的最早形式正是从非艺术向艺术过渡的形式，它具有双重质的规定性和双重功能性。”②从陶器艺术的发生及其初期发展的过程，我们可以看出其内部实用性与艺术性的纠结，但它又包含有深刻的历史信息，为造物思想的发展提供了丰沃的土壤。

从我国新石器时代陶器的发展脉络，我们可以得到以下一些关于造物艺术思想的启发：

①从新石器时代陶器的胎质和制造方法上，我们看到一条由简入繁，由不加拣选到陶泥洗练的过程，制作工序由最初的手捏制造逐步发展出泥条盘筑、慢轮修整、快轮修整的逐步复杂的制作工序。

②应生活之需，陶器的器类品种日益增多。新石器时代早期器类一般只有炊煮器的砂质陶罐与夹炭陶釜，食器中的泥质陶钵与碗、细砂质或泥质汲水器中的陶瓶与陶壶等三类，其品种比较单纯。到了距今五六千年前的新石器时代中期发展阶段，陶器的器类与品种则较前大为增多，其中炊煮器有罐、鼎；饮器中有杯；食器中有钵、碗、豆，汲水器中有小口双耳或三耳尖底瓶与大口双耳尖底罐

---

① 莫·卡冈：《艺术形态学》，学林出版社 2008 年版。

② 莫·卡冈：《艺术形态学》，学林出版社 2008 年版。

等，并新出现了较多的盆、瓮、壶等盛储器、器座与器盖。当进一步发展到了距今四千多年前的新石器时代晚期阶段时，陶器的器类与品种较新石器时代中期又有明显变化。其中除汲水器尖底器所见较少外，常见的炊煮器有鼎、罐、鬲、饭、甑；食器有钵、碗、豆、簋；盛储器有盆、瓮、罐、缸、尊等；饮器则有较多出现，有杯、高柄杯、斝、鬶、盉、觚等。另有一些器盖与澄滤器等。充分呈现出我国新石器时代陶器的器类与品种上的蓬勃发展状况。

③陶器的造型与表面装饰图案日趋繁杂。在器类变化的同时，也出现了仿生器型。

第二节　日常实用陶瓷器的分类

日常生活的多样性和生活内容的逐渐丰富促使陶瓷器的种类越来越多样化。其中日用陶瓷器皿是我国陶瓷器中使用最为广泛，与日常生活关系最为密切的陶瓷器种类。按照日用陶瓷器皿的功用，可细分为炊具、饮具、食具、盛储器具、舀具、照明具、文具、卫生用具等等，并随着生活环境和生活习俗的改变而有所变化。

一、饮食器具

饮食器具的发展，是与不同时代饮食风尚的发展变化有着紧密联系的。从饮食器具的演变，我们可以看到食品种类的增加，食品质量的提高，饮食文化生活的日益文明进步，等等。例如，“以主要炊事器具而言，陶鬲、陶鼎、陶釜等器物的发展与普及，不仅标志着人们与茹毛饮血的生食习惯彻底决裂，而且反映了以炖、煮方法为主的羹、臛、粥、糗等食品居于主导地位；甑的发明标志着蒸制的肉类食品及饭、餈等已进入饮食生活领域；鏊的出现则说明烙饼之类食品的普及；后世铁釜、刀机等的不断改进，无不大大促进饮食品类的丰富……至于餐具、饮具，则更是体现饮食风尚的重要特征。我国人民自古以来，为了美化饮食文化生活，丰富饮食情趣，向有色、香、味、形、器五个方面追求。前四个字是对菜肴膳馔本身的要求，最后一个‘器’字则是对餐、饮器皿的讲究。不同历史时期，不同阶级、阶层所用的不同餐、饮器具，是构成一幅幅千姿百态的饮食风俗图的重要内容之一。例如，商、周至汉的餐具、饮具，无论是盛羹的鼎、铏，盛饮食、菜肴的笾、豆，饮酒的爵、尊，都有高足，簋、簠、觥等其足不高或者无足则必须另配以高高的底座方可使用。这一特点反映了当时没有高桌，餐具放在苇、竹席上或很矮的几上，人们席地而坐的生活习惯；低矮的杯、盘、碟、盏的盛行是唐宋以来高桌、高椅日渐普及的筵席标志；庄重的铜鼎、铜鬶、簋、簠、笾、豆按规定有秩序地排列，是先秦时贵族阶级燕飨盛况的标志；金银平脱、玛瑙、玳瑁、琥珀、玉石、犀角、象牙之类的杯、盘、匙、筯杂陈，是唐、宋以来宫廷、官府饮筵场景的特色；而箪食瓢饮则是古时庶民百姓简陋生活方式的写照……”①

早在我国的新石器时代，后世历代饮食器具器形的原始形态差不多都已经初步具备了。例如，碗，尽管秦汉以后碗形器的造型千变万化，质料各有不同，但在甘肃省秦安大地湾新石器时代早期遗址中出土的交错绳纹陶碗，器形形制已经与今天我们使用的碗几乎完全一致【图2-2　大地湾一期红陶绳纹碗】。碗、杯、盘是最普遍的盛食器具，我国瓷器消费大约有80%是这一类产品。我们就以这三种器具为例，来说明器形形制上的合理性所在。“碗类在所有陶瓷器物中，形体结构是比较单纯的，最早的碗多是圜底，类似切开的半球形，在这一基本形态基础上不断演进，碗类所发展出来的造型样式丰富而具有形式美感。中国传统碗类造型多样、严谨而规范，在尺度的把握、比例的协调、细部的表现、整体的处理等方面，是独树一帜的，其中比较典型的几种造型样式，诸如盖碗、正德碗、罗汉碗、窝式碗、斗笠碗、鸡心碗、马蹄碗、折边碗、葵口碗等造型，不仅各具特点，而且每种样式都很完整与成熟，为我们提供了很好的范例。”②

图2-2　大地湾一期红陶绳纹碗

盘类的特征是采取了横向展开的扁平状造型，径大腹浅，四周有斜向围起的边沿。主要用途是盛装菜肴、水果、点心之类物品。盘类造型的变化也很多，常见的有窝式盘、平盘、翻沿盘、折沿盘、高足盘、攒盘(组合盘)、多角盘、椭圆盘、扇形盘等等。其中的高足盘也称为“豆”，下有喇叭形高足，上有深浅不同的盘体。《说文解字》中记载：“豆，古食肉器也。”殷墟出土的陶豆就有盛装羊腿的。《孟子·告子上》曰：“一箪食，一豆羹，得之则生，弗得则死。”宋以前就食无高桌，皆以几为案，席地而坐，豆与盘高低错落，可以达到充分利用有限空间的目的。攒盘，也称组合盘，由数件扇形盘与中央的圆盘(或多角形盘)组合为一个整体，取吉祥含意，常设计为“七巧”“八仙”“九子”等数。

杯，适用于饮水、饮酒和饮用各种饮料之用，体积比碗略小，通常呈圆筒形，

① 王明德，王子辉：《中国古代饮食》，陕西人民出版社1988年版，第236页。
② 杨帆：《中国传统陶瓷饮食用器的形式特征》，《文艺研究》2004年第1期，第100页。

有把。或侈口，或直口，也有碗形杯、高柄杯、盖杯、把盏、酒盅等异形变化。宋代斗茶之风盛行后，茶杯也就有了种种讲究，在下一节中再作说明。

食用器皿是日常生活用具的主流，正如有的学者所总结的那样："中国传统陶瓷饮食用器的悠久历史和灿烂的文化遗产，无论是设计理念还是技术经验，有许多方面值得我们进行深入研究，这将有助于使我国目前陶瓷饮食用器的设计更加合理、品种更加丰富，以适应发展着的物质生活和文化生活的需要。"①

二、酒具

酒的发明，至今尚无具体的年代，但是得到大家肯定的意见是，在农业社会发展之后有了剩余粮食，并且从发酵的粮食中得到渗出的酒汁而受到启发之后出现的。最初可能被巫师用于治病或者用于某种原始宗教活动，而到了商周时期，则成为纵乐享受的一种佐餐饮料，得到贵族们的青睐，用于饮酒的专门器皿，也日渐复杂多样。今天人们饮酒多用杯、壶、瓶或碗，而古人喝酒对酒器是非常讲究的，往往根据用途的不同而分出不同的种类。容庚先生在其《商周彝器通考》中，把青铜器类的酒器划分为煮酒器、盛酒器、承酒器、挹酒器四目，二十二类；1989 年，台北故宫博物院所出《商周青铜酒器》，有陈芳妹女士《商周青铜酒器析论》专文，则划分为饮酒器、注酒器、盛酒器、挹酒器四目，十三类；从商周时期的三足酒器的出土状况来看，既可以作为煮酒器也可以作为饮酒器，这都足以说明，我国古代的酒器种类是非常丰富的。

上古的盛酒器主要有尊、壶、卣、彝、罍、缶等，饮酒器主要有爵、觯、觚、斝、觥、杯等，而夏商周三代使用最为普遍的酒器是尊和爵。商代是酒具大发展的时期，这可以从商代的礼器制度，以及商代妇好墓及其他一些商代墓葬出土的大量酒器随葬品得到佐证。而就陶瓷酒具来讲，杯、碗、壶、瓶的器类组合，逐渐在魏晋南北朝时期形成体系，并逐渐成为日常酒具的主要组合。碗、杯等敞口器，器皿口沿部可以与人的嘴有良好的接触，且圆形口沿不易撒漏，非常符合人体的使用尺度；而壶、瓶等主要作为盛酒器，瓶小口短颈，壶可以加盖，这都是为了防止酒香发散，且更易于倾倒。有两种器物的出现，是与后来普遍使用的酒具不相同的，一个是梅瓶，另一个就是青瓷莲花尊。"在陶瓷发展的进程中，古代的陶瓷匠师根据使用要求的不同，分门别类地制作出适合盛放不同液体物质的储运器。由于酒类容易挥发，所以酒瓮的品质要比较致密，烧成温度一定要较高才行。梅瓶作为盛酒的容器，其储酒的实用功能对器物造型有着主导意义，小口、短颈，既

① 杨帆：《中国传统陶瓷饮食用器的形式特征》，《文艺研究》2004 年第 1 期，第 106 页。

便于倾倒，而酒香又不易散发，并衬托出瓶身的挺拔和修长。”[①]梅瓶在我国宋代得到较大发展，宋磁州窑系白地黑花梅瓶，器腹有“清沽美酒”“醉乡酒海”等字句，说明其用途与酒有密切关系。明清时期逐渐由日用瓷器转变为陈设瓷，像明定陵出土的青花瓷瓶就是一例。青瓷莲花尊是我国南北朝时期的大型盛酒器，1972 年南京麒麟门外灵山的梁代大墓中出土一件，另外在河北景县北朝封氏墓中也出土一件，二者年代相若，形制相同，甚至花样纹饰都相差无几，是并不多见的酒具珍品【图 2－3　北朝青瓷莲花尊】。

图 2－3　北朝青瓷莲花尊

三、茶具

史称，茶始于汉兴于唐而盛于宋。因此，唐、宋两代可以说是中国饮茶之风走向巅峰的时代，这一阶段的茶具也基本上达到了完善的阶段。茶具，在这里有两种意义，广义上的茶具是包括采茶、制茶、贮茶、饮茶等各种茶事活动中所使用的器具，像唐代陆羽《茶经》“四之器”中所罗列的二十四器，宋审安老人《茶具图赞》所绘十二种，以及明代屠隆《考槃余事》中所列之二十七种茶具，等等，这些茶具中有陶瓷器，也有金银器等各种材质的器物。狭义上的茶具则主要是人们在饮茶时所用的器物，例如唐代的茶碗和宋代的茶盏。古人对整个茶事活动通常会做全盘考虑，而这其中茶具的作用尤其明显，明代许次纾在《茶疏》中就曾说：“茶滋于水，水籍乎器，汤成于火，四者相须，缺一则废。”由此可见，茶、水、器、火四者对于整个茶事起到非常关键的作用，茶具在其中起到非常关键的作用。

我国饮茶之风自古有之，在唐代以前，茶具基本上还没有从酒器和饮食器具中分离出来，人们用来喝茶的碗，也同时可以用来喝酒、进食，因此，它基本上还是一种一器多用性质的饮器。到了唐代，饮茶器具开始逐渐从酒器、食器中分离出来了，饮茶也逐渐在社会上形成风尚。浙江的汉墓中出土有上书“荼”字的茶瓮；有的学者也认为西晋时期的青瓷鸡首壶是茶具的一种。饮茶之风在唐代开始盛行，除了当时经济、文化空前繁荣的原因外，还受到以下几个因素的影响：

①佛教禅宗的兴盛使得饮茶之风迅速扩展。禅家修持提倡静坐，晚间不食不睡，但可饮茶，茶既能解渴又能提神，所以在为数众多的僧人中广受欢迎。唐

① 杨帆：《中国传统陶瓷饮食用器的形式特征》，《文艺研究》2004 年第 1 期，第 96 页。

人封演在其《封氏闻见记》中言："开元中，泰山灵岩寺有降魔师大兴禅教。学禅务于不寐，又不夕食，皆许其饮茶。人自怀挟，到处煮饮，从此转相仿效，遂成风俗。"

②各产茶地区向朝廷进贡优质名茶，在唐代蔚成风气，宫廷中饮茶之风大盛。民间有"天子须尝阳羡茶，百草不敢先开花"的诗句，唐代《宫乐图》中也描绘了唐代宫廷仕女聚会饮茶的场景，其案上器皿详备，有茶碗，盛茶汤的大器皿，也有长勺作分茶之用。到中唐时期，茶叶的加工技术、生产规模等都有了很大的发展并广泛流传到一些少数民族地区。像《封氏见闻记》中就载："自邹、齐、沧、棣至京邑城市，多开店铺，煎茶卖之……按此古人亦饮茶耳，但不如今人溺之甚，穷日尽夜，殆成风俗，始自中地，流于塞外。"文成公主入藏时就带去了茶，当时名为"灉湖含膏"，北宋范致明《岳阳风土记》曰："灉湖诸山旧出茶，谓之灉湖茶，唐人极重之。"据《藏史》记载："藏王松冈布之孙（即松赞干布）时，始自中国输入茶叶，为茶叶输入西藏之始。"茶具越来越追求质地的精良和器形的美观，湖南长沙窑遗址曾在 20 世纪 80 年代出土了一批唐代茶碗，其中有些碗底烧有"茶"字。长沙窑是唐代著名的窑场，其旧址在今湖南长沙铜官镇一带，器物常采用釉下彩绘装饰。1987 年，陕西扶风皇家寺院法门寺真身宝塔的地宫中，发掘出土了大批唐代宫廷文物，其中就有一套晚唐僖宗李儇少年时用过的银质鎏金烹茶用具，共计 11 种 12 件，这是迄今所见最为高档的古代茶具实物，从这套茶具中，我们也可以看出当时宫廷对于饮茶之风的推崇。

③文人阶层对饮茶的重视。其中影响最大还要数陆羽和皎然等人推行的茶道。陆羽注重茶道的科学性而皎然则关注茶道的艺术境界，二者皆为一时之名人，倡导茶道，引来许多达官显贵和文人士子争相效仿，颜真卿、李栖筠、袁高、皇甫冉等人，他们都是茶道的爱好者和推崇者，他们对唐代茶文化影响的扩大，起到了很大的推动作用。

唐代饮茶之风的盛行也带动了茶具生产规模的扩大，在宫廷中饮茶主要是以金银器为主，在民间则主要是陶瓷器。自陆羽的《茶经》问世以后，他倡导的那一整套品饮艺术对文人士大夫、上层人士产生了很大影响，人们开始将饮茶作为精神生活的一种享受，为了满足更高要求的品茶需求，人们很自然地对作为品茶媒介的茶具提出了更高的要求。茶圣陆羽对越窑的茶碗倍加推崇，越窑青瓷本身呈淡青色，与绿色茶汤交相呼应，而达到"益茶"的效果，其他像邢瓷之白、寿瓷之黄、洪瓷之褐，因为会影响茶色，他认为"皆不宜茶"。因此唐代在追求茶具使用功能的同时，也更加注重其中审美因素的重要性。

宋代陶工既崇尚纯素洁净的装饰手法，又善于将雕、镂、绣、印等制作手段与绘画、书法艺术融合起来，创造出了多姿多彩的宋代陶瓷艺术。而宋代抹茶的制作也比前代有了很大进步。根据南宋审安老人的《茶具图赞》和北宋蔡襄的《茶录》，我们可以看出，当时的茶具并非仅限于陶瓷器，更有木、漆、银、铜等各种材质的器皿。

宋代茶碗中的精品首推建窑的“兔毫盏”，即蔡襄所言“建阳所造者”。其理由是“茶色白，宜黑盏”。釉色“绀黑纹如兔毫”，且“微厚熁之久热难冷，最为要用”。据蔡襄的侄子蔡絛说，蔡襄自己收藏的“兔毫四散”的茶瓯就有十只之多，他还写有“兔毫紫瓯新，蟹眼青泉煮”的诗句，足可见蔡襄对建窑兔毫盏的钟爱。建窑兔毫盏属于黑釉瓷器，黑釉在瓷器上的使用始于东汉，唐代有所发展，宋代达到高峰期，当时的河北定窑、福建建窑和江西吉州窑都盛产黑釉盏。制造黑釉器的原料，无论是胎料还是釉料，含铁量都很高，这种原料资源非常丰富，在地面上到处可以找到，这也是黑釉瓷获得蓬勃发展的原因之一。黑釉器在宋代获得发展的另外一个重要原因，就是与当时社会上盛行的饮茶和斗茶风尚有关。黑釉器的品种非常多样，像酱色釉、油滴釉、兔毫盏、茶叶末以及曜变天目、剪纸天目、木叶天目、玳瑁天目、虎皮天目等等。上述一系列釉色的共同点就是利用釉料内的铁含量比较高，在高温中会出现各种形态的结晶，产生不是人工所能描绘的奇异效果。而且大部分能产生结晶的结晶釉，结晶度并不大，如果太大，也不会出现斑点、兔毫之类，而成为一片结晶了。民间匠师利用多种多样的控制手法，使得结晶釉成了铁系色釉中装饰手段最丰富的一种高温釉，这不能不说是劳动人民的天才创造。

黑釉器的制作，在我国最著名的产地是福建建阳县水吉镇的建窑。建窑始烧于唐代，又被称之为“乌泥窑”，位于福建省建瓯（以前称建安）的水吉镇，后来其窑址移至建阳，黑建的发展与兴起就是在迁至建阳以后。当时以生产青瓷为主，兼烧青、白瓷，兴于宋代而衰于元末明初。这在《遵生八笺》和《饮流斋说瓷》中均有记载。在建窑天目釉中，以曜变天目、油滴和兔毫最为著名。天目釉属于铁系结晶釉，其着色剂因氧化铁（Fe_2O_3）和二氧化钛（TiO_2）的含量较高，并含有磷酸（P_2O_5）的成分，产生液相分离现象，使得器物烧成后有凝重浑厚，黑中泛青的特殊风格。在南宋时期，建窑黑釉器异军突起，备受青睐，这种现象的出现，是与当时社会风气有着紧密联系的，这就是“斗茶”之风的盛行。

唐代陆羽著《茶经》以后，喝茶便成为文人雅士文化品位的体现，而被赋予礼仪和修养的意味，尤其在南方产茶地区，相应地发展起一套选茶、洗茶、烹茶、饮茶的礼仪程式，又相应地发展起各式各样的品茶器具，与酒具有铜质、木质、漆质、陶质、瓷质一样，茶具也有各种不同质材，但主要是瓷器。宋代是中国历史上茶文化得到重大发展的时期，上至朝廷皇室、文武百官，下至市井工商、黎民百姓，都嗜好饮茶，茶坊、茶肆、茶楼随处可见，并且形成了一套有关饮茶的礼仪，出

现了不少茶艺著作。茶宴之风盛行，并且逐渐演变为“斗茶”，顾名思义，就是互相比赛茶叶的优劣、茶水的好坏、茶具的良莠、品味的高低等等。徽宗赵佶不仅爱好饮茶，而且专门研究，写了一本专著，叫做《大观茶论》，记载了当时全国茶叶的出产情况，品位特点，也谈到了烹茶、饮茶的种种规矩。他经常在宫中设茶宴，招待群臣喝茶，仅蔡京所记就有多次：《太清楼特宴记》《保和殿曲宴记》《延福宫曲宴记》等，都是记的茶宴。其中《延福宫曲宴记》描写饮茶的情景说：“上命近侍取茶具，亲手注汤击拂，少顷白乳浮盏面，如疏星淡月，顾诸臣曰：此自布茶，饮毕皆顿首谢。”这时的茶，是将加工好的茶叶研成细末，制成“茶饼”，又叫“团茶”。饮时须先研开，注水泡成糊状，再加水烹煮，煮的过程中，会浮上来一些白色的泡沫，要用拂子将其掠去，叫做“击拂”。

“斗茶”之风起源于各产茶地区年年向朝廷进献“贡茶”，各人都说自己的茶好，往往就在朝廷上比试起来，范仲淹有《斗茶歌》说：“北苑将期献天子，林下雄毫先斗美。”苏轼对此也有描述：“武夷溪边粟粒芽，前丁后蔡相宠加。争新买宠各出意，今年斗品充官茶。”俗话说“上有所好，下必甚焉”，由此而引发的宋代市井民间，“天下之士励志清白，竟为闲暇修家之玩，莫不碎玉锵金，啜英咀华。较筐匣之精，争鉴裁之别”（《大观茶论》）。南宋画家刘松年、元初画家赵孟頫皆遗有《斗茶图》传世，画中绘双方主仆，为茶争执，而至于怒目挺胸，生动之状，跃然纸上。

由于斗茶过程中，要看浮沫和击拂的情形，而浮沫是白色的，在黑釉茶碗里看得最清楚，所以斗茶者皆提倡使用黑釉茶具，造成江西、福建民间黑釉瓷的兴盛。福建北部的建州（今建阳市）、南建州（今建瓯市），地处武夷山区，是当时全国重要的茶叶生产基地，作为茶具的建窑黑釉天目瓷，也备受恩宠，成了进贡宫廷，御前伴驾的贡器。在今日所见建窑黑釉器中，可以见到不少器皿的底部刻有“供御”“进盏”等字样，就是进贡朝廷的御器。明代初年，废团茶而代之以散茶，冲泡散茶的瀹饮法代替了碾末而饮的点茶法，斗茶之风也渐趋消失，曾经盛行一时的建窑黑釉盏，也就慢慢地退出了历史舞台。但是，销往西藏的茶叶仍然是用茶末压制成方块，称为“砖茶”，寺庙中举行茶宴，仍然要研细烹煮。

建窑黑釉器茶具的生产工艺精湛，影响颇为深远。宋代闽北和闽东的大批瓷窑纷纷追慕效仿，像南平、建瓯、松溪、蒲城、崇安等地，都纷纷烧制建窑风格的黑釉瓷器。它的影响还远及江西、四川、浙江、山西等地，吉州窑就是其中之一。吉州窑黑釉瓷器的烧造，是从早期的单色黑釉及黑釉装饰开始的，后来逐渐发展到各种窑变色釉的装饰，其中以木叶纹、剪纸贴画、兔毫盏、鹧鸪斑、玳瑁斑等最为出色。吉州窑的黑釉制作，在掌握氧化亚铁的结晶和硅酸类釉药的变化以及火候、温度和冷却时间等方面，较之建窑有过之而无不及。建窑釉色黑而厚，其流淌至碗底时,凝重如钧窑之浮肿或蜡泪状;而吉州窑的釉色偏红偏褐,也有纯黑色者。建窑的窑变是碗口脱釉,逐渐向碗底集中,内外一样;而吉州窑黑釉,外部仿玳瑁斑纹样,窑变状态较弱,内部窑变变化较大。吉州窑黑釉的品种,不单单局限于茶盏,日常用品无不烧制。在纹饰方面也变化万千,其中极具特色的有剪纸纹样、笔绘图案纹样、洒彩纹样和剔花纹样等等。

除了建窑和吉州窑的黑釉盏外,官窑、汝窑、哥窑、定窑、钧窑,还有磁州窑、耀州窑等等窑系均有茶具出产,这也充分显示出了宋代饮茶之风尚的盛行之广泛。耀州窑博物馆藏有一青釉仰莲纹瓷碗【图 2-4　耀州窑青釉仰莲纹瓷碗】,通体高 7 厘米,口径 13 厘米,底径 4.7 厘米,这种选取仰莲作为装饰题材的作品在各大窑场均有出现,这种莲纹装饰题材的出现,既可以理解为佛教思想的映照,也可以说当时人们对于莲花“出淤泥而不染,濯清涟而不妖”品性的推赞。

图 2-4　耀州窑青釉仰莲纹瓷碗

四、文具

文具,在中国通称为“文房四宝”,即笔、墨、纸、砚。毛笔相传为秦代大将蒙恬所创,通常以羊毛制成,墨的发色剂主要是松枝的烟炱,加入黏合剂和防腐剂制成墨锭,用水在石质的砚台上研磨,蘸在毛笔上书写。用陶瓷制作的“文具”专指在书写过程中经常使用的辅助工具,例如笔筒、笔架、笔洗、水盂、印台、印盒、镇纸等等,有的文人还喜欢陶砚或澄泥砚,也是陶制品。唐宋以来,科举求仕之风大盛,读书人增多,陶瓷文具的生产,也成为各地窑业的重要品种,虽然产量不大,但是价格不菲,利润也相当可观,这也促进了宋以后直至明、清两代,陶瓷文具的流行。

明代屠隆在其《纸墨笔砚笺》中介绍了除文房四宝的笔、墨、纸、砚外的 45 种文房用具,其中包括有:笔格、研山、笔床、笔屏、笔筒、笔船、笔洗、水中丞、研匣、墨匣、印章、图书匣、印色池、糊斗、蜡斗、镇纸、压尺、秘阁、贝光、裁刀、途利、书灯、布泉、钩、萧、如意、诗筒葵笺、韵牌、五岳图、花尊、钟、磬、禅灯、数珠、钵、番经、镜、轩辕镜等,这种对文房用具的分类,已经大大超出了笔、墨、纸、砚的书写范畴,反映了明代文房用具的多样性。其中有不少,如笔筒、笔洗、笔格、镇纸等还一直沿用至今。古人所使用的这些文房用具也有不少为瓷制品，这主要包括瓷砚、砚屏、镇纸、镇尺、笔格、笔床、笔筒、笔洗、水注、笔掭、笔盒、臂搁、瓷印、印盒、笔插、墨床、笔管、瓷炉等。

其中以瓷砚、笔格、笔筒、笔洗、水注几类最为普遍使用。

瓷砚，早在我国魏晋时期就已经开始使用，直到明清时期还在烧造和使用。一般砚堂中间研磨处不上釉，砚面坚硬光滑，磨墨时不下墨，其实用性并不如石砚，但瓷器耐高温，瓷砚在冬天就可以加热作为暖砚。三国时期砚面平且无边，西晋砚面中心渐凸，边缘也逐渐高起，形成一圈凹槽，以便运笔蘸墨。外围不高不矮的子口，既可维护墨汁，又能起到固定扁平器盖的作用。东晋时期器身变厚，砚面微鼓，凹槽变更深了，子口加高，砚面圆面积变小并以兽蹄为足，到南朝时，砚口外侈，砚台圆面变得较大，且砚面斜坡升高，直至与砚壁同高，这更加有利于磨墨和蓄墨了。瓷砚“多作圆盘形，圆盘下附三足，三足多呈兽蹄形。南朝砚仍以圆形三足者常见，也有五足和六足，一般时代越晚，砚足越多，福建闽侯南朝墓出土的瓷砚多达十足。多足砚的砚面、底均无釉，余施釉，砚面略向上凸，四周有水槽，有‘辟雍砚’之称【图 2－5　唐代辟雍砚】。唐代瓷砚尤以越窑三足砚或多足砚为多，岳州窑、邛窑等药也有烧造，邛窑砚有大小成套者，粗胎挂釉，亦为箕形。宋代瓷砚烧制种类较多，目前发现有北宋元符三年(1100 年)款的青白瓷砚及龙泉窑砚，建窑黑瓷暖砚以及绿瓷砚等。明、清时以景德镇窑制品为佳，瓷质、花纹均十分精致，有腹空灌水暖砚的式样，多作绘画或朱墨研磨之用。”①

图 2－5　唐代辟雍砚

笔格，也称笔架、笔搁、笔山或笔枕，为搁置毛笔之器。唐代已经很普遍使用了，而在南宋墓中更出土有很多的笔格，明清时期笔格的造型更加多样化。总的

① 汪庆正:《简明陶瓷词典》，上海辞书出版社 1997 年版，第 144 页。

来说，笔格的作用是暂时搁置毛笔，防止污损桌面、纸面。因此，笔格的造型往往是山形，故又有“笔山”之称。明代文震亨《长物志》言：“窑器有白定三山、五山及卧花哇者，俱藏以供玩，不必置几研间。”【图 2－6　景德镇窑青白瓷镂雕五峰笔山】

图 2－6　景德镇窑青白瓷镂雕五峰笔山

五、洁具

洁具，指卫生用具，中国古代也有很多是陶瓷器，器类主要有洗、匜、虎子、唾壶、薰炉等。洗有大小之分，大者可以用以日常盥洗，小者常作文具。匜早在新石器时代晚期就已经出现，是一种在祭祀中专门用来净手的器皿。“先秦时代的贵族有一种特别讲究的洗手方式，称为沃盥。沃是自上浇水，盥是用水冲洗双手。自上浇水的器皿是匜，下面接水的器皿是盘。在先秦墓葬中，盘、匜常成套出土。但用这种方式洗一次手，起码要两个人伺候。《礼记・内则》说：‘进盥，少者奉槃，长者奉水。’如果像李唐在《晋文公复国图》中所绘之沃盥者那样，则还要再加第三人奉巾，排场是相当大的。汉代对此种方式似已加简化，证据就是汉代的匜并不和盘同出。而且在汉代遗物中，也难以确指出有与先秦时代用途相同的那类‘盥盘’。……汉代虽然没有洗，却仍有匜。出土之匜有陶、铜、银、漆各种质地者。这时它们的主要用途似为注酒。不过《说文・匚部》说：‘匜，似羹魁，柄中有道，可以注水、酒。’在注酒之外仍提到‘注水’，可见匜既是酒器又是水器。”①此外还有“浴斛”“浴盆”等，皆浴器之较大者，《资治通鉴》记陈宣帝大建六年于宫中“置浴斛，使人裸卧其中浴之”。

虎子，为古代溺器，民间俗称“夜壶”，有铜、陶或青瓷制品，甚至有的奢侈器

① 孙机：《汉代物质文化资料图说》，文物出版社 1991 年版，第 259 页。

以黄金珠宝镶嵌。器身像虎型，有四足及錾，敞口为流。除日常用外，也作随葬器。关于“虎子”称谓的出现，《周礼·天官·玉府》载：“掌王之燕衣服、衽席床笫，凡亵器。”郑司农注：“亵器，清器、虎子之属。”晋人葛洪在其《西京杂记》中说：“李广与兄弟共猎于冥山之北，见卧虎矣。射之，一矢即毙，断其骷髅以为枕，示服猛也。铸铜像其形为溲器，示厌辱也。”[①]而宋代赵彦卫在其《云麓漫钞》中又载：“《西京杂记》李广与兄弟共猎于冥山之北，见卧虎，射之即毙，断其骷髅，以为枕，示服猛也；铸铜像其形为溲器，示厌辱也。故汉(朝)人目溷器为虎子。郑司农(玄)注《周礼》，有是言。唐讳虎，改为马，今人云厮马子是也。”[②]《新唐书·文艺传·宋之问》：“之问与阎朝隐、沈佺期、刘允济倾心媚附，……至为(张)易之奉溺器。”《新五代史·后属世家》：“[孟昶]君臣务为奢侈以自娱，至于溺器以七宝装之。”《宋书·百官志上》：“侍中……入侍禁中，分掌乘舆服物，下至亵器虎子之属。”《录异传》：“酒肴既设，道士便击鼓召诸神，魅乃取伏虎于人座，吹角声以乱音。有倾，道士忽觉背中冷，惊起解衣，乃伏虎也。”【图 2－7　西晋青瓷虎子】

图 2－7　西晋青瓷虎子

唾盂，俗称“痰盂”，装盛唾痰的器皿，又称“唾器”。体积较小而随身携带者，称为“唾壶”。三国、晋初早期越窑已经大量烧制唾壶【图 2－8　西晋青瓷唾壶】，器型多为大口、圆球形腹，高圈足，以后逐渐演变为盘口、扁圆腹，平底或假圈足。南朝时期的唾壶还配以器盖和托盘。唐五代南北各窑场都有烧造，口沿多呈漏斗形碗状。宋代龙泉窑、越窑、定窑都有完整的器皿传世。在汉代皇家使用的唾壶多用金银器，其他贵族和民间阶层则普遍使用铜质、陶质或木质的唾壶。[③] 另

① ［晋］葛洪著，成林等译：《西京杂记全译》，贵州人民出版社 1993 年版，第 189 页。

② ［宋］赵彦卫：《云麓漫钞》，中华书局 1996 年版，第 71 页。

③ 《太平御览》卷七零三引曹操《上杂物疏》：“御杂物用，有纯金唾壶一枚，漆园油唾壶四枚；贵人有纯银参带唾壶三十枚。”

《西京杂记》载:“广川王去疾,好聚亡赖少年,游猎毕弋无度,国内藏冢,一皆发掘……不见棺柩明器踪迹,但床上有玉唾壶一枚、铜剑二枚,金玉杂具,皆如新物。”安徽阜阳西汉前期汝阴侯墓出土有漆唾壶,呈大碗型,上有盖,并刻有铭文“女阴侯唾器”。① 江西清江东汉墓也出土有颈部收缩而口沿外侈的绿釉唾壶②,其形制已经与魏晋南北朝、隋唐时期的唾壶大致相同了。南朝宋刘义庆《世说新语·豪爽》载:“王处仲每酒后,辄咏‘老骥伏枥,志在千里。烈士暮年,壮心未已’。以玉如意打唾壶,壶口尽缺。”传为典故。唐李白《玉壶吟》所云“烈士击玉壶,壮心惜暮年”,即指此典。

图 2-8　西晋青瓷唾壶

熏炉,用于点燃香料,改善室内空气,多为铜制,亦有为瓷质的【图 2-9　西汉薰炉】,南京江宁晋墓曾出土青瓷熏炉一件,敞口有盖,盖上镂孔,以便透送香气。《艺文类聚》卷七十,引汉代刘向《熏炉铭》句云:“嘉此正器,嶃岩若山。上贯太滑,承以铜盘。中有兰绮,朱火青烟。”有的熏炉将炉盖做成山岳形状,在雕刻纹饰中藏设烟孔,成为一件美丽的工艺鉴赏品,铜制的这类造型通称为“博山炉”。

图 2-9　西汉薰炉

综上所述,陶瓷器皿从古至今在人们的日常生活中,具有广泛的覆盖率和深入的渗透力,几乎存在于人们生活的方方面面,与每

① 安徽省文物工作队等:《阜阳双古堆西汉汝阴侯墓发掘简报》,《文物》1978 年第 8 期。
② 黄颐寿:《江西清江武陵东汉墓》,《考古》1976 年第 5 期。

个人的生活息息相关，所以，日常实用陶瓷器承载着造物文化所蕴含的人文思想和审美力量，并通过器物的造型和纹饰，把这些人文思想和审美力量潜移默化地灌输到几千年来中国人民的精神积淀之中，成为华夏传统文化的不可忽视的一部分，这是陶瓷造物思想的伟大力量所在。

第三节　日常实用陶瓷器的造物思想

一、陶瓷器功能效用中体现的造物思想

作为工艺美术品的重要类别之一的陶瓷艺术品，其价值的体现和它的功能效用的把握，主要体现在器形和装饰两个方面。陶瓷器的器形与功能效用的结合最为紧密；而其表面的装饰题材，常常与原始图腾或宗教信仰有关，因此，它不仅仅是人们审美观念的反映，也是当时人类为了满足精神生活上的功能效用的突出表现。

当然，如前所述，最初发明陶器的原动力，首先是满足人们生产和生活中的功能需求，因此器形的考虑往往更处于优先的地位。杨永善先生指出："在陶瓷造型的形态中，包含着功能效用、材料技术和形式美感三种主要因素。三者相互交融，相互渗透，相互作用构成完整的造型统一体，构筑了造型的基本结构形式。在不同类型的陶瓷造型中，三种因素的主次关系有所不同，这是由器物的目的性决定的。……器物的制造原本基于使用的要求，在造物的同时产生了造型，创造了各种适应生活需求的造型类别。由于生活方式和水准的不断变化，引起陶瓷造型的变化，出现了许多新的样式。同时还有一部分实用的造型演化为装饰陈设陶瓷的造型，其中瓶类造型最为典型。陶瓷造型的功能效用不是指狭义的'实用'，而是指广义的'功用'。陶瓷器物有多种功用，有用于陈设欣赏的，有实用与欣赏兼而有之的，也有主要为了使用的，重要的是任何一件陶瓷器物造型，都应该具有明确的目的性和结构形式的合理性。功能合理的陶瓷器物，为人们生活提供方便的同时，很自然地会引起心理的愉悦，这种器物造型蕴含着一种理性的形式美感，是构成陶瓷器物整体特点的主要因素。可以肯定地讲，合理的功能效用是构成陶瓷造型形式美的必要条件。功能效用不能取代形式美感，但对以实用为主的陶瓷造型，确实是不容忽视的取得形式美的重要前提。"①

谈到功能效用，自然首先想到的是陶瓷器与人们日常生活的紧密联系，不可否认，在陶瓷艺术发展的历史长河中，其使用功能是不断发展并逐渐丰富的。最

① 杨永善：《陶瓷造型艺术》，高等教育出版社 2004 年版，第 8 页。

初的陶器，往往是一器多用的，例如新石器时代大汶口文化遗址中出土的陶鬶和二里头文化遗址中出土的陶盉，它们既可以作为炊煮具，也可以作为饮器。这种一器多用的现象持续了很长一段时间，直至夏商周三代，由于礼制的出现，将各种器物在不同使用场合予以规定，这时，器物的使用功能才得以进一步明确化。因此，器形的变化是以不同时期人们的使用目的和使用方法的变化而产生变化的。

我国古代的陶瓷器，就日用器皿领域来看，早在新石器时代晚期，各种器形的雏形已经基本都出现了，经历了夏商周三代的发展和汉代的民间化，已经基本上形成了碗、盘、罐、盆、杯、壶、缸、瓶等现代生活用具的组合，而且各种器形都有许多种变化以适应不同的生活方式的需要。以三国两晋南北朝时期的越窑盘口壶为例，三国时期盘口和底部较小【图 2－10　三国时期越窑带盖盘口壶】，上腹特大，重心在上部，倾倒食物相当费力，占据的平面也较大，而且还给人以不稳定的感觉。东晋以后盘口加大【图 2－11　东晋褐色点彩鸡首盘口壶】，颈增高，腹部修长，各部位比例协调，线条柔和，造型优美，重心向下，放置平稳，使用时比较省力。[①] 在陶瓷器皿中，这种应时而变的例子几乎比比皆是，以至于造成我国古代的各种陶瓷器形的千变万化、丰富多彩。

图 2－10　三国时期越窑带盖盘口壶

图 2－11　东晋褐色点彩鸡首盘口壶

以秦汉以前的日用陶器[②]诸器型的变化轨迹为例，来分析器型发展的轨迹[③]（见表 2－1）。我们可以看出，早期的陶器在使用功能上没有十分明确的界限，史

① 中国硅酸盐学会主编：《中国陶瓷史》，1987 年第 2 版，第 158 页。

② 汉代陶瓷器形较之前代，变化非常大，且又有瓷器的产生，更促成了汉代器形的复杂化。后面文章中另有详表。

③ 根据《中国陶瓷史》、《中国陶瓷全集》中相关内容制表，仅表示大致方向，还可根据材质细分。

前原始社会更是如此，一器多用的情况多有存在，有的器皿往往在饮食、炊煮，甚至饮酒、祭祀等场合都在使用。陶器的发展在新石器时代晚期①，有了一个大的发展时期，器类较前代丰富很多，并为后来的夏商周时期的器型发展奠定了基础。出于生活功能的要求和对于材料技术的掌握，新石器时代的陶器，在器形的组织结构上已经十分完善了，后世器皿中所有的口、颈、肩、腹、胫、足、耳、把、流、盖、鋬等部位，在新石器时代的陶器中都已经初具形态。这正是当时的人们在实际生活和制陶过程中不断总结经验的结果，这种功能效用的逐步完善不仅方便了当时人们的生活，更影响到后来陶瓷造型艺术的发展方向。我国新石器时代的陶器中，日常生活用具占有很大比例，并且也已经有了比较细致的功能区格。按用途可分为以下几类：“①汲器，仰韶文化的小口尖底瓶，大汶口文化的背水壶等。此外，如陶双耳罐或小口瓶也可能作汲器。②炊器，有罐、鼎、鬲、甗、釜、甑、灶等。③饮器，有斝、鬶、盉、爵、角、杯、觚等。④食器，有钵、碗、盆、豆、簋、盘等。⑤盛贮器，有壶、罐、瓮、瓶、盆、罍、尊、缸等，其中有些是粮食等固体物的储存器，有一些则为酒、水之类液体物的储存器。以上各种器类都只是大体的区分，用途不仅限于我们所知的，在不同地区、不同文化背景中，它们的具体差别很大，器类组合关系也不相同，反映了不同人群的不同的生活方式。器物的定名方法，一般是比照现今与之类似的器物名称而定，如缸、罐、杯、碗、钵之类，但古今生活方式不同，名称、用途未必完全一样。”②这么细致的功能区格，主要是以陶器的功能效用来划分的。但夏商周时期，随着礼制的逐渐建立，不同种类的器物逐渐在使用功能上出现分化，甚至分得更细，可见陶器使用功能的分化是一个逐步出现的过程，而且还有更加细分的趋势。这种功能的细分说明了原始社会的先民，在意识形态领域绝对不是空白的，他们在根据生活中的实际需要制造器物的同时，器物也在改变和丰富着他们的思想。可以说，在物质文化生活逐渐丰富的同时，精神文化领域同样也在不断地充实提高，再不是混沌不清的蒙昧状态了。人类依靠自己的精神活动，使物质的创造不断完善；来自物质生活的新经验，又会再一次丰富和充实人类的精神世界。二者相辅相成，互为因果，同步前进，同时也推动社会文明不断进步。

① 特别是龙山文化、大汶口文化和良渚文化。

② 杨永善：《陶瓷造型艺术》，高等教育出版社 2004 年版，第 12 页。

表 2-1 秦汉以前日用陶器发展轨迹简表

	炊煮器	食器	饮器	盛储器	汲水器	其他
新石器时代(早期)	罐、釜	碗、钵			瓶、壶	
新石器时代(中期)	罐、鼎	碗、钵、豆	杯	盆、瓮、壶	瓶、罐、壶	器盖、器座等
新石器时代(晚期)①	鼎、罐、鬲、甗、甑	碗、钵、豆、簋	杯、斝、鬶、盉、觚、觯	盆、瓮、罐、缸、尊	罐、壶	器盖、澄滤器等
夏代(二里头文化早期)②	鼎、罐、甑	豆、簋、钵、三足盘	盉、觚、斝、爵、鬶	盆、瓮、缸、罐、尊等		研磨器、器盖等
商代(早期)	鬲、甗	豆、簋、三足盘	盉、觚、斝、爵、角	大口尊、罐、盆、瓮		器盖等
商代(中期)	鬲、甗、罐、甑	簋、豆、钵、鼎(极少)	盉、觚、斝、爵、杯	盆、瓮、大口尊、罐、壶		器盖等
商代(晚期)③	鬲、甗、罐、甑	豆、盘、壶、簋、盂	觚、斝、爵、壶、尊、卣、觯	瓮、罍、盆、大口尊、坛		研磨器、器盖等
西周④	鼎、鬲、甗、甑	豆、簋、碗、钵、盘	爵(极少)	罍、瓮、盆、罐、尊、瓿、坛、壶、瓶、盂		
春秋战国⑤	鬲(袋足几乎消失)、釜、甑	浅盘、高柄豆、盂、碗、钵		盆、瓮、罐		

① 新石器时代日用器胎体主要材质为灰陶、红陶、白陶和黑陶。日用器皿在秦汉以前皆以灰陶为主。

② 夏代日用器胎体主要材质为灰陶、白陶、印纹硬陶和黑陶,红陶极少发现。

③ 商代日用器胎体主要材质为灰陶、白陶、印纹硬陶、原始瓷和少量红陶。

④ 西周日用器胎体主要材质为灰陶、印纹硬陶和原始瓷。黑陶和白陶很少见或根本不见。

⑤ 春秋战国日用器胎体主要材质为灰陶、印纹硬陶和原始瓷。体积、容量都比西周时期有所增加。

春秋末期，日用器物的形式又有明显减少，最常见的器形也就是鬲、釜、盂、盆、豆、瓮、罐七种。① 而汉代又有一个大的日用器形转型期，这一时期，特别是在西汉末年以后，器形由先秦时期的礼器、祭器的大发展逐渐转向了日用器皿的大量增长，而作为“重器”的鼎、敦、尊等礼器，在这一时期逐渐走向民间，完成了其世俗化的变化。汉代的陶瓷器也是日用器的极大发展时期，各类器物层出不穷，日常用器中的各种器类基本完备，并逐渐走向了系统化。当然，我们也应该看到，汉代陶瓷器的发展更出现了器类细分的状况，尤其是壶、罐、碗、盘等日用器，变化更是复杂。最为典型的例子就是汉罐在质量、数量以及器形的变化上都较前代丰富了很多。这其中的原因很多，从胎体材质角度看，汉代出现了真正的瓷器和低温铅釉陶，为造型的发展提供了技术条件；从思想领域看，东汉以后，儒家思想逐渐完成了世俗化的过程，人们更加关注现世的生活问题了。这些因素都对当时的陶瓷器生产产生了影响，促成了汉代陶器器形较前代更为丰富。我们仅就秦汉时期的陶瓷发展，列简表如下②，以期能够更清晰地看出这一时期在陶瓷胎质与器类方面的变化（见表 2－2）。

表 2－2　秦汉时期陶瓷器类之演变

	日常用器③	仿铜礼器④	祭器⑤	明器模型⑥	建筑用陶	备注
灰陶⑦	罐、瓮、壶、罍、瓿、盆、洗⑧、甑、釜、薰炉、灯、虎子、盂、鬲、钟、鐎、连枝灯、博山炉等	1. 河南等关东地区：罐、鼎、敦、壶 2. 长沙地区：鼎、壶、盒、罐 3. 广东地区：鼎、盒、壶、钫	河南等关东地区：盒（盘）、案、杯等	鸡、狗、猪、羊舍及建筑模型、谷仓罐、镇墓瓶等	砖、瓦及排水管道	灰陶是秦汉时期使用最为频繁的器类，在各领域均有出现

① 中国硅酸盐学会主编：《中国陶瓷史》，1987 年第 2 版，第 72 页。

② 中国硅酸盐学会主编：《中国陶瓷史》，文物出版社 1987 年第 2 版。秦汉时期的陶瓷器类划分并非十分严格，因为汉代丧葬习俗崇尚厚葬，也常将日常用具随葬。

③ 这一时期的日常用器器类变化十分繁杂，这里仅简要择其大类列举（例如，壶就有茧形壶、盘口壶等很多种）暂不细分。

④ 这一时期的仿铜礼器主要以鼎、敦（盒）、壶、钫为代表。

⑤ 这一时期的陶质祭器有明显仿漆祭器的痕迹，其组合多为耳杯、盘、案、勺、樽等。

⑥ 模型类明器，是为了将明器与日常用器作区分，实际也有日常用器随葬。

⑦ 包括泥质灰软陶和硬陶。

⑧ 根据孙机《汉代物质文化资料图说》，言汉代无洗，似存争议。

续表

	日常用器	仿铜礼器	祭器	明器模型	建筑用陶	备注
低温铅釉陶①	—	鼎、盒、壶	—	仓、灶、井及家畜圈舍以及建筑模型、谷仓罐等	—	仅见于仿铜礼器和丧葬用器
原始瓷②	东汉时期：盘口壶、罐、罍、钵、薰炉、碗、盘等	1. 秦和西汉：鼎、盒、壶、钫、锺、瓿、敦、罐 2. 西汉中期：鼎、盒、瓿 3. 西汉晚期：几乎消失	—	—	—	原始瓷在秦西汉中期用做仿铜礼器，西汉末期以后逐渐转为生产日常生活用器
瓷③	东汉末期：碗、盏、盘、钵、盆、洗、壶、锺、罍、瓿，另有少量唾壶、砚、五联罐等	—	—	—	—	与原始瓷的器类有很多相似之处，且以生产日用器为主

从东汉末年瓷器的出现，一直到清代一千余年的时间里，日用器皿的发展不仅表现在器形和种类上，更表现在各种色釉的变化和表面装饰的进步。汉代的日用器皿主流仍然是灰陶器；而从东汉末期瓷器的出现，一直到北齐武平六年(575年)范粹墓出土白瓷器【图2-12　北齐范粹墓出土的白瓷器】，这历时四百余年的历史中，青瓷器(特别是越窑青瓷)逐渐占日用器的主导地位；隋唐时期，特别是在唐代中期"南青北白"制瓷业格局形成以后，青瓷和白瓷在相当长的时间内成为日用瓷器的主导，隋唐时期更发展出黄釉、黑釉、花釉瓷和绞胎瓷器的新品类，低温铅釉陶则逐渐发展出一些日用器皿以及唐三彩器；宋代是我国陶瓷业的集大成时期，瓷业发展形成了遍地开花的局面，而器形比唐代更为丰富多彩。宋、辽、金时期，不但在各地形成了巨大的名窑系(主要有北方地区的定窑

① 烧成温度低，不易实用。
② 东汉以后，逐渐被瓷器替代。
③ 主要是浙江地区的越窑青瓷。

系、耀州窑系、钧窑系、磁州窑系和南方地区的龙泉青瓷系、景德镇的青白瓷系)，而且也带动了整个陶瓷产业的极大发展。各类宋代窑址遍及我国的浙江、江西、福建、湖南、湖北、广东、广西、四川、河北、河南、山西、山东、山西、安徽、江苏、云南等地。从釉料的使用上看，这一时期不再是简单的玻璃质釉料，而出现了钧瓷、哥瓷、龙泉、黑瓷的油滴、兔毫、玳瑁、鹧鸪斑等不同种类的乳浊釉和结晶釉，青花瓷器也在这一时期逐渐发展起来。元代瓷窑场虽比宋代有所减少，但其工艺水平却有极大发展，这一时期，不仅烧制出青花、釉里红的釉下彩瓷器，更出现了卵白釉、红釉和蓝釉等颜色釉的熟练使用，这为明清两代的瓷业大发展奠定了良好的技术基础。明清时期，景德镇窑确立了其瓷都地位，大力发展青花瓷器，并在此基础上发展出点彩、釉下彩、釉上彩和斗彩等彩瓷。各种色釉瓷在这一时期发展起来，清代更是发展出各种名目繁多的五彩、金彩、珐琅彩、粉彩、斗彩等釉上彩，色釉瓷的发展更是突飞猛进，形势大好。

图 2-12　北齐范粹墓出土的白瓷器

由这条发展路线，我们可以看出，从初唐高温黄釉出现以前，尽管瓷器器形千变万化，但其釉色仍是只有青瓷和白瓷，因而对隋唐时期的日用器皿的研究当以青瓷和白瓷的发展为主线。而宋代有所不同，各窑系争奇斗艳，纷纷发展起来，因而这一时期的日用器研究当以窑系划分对待更为适合。元明清景德镇窑逐渐出现一统瓷业的趋势，因而对这一时期日用器皿的研究可以此为重点。

除了日用器皿外，陶瓷造型中还有一部分陈设器具，它是从实用器皿中演化出来的。“从历史遗留下来的实物资料可以看到，最早的陶瓷造型都是实用性器具。后来，逐步由实用器具衍生和演变，出现了陈设性的器具。……这样两种功能、效用不同的陶瓷造型，尽管形式和要求有着明显的差别，但在造型的形体构成规律，设计技巧和方法等方面，也还有着共同的原则，相类似的手法，以及风格上的内在联系，有时也很难把二者截然分开。”①“绝大部分的彩陶都是实用的，除去少量的可能作为墓葬中的明器外，主要应用于人们生活的各个方面。因此彩陶的器形主要取决于实用的需要，而装饰陶器的彩绘花纹同样也要满足实用的

① 杨永善:《陶瓷造型设计》，辽宁科学技术出版社 1988 年版，第 5 页。

要求。在一般情况下，器形的变化要先于花纹的变化，花纹往往是随着器形的变化而相应地发生变化，因此彩陶上的花纹所构成的图案格式通常受着陶器器形的制约。”①可见，陶瓷艺术的实用属性是贯穿整个陶瓷艺术设计的关键性原则。

社会风俗的变化也带动了器形的变化与发展。例如唐代的瓷碗，有饭碗和茶碗之分，饭碗多深腹、直口、平底，与隋代的造型基本相似；而茶碗则不然，器形偏小不说，器身也较浅，器壁呈斜直边，敞口浅腹，适合饮茶之用。再如唐代的“注子”，在唐代中期多鼓腹、盘口短颈、短流，流作六角形、八角形或圆形；而晚唐到五代时期的注子流与柄都有加长。这也反映了人们饮食方式的变化。西安西郊曾出土过一件唐懿宗咸通十三年(872 年)宫廷用银酒注②，其流和柄与初唐时期的注子比较，明显加长了。

作为“造物艺术”，无疑就是“人造物”的艺术，这就出现了两个概念，“人”和“造物”。众所周知，人是能够创造并使用工具进行劳动并改造自然的动物。应该说，人类使用自然工具在先，而后才会自己创造工具来进行劳动，而正是在这种创造并使用工具进行劳动的过程中，造物活动才得以发生。这一过程，是一个从生物进化到文化产生并发展的过程。柴尔德在其《远古文化史》一书中说：“火、衣服、房屋、火车、飞机、望远镜和枪炮等等，都不是人类身体的一部分。人类可以随意把它们放下，丢在一边。它们不是从生物学意义上由遗传得来的；但其生产与使用时所需的技术，却为我们社会遗产之一部分，为积累了许多世代的传统之结果，是借语言和文字来遗传，而非血液来遗传。”人类正是因为没有虎的利爪，才发明武器，用以自卫和攻击；正是因为没有动物的皮毛，才会剥下动物的皮毛制成衣服来御寒；正是因为没有乌龟的硬壳来抵御攻击，才会制作盾甲来保护自己，也正是这个时候，“人类为其自身所做成之设备的改良——即文化的改良——已经代替了身体上的改变”。从这层意义上来讲，人类进化的过程与造物活动是密不可分地交织在一起的，它是为了满足人类生存的需要而产生的。诚然，我们可以想见到，最初的工具制造也应该是基于自然物的加工(像石、骨、木等)，以求称手，这些经过加工的自然物可能极其简单，或者极易腐朽，今日已经无法辨识了，因而，考古学上是无法找到人类最初造物的物证的。而质地坚固的陶器，历经万年，保存至今，恰恰为我们研究人类早期的造物活动，尤其是第一次掌握了化学变化，创造了新的物质的造物活动，提供了完善的标本。

---

① 张朋川：《中国彩陶图谱》，文物出版社 1990 年版，第 142 页。

② 朱捷元等：《西安西郊出土唐“宣徽酒坊”银酒注》，《考古与文物》1982 年第 1 期。

二、圆形器和鼎、鬲、鬶中体现的造物思想

1. 圆形器

原始人类对于自己周围世界的认识，一开始往往是直观的，大自然的许多现象会令人不解，伟大的诗人屈原（前340—前278）就曾经发出疑问："邃古之初，谁传道之？上下未形，何由考之？冥昭瞢闇，谁能极之？冯翼惟象，何以识之？明明闇闇，惟时何为？阴阳三合，何本何化？圜则九重，孰营度之？惟兹何功，孰初作之？"（见屈原《天问》）可见在屈原的时代人们把天地宇宙看成是九层圆球，阴和阳两种力量在其中不断运动，从而造就了世界万物。《艺文类聚·三五历纪》中则更形象地形容："天地混沌如鸡子，盘古生其中，万八千岁，天地开辟，阳清为天，阴浊为地，盘古在其中，一日九变，神于天，圣于地。"这无疑是对于日、月、星球总是呈现圆形，植物的果实也总是圆形的，而产生的一种最朴素、最直观的认识。

圆形的形成，从物理学的角度来说，是周围诸方面的作用力趋于均衡所产生的结果。宇宙中星球间的引力和星球自身运动的张力之间的平衡，地球上的地心引力和万物生长的张力之间的平衡，使得树干、果实、胴体、头颅等等，在自然界诸多力的作用下，形成了圆柱体、球体等均衡的造型，这是物竞天择的结果，是不可抗拒的自然规律。

陶器制作之初，作为一种"抟埴"行为的产物，它的造型离不开双手的动作，"抟"就是将泥团在手中揉捏的动作，手的围合所形成的也是不规则的圆形，作为自然揉捏的结果，也最容易产生圆形或球形。在陶器出现之前，人类长期使用植物的硬质果壳来做容器，果壳的圆球形状也给予人们深刻的印象，在懂得了制陶技术后，自然模仿果实的圆球形状，制作圆形容器也是顺理成章的事。有人认为，编结技术早于制陶技术，即割取植物的枝条，编织成圆筒形或圆球形的篮、筐、篓等，它们的造型受到弯曲枝条的技术影响，也必然是圆的。一种说法认为陶器就是在编织物的内层或外层涂上厚厚的泥巴，以防止漏水，在被火烧了以后，泥土坚硬，启发了人们的制陶想法。这种说法如果成立，也是决定最初的陶器会采用圆形的很有说服力的证据【图2-13　裴李岗文化圜底双耳壶】。

图2-13　裴李岗文化圜底双耳壶

一提起陶器，就会想到圆形、球形、半球形和对称形的造型样式，有人说："所有的陶器都是圆

的(或者从圆形引申出来的)。"这话虽然不太全面,但是却是有道理的。其实比陶器更早时代的人类造物,也有很多倾向于圆形,例如原始石器。1819 年,丹麦皇家博物馆馆长汤姆森根据馆藏的史前古物,将史前时代划分为石器时代、青铜时代和铁器时代三个时期。[①] 漫长的旧石器时代约占整个人类发展历程的 99% 以上,在这几十万年与石器打交道的过程中,由使用天然石块发展到打制、磨制石器。在这个过程中,人类最初掌握的造型形态可以概括为两个基本形:圆形和对称形。考古资料显示,旧石器时代中期(距今十万年左右)的山西许家窑人就已经通过石料对碰的方法,制造出了非常圆润的石球。[②] 山东沂源猿人(距今约 64 000 年)所打制的石器——玛瑙石刮削器,也接近于圆球形。大汶口新石器时代中晚期遗址(距今约 6 900 年)的不少墓葬中,发现在死者的口腔含有石球,这些石球磨制得十分圆润。可见圆或球的形态,早已为人类所注意,人们在造物活动中运用难以想象的方法,千方百计地制造出圆形或球形。

圆形器作为陶瓷器的最常见形态,自有其必然性。综合以上所述,我们可以从以下几方面理解这个问题。

第一,从人类的认识过程来看:大自然中确实存在着大量的圆形、圆柱形和对称形,植物的果实是圆形的,动物的头颅是圆形的,禽鸟的蛋是圆形的,被水冲刷的卵石是圆形的……放眼世界,可以看到不少现成物呈现圆球形和圆柱形。从科学的角度我们知道,这是物体外界存在的诸引力和生命体本身内在生命力共同作用的结果。只要诸方面的力是均衡的,生长出来的物就是圆的。圆形是一个多面对称形,无论从哪个角度来看,它都是对称的。世界上的对称形自然物很多,树叶是对称的,蝴蝶是对称的,鱼是对称的,人的身体也是一个绝妙的对称形。耳濡目染,这些形的表象大量储存在人类的头脑中,使得人类对于圆的认识几乎成为意志的指向,在自己的行为——包括造物行为中,随时随地地自然流露出来。在人类创造陶器之前,曾经有过一个很长的时间,使用现成的自然物来做容器,例如椰壳、葫芦等等,甚至在西非的一些地区,探险家还曾经发现过一些处于原始生活状态下的土著民族,用敌人的头盖骨来做碗或者酒杯。

还有一种观点认为是"葫芦"的使用促进了陶器的出现。《礼记·郊特牲》载:"天子适四方,先柴郊之祭也。……器用陶匏,以象天地之性也。"就是把陶器叫做"瓢"的。《诗经·国风·豳风七月》中载:"七月食瓜,八月断壶。"这里的"断

① 张之恒,吴建民:《中国旧石器时代文化》,南京大学出版社 1991 年版,第 6 页。

② 注:1976 年发现石球 1 059 个,最大者重达 1 500 克以上,直径超过 100 毫米;最小者重量不足 100 克,直径在 50 毫米以下。其用途考古界说法不一,贾兰坡先生在其《中国大陆上的远古居民》一书中认为是"投石索"上的弹丸。

壶”就是指“摘葫芦”。葫芦，在古代又被称为“匏瓜”“壶芦”“瓠瓜”等等，而壶又和葫同音。在古代的文献典籍中，还有很多将葫芦与作为盛储器的陶器混用的例子。在后来的中国传统宗教——道教中，还把葫芦当成法器，得道高人、神仙之类往往都随身带着一只葫芦。老子言：“天地之间，其犹橐籥乎，虚而不屈，动而愈出。”这里的“虚而不屈”正是作为人造物的陶器与自然物的葫芦在器用功能上的契合点【图 2－14　仰韶文化史家类型葫芦形瓶】。

图 2－14　仰韶文化史家类型葫芦形瓶

第二，从几何结构的科学性来看：圆是以最小面积获取最大容量的空间形态。几何学的法则证明，作为圆球形，它的外表表面积相对于它所取得的空间容积来说，是最节省的。例如仰韶文化彩陶罐中的那些接近球形的小口罐、大汶口文化的陶钵，都是利用圆形创造最大有效容量的范例。

第三，从陶器的制作方法来看：容纳和撮取谷物、水和其他物体，人类最初可能运用双手，双手合掬，就自然成为一个碗的形状，在此基础上，人类最初可能在一块黏土上按出一个窝穴，用以作为容器。江西仙人洞的原始陶器，以手捏成形，从发现的碎片来看，大多数是罐、盆一类圆形器。在磁山—裴李岗文化时期，制陶的方法进入泥条盘筑法阶段，事实证明，在我国，泥条盘筑法是持续时间最长的成型方法，也是最容易做成圆形、圆柱形、圆球形的造型方法。大汶口文化后期和龙山文化时期，利用转盘的旋转，使泥块迅速旋转为薄壁的圆形器皿，更是一种空前便捷的办法。它做出来的也都是圆形器。由此可见，早期陶器的制作方法不外乎三种：捏制法、贴筑法和盘筑法（轮制、模制等方法出现得比较晚，在此暂不做论述）。这三种制作方法中，手对器形的控制起到了决定性的作用。人的双手在自然状态下，一般都是掌面凹陷，五指弯曲，团成圆形，而双手如果合围的话，更是接近于圆球形，因此，如果加水的黏土在手中，双手搓磨，就很容易被团成球状，要捏塑成型的话，圆球形无疑是最直接、最方便的造型。中国古代文献中将塑泥成型叫做“抟埴”，意思就是“团捏泥巴，使之成型”。因此，最适合手掌握拿的圆形在原始社会中被广泛采用是必然的，也正是因为圆形器与手的配合最为紧密，因此它的适用范围也就最为广泛。

第四，从陶器在生活中的应用情况来看：新石器时代人类已经开始了定居生活，有了最初的房屋。室内的地面通常是夯实的泥土，先民们的生活习惯，不像现在这样周到，放置陶器，通常都是直接安放在地面上。在半坡村新石器时代居屋遗址，可以看到夯土地面上，往往有一个个浅窝，就是为安放陶制的水罐或其他容器准备的。圆形器皿这样安放在屋子里是最稳定的。

第五，从蒸煮过程中的热效应来看：用火熟食发生在有陶时代之前，所以，在陶器的品种中，炊煮器占有相当大的比重，尤其在早期。鬲、鼎、鬶是典型的炊煮器，为了增加底部的受热面积，其造型多取圆底，早期用支撑足架起来烧火，后来把足直接做到器底，成为三足、四足器，烧火蒸煮更为方便。再后来，大汶口文化和龙山文化时期，在山东地区出现的三足陶鬶，改进成为袋形足，使得袋足内的液体更加容易受热，大大节省了煮熟时间，也节省了燃料。

图 2－15　马家窑文化马厂类型漩涡纹彩陶壶

陶器在生活中的使用，常常围绕着人类的居住方式。上面说道，在新石器时代人类的居住环境中，还没有现代这些家具的出现，所以陶器多是放置在地面上，在室内活动的人，是在一个较高的位置，采取俯视的方式从上向下来观察这些器皿。这种情况决定了许多陶器独特的装饰方法，圆形陶器也不例外。例如在马家窑文化彩陶遗物中，以甘肃兰州土谷台遗址出土的“蛙纹彩陶瓮”、广河地巴坪遗址出土的“漩涡纹彩陶壶”【图 2－15　马家窑文化马厂类型漩涡纹彩陶壶】等为代表的一批瓮、壶类器皿，都具有鼓腹、圆肩、下腹锐收，底部很小的特点，有的底径只有腹径的 1/5，看上去很不稳定，就是安放在地面上的窝槽内的。造型和纹饰上也很有特点，即花纹的主要部位在肩部，肩部以下几乎是一片光板，就是因为观赏者的视线在上，下部是看不到的。“蛙纹瓮”画了蛙的四肢，头部是瓮的盖，也是只有在俯视的情况下才能看出它的生动姿态。又如在仰韶文化彩陶遗物中，陕西临潼姜寨遗址出土的“人面鱼纹彩陶盆”【图 2－16　仰韶文化人面鱼纹彩陶盆】，盆内壁所描绘的人面鱼纹，也采取的是从顶上往下看去的意匠：人面，在一个圆形上只见到两只眼睛，后面露出一个三角形，是一个人在水中游泳时露出水面的背部，人面两侧还有漂浮在水面上的胡子。当盆中注上了水之后，我们从上往下观看，就如同在河岸上看到的游泳情景一样。青海大通县上孙家寨马家窑文化遗址出土的“舞蹈纹彩陶盆”【图 2－17　马家窑文化马家窑类型舞蹈纹彩陶盆】也是一个利用圆形的盆，在内壁上彩绘了三组每组 5 人的舞蹈人物，构成环绕在池塘边上跳舞的人群。当盆内注上水后，跳舞的人群倒影映在水中，随着水波荡漾，翩翩起舞。这也是在圆形的启示下获得的灵感。

图 2-16　仰韶文化人面鱼纹彩陶盆

图 2-17　马家窑文化马家窑类型舞蹈纹彩陶盆

宗白华先生在《道家与古代时空意识》一文中将古代造物中的时空观念与道家的哲学思想比照，从而对于古人通过陶器器物造型（实）获取有效空间（虚）的“气以体道”的辩证关系，作了精辟的分析：“我觉得老子、庄子和儒家《周易》里的思想比较，他们较为倾向于‘空间’意识，而缺乏《周易》里‘时空统一体’的积极性、创造性和现实性，这是和农民的生产劳动相结合，反映农业生产的宇宙意识的。老、庄是脱离了生产实践的知识分子而对宇宙（空间、时间及动力）作静观的冥想。但是他二人虽同是道家，却有显著的不同之点。老子是从观察‘其小无类’的空间出发……老子从室内空间的观察，悟到宇宙的道理。所以他说：‘凿户牖以为室，当其无有室之用也’，以此推见到‘三十辐同一毂，当其无，有车之用也；埏埴以为器，当其无，有器之用也’。他说：‘道盅（盅，器虚也，就是一个杯子的空虚处）而用之，又弗盈，渊兮似万物之宗。’他说：‘天地之间，其犹橐籥乎，虚而不屈，动而愈出。’我们看见一个沉思冥想的哲学家随时随地见到各项器皿里‘虚空’的主要作用，如车轮上的毂，街上铜铁匠用的风箱，饮水的杯子，居住的房间，他发现‘虚空’是器成为器的原理。这个‘虚空’，他把它提高到形而上的‘道’，用来说明形而下的‘器’。他于是要‘致虚极，守静笃，万物并作，吾以观其复’。他在不毁万物的‘虚空’里观察万物的来往、成毁，而认定这‘空间’是‘常’，是万物的根源。他说：‘谷神不死（‘谷神’即虚空的原理），是谓玄牝；玄牝之门是谓天吗，地之根。绵绵若存，用之不勤。’这‘虚空’已不复是散在各器里的虚空，而是提高到形而上的创造万物的‘道’了。他说‘道者，万物之奥’。‘奥’是堂屋角落里的空间，放置东西的所在。”①

由此可见，在老子看来，“空间”的意识已经达到了“道”的高度。但我们从器

① 宗白华：《宗白华全集》第三卷，安徽教育出版社 1994 年版。

物的角度来考虑，就会发现圆形器对空间的浪费是最小的，从这个意义上来看，道家思想中“道体中虚”的解释也可以看作是对空间之功能性质的把握。

张道一先生在其《论造物的综合之美》一文中这样写道：“早在几十万年之前，人类开始使用石器。从打击石器中逐渐认识到对称形和圆形，以及工具的合适比例。由此证明了俄国普列汉诺夫(1856—1918)所提出的‘实用先于审美’的论点。”而圆形陶器正是在“实用先于审美”、生产力水平低下的社会环境里产生的。

2. 鼎、鬶、鬲

鼎，是上古三代时期的炊煮器，主要用来炖煮肉类的大锅，初为陶鼎，有三足、四足的不同，三足多圆鼎，四足多方鼎。也许正因为其有三足或四足，无论立于平地或不平之地，皆可稳立。它又是祭祀神灵时的主要礼器，同时，它也曾作为刑具使用，所以渐渐演变成为统治阶级国家权力和地位的象征。关于鼎成为“国之重器”渊源，《天工开物·冶铸》曾载：“凡铸鼎，唐虞以前不可考。唯禹铸九鼎，则因九州贡赋壤则已成，入贡方物岁例已定，疏浚河道已通，《禹贡》业已成书。恐后世人君增赋重敛、后代侯国冒贡奇淫、后日治水之人不由其道，故铸之于鼎。不如书籍之易去，使有所遵守，不可移易。此九鼎所为铸也。年代久远，末学寡闻，如蠙珠、暨鱼、狐狸、织皮之类，皆其刻画于鼎上者，或漫灭改形，亦未可知，陋者遂以为怪物。故《春秋传》有使知神奸、不逢魑魅之说也。此鼎入秦始亡。而春秋时郜大鼎、莒二方鼎，皆其列国自造，即有刻画，必失《禹贡》初旨，此但存名为古物。后世图籍繁多，百倍上古，亦不复铸鼎，特并志之。”如果此说可信的话，那么可以想见铸鼎之初，其目的在于“使民知神奸”，具有教化的功能。鼎作为礼器的作用，我们在后面的章节中还有详细的论述。在此重点论述鼎、鬲、鬶三者同为三足器具的发展轨迹，以及三足器具的价值定位。

早在河南新郑裴里岗文化与河北武安的磁山文化遗址中，就已经出土了陶制的鼎，以后在仰韶文化、大汶口文化、龙山文化、大溪文化、屈家岭文化、马家浜文化、良渚文化等新石器文化中，以及夏代二里头文化、商代早期的遗址中均普遍使用陶鼎作为炊煮器。为了使它能够经受高温的煅烧，陶鼎的质地多为夹砂陶。新石器时代的陶鼎，因其所在地域的不同而有明显的形体上的差别，但基本上都由器身、足(有三足和四足)和器盖(有的无器盖)组成。鼎的器身主要有罐形、盘形、釜形、壶形、钵形、折腹形、盂形、盆形等，足形多为圆柱形、半圆柱形、方形、圆锥形、鱼鳍形、扁三角形和鬼脸式几种。此外，磁山文化遗址出土的四足鼎和陕西宝鸡北首岭、华县太平庄仰韶文化层中出土的双联鼎和鹰鼎则属罕见【图2-18　仰韶文化庙底沟类型鹰形鼎】。①

① 汪庆正主编：《简明陶瓷辞典》，上海辞书出版社1997年版，第227页。

图 2－18　仰韶文化庙底沟类型鹰形鼎

鬶是一种一器多用的器形。它既可以作为炊器，也可以作为酒器，始于我国新石器时代晚期的大汶口文化，盛行于龙山文化，在二里头文化和商代文化的遗址中也有出现，主要流行于黄河流域下游地区。早期的鬶形制为圆腹小颈，口部捏扁成流，三实足。中期腹部变扁，颈部移至腹背前侧，流口变成鸟形嘴，但仍为三实足。晚期足部演变，由实足变为空足，颈、腹部也相应变化，出现了常见的空足鬶，或称之为袋足鬶。[①] 1962 年出土于山东省曲阜市西夏侯遗址的一件夹砂陶鬶制作非常精美，还有 1975 年出土于山东省胶州三里河遗址一件猪形秽陶鬶实属罕见的鬶形器的变体【图 2－19　大汶口文化陶塑猪形鬶类器】，另外江苏省武进良渚文化出土的袋足灰陶鬶，器形也较之山东龙山文化与大汶口文化的陶鬶有所不同【图 2－20　良渚文化灰陶袋足鬶】。

图 2－19　大汶口文化陶塑猪形鬶类器

图 2－20　良渚文化灰陶袋足鬶

① 汪庆正主编：《简明陶瓷辞典》，上海辞书出版社 1997 年版，第 270 页。

鬲也是我国古代一种日常炊器，可以煮饭烧水。陶制的鬲产生于新石器时代【图 2－21　卡约文化中的陶鬲】，从鬲的造型来看，它实际上是鼎的带状足变体，商代早期的青铜鬲系仿陶鬲制成。其形似鼎，圆腹，两耳或无耳，三足。足中空，炊煮时易于受热。商、周时除陶鬲外，兼用青铜鬲，形式上亦有变化。西周时又有一种方形的鬲，鬲体分上下两部分，下部有门可以开合，门内可放木炭。陕西扶风就曾出土过一件刖刑奴隶守门的方形鬲。《汉书・郊祀志上》："其(指鼎)空足曰鬲。"颜师古注引苏林曰："足中空不实者，名曰鬲也。"赵汝珍《古玩指南续编・古代礼器》："古时盛馔用鼎，常饪用鬲。《博古图》言，鬲之用与鼎同，惟祀天地鬼神、礼宾客必以鼎，常饪则以鬲。其制自腹所容通于足，取爨火易达，故常饪用之。"

图 2－21　卡约文化中的陶鬲

像鬶、鬲、甑、甗等类的三袋足器形，从新石器时代一直到先秦都在使用，秦汉以后逐渐转变为三实足器皿。这种有三个袋状空心足的器皿与其他饮食器具有很大差别。空心足可以最大限度地承受热能，既缩短了烹饪时间，又节省了燃料的使用，而且三足还可以使得器物在即使不平整的地面也能稳稳地站立，是一种非常科学的器形。这种根据实用目的的不同而采用的变化手法，在新石器时代晚期的各文化遗址中屡见不鲜。像龙山文化时期发现的子母口的器体和器盖，日照两城镇出土的龙山文化黑陶鼎、小盆、盆和小盘①，泗水尹嘉城龙山文化遗址出土的黑陶鼎、盒、簋形器等的器体和器盖均为子母口②。这种子母口的器体与器盖，盖合严密，对缩短加热时间、保温和保持器内的清洁，都十分有益，因此，龙山文化时期，这类子母口的器体与器盖非常盛行。上海青浦良渚文化墓地出土的陶壶③，既附有把手，又安设了流，这样更便于倾倒；胶县三里河龙山文化遗址出土的黑陶盒④，陕西神木县石山卯龙山文化遗址出土的双罐⑤，安设双耳，便于挪动移置；临沂大范庄龙山文化遗址出土的高柄杯⑥，安设高柄，便于把握；

① 山东省博物馆：《日照两城镇》，文物出版社 1984 年版。
② 《泗水尹家城遗址第二、三次发掘简报》，《考古》1985 年第 7 期。
③ 《青浦福泉山良渚文化墓地》，《文物》1986 年第 10 期。
④ 昌潍地区艺术博物馆：《山东胶县三里河龙山文化遗址发掘简报》，《考古》1977 年第 4 期。
⑤ 戴应新：《陕西神木县石山卯龙山文化遗址调查》，《考古》1977 年第 3 期。
⑥ 《山东临沂大范庄遗址的发掘》，《考古》1975 年第 1 期。

潍坊姚官庄龙山文化遗址出土的陶鬶①，器流作鸟嘴形，把手作纽绳形，不但美观而且非常实用。这些实证的器物都可以说明，为了满足实用功能，器形发展千变万化。

三、席地而坐习俗与彩陶装饰中体现的造物思想

新石器时代中期开始，陶器的制造技术得到较大的发展，达到较高的水平。如黄河流域诸文化遗存中多采用红土、沉积土、黑土或其他黏土，且已知道用淘洗的方法去掉泥土中的杂质，羼合料大都是有意羼入的，以砂粒为主，也有羼入植物茎叶或稻壳的。从仰韶文化晚期开始出现白陶，在大汶口和龙山文化中比较流行，白陶的出现对后来由陶过渡到瓷起到了十分重要的作用；在陶器的成型与装饰上，已经掌握了捏塑法、模制法、泥条盘筑法、轮制法等主要的加工手段，器物表面已使用陶衣并磨光，纹饰方法采用压印、拍印、刻划、彩绘、附加堆纹、镂孔等技术；在窑炉结构与陶器的烧成温度上，当时普遍采用横穴窑和竖穴窑，竖穴窑开始出现于仰韶文化晚期，盛行于龙山文化，当时陶器的烧成温度也已经达到了 900～1 050 ℃之间。② 但我们同时也看到这样一个现象，即原始彩陶的装饰纹样多集中于口沿、肩部及腹部，这是为什么呢？“绝大部分彩陶都是实用的，除去少量的可能作为墓葬中的明器外，主要应用于人们生活的各个方面。因此彩陶的器形取决于实用的需要，而装饰陶器的彩绘花纹同样也要适应实用的要求。在一般情况下，器形的变化要先于花纹的变化，因此彩陶上的花纹所构成的图案格式通常受着陶器器形的制约。”③当然，器物的功能要求是确定造型的主要依据，但是，在满足功能需求的前提下，造型的审美规律和形式美法则，必然来自于生活经验，来自于思想深处的表象、概念和由此产生的抽象法则。原始陶器，尤其是容器的造型，不论中国、外国，都可以见到来自人体本身的比例、布局、结构和细部处理。从磁山—裴李岗文化出土的陶罐开始，到仰韶文化时期千变万化的陶罐造型，可谓引人入胜。这些陶罐的造型，饱满有力，比例适宜，具有生动的美感。从它的立面结构来说，上下之间的关系，明显地模仿了人的躯体造型。人体造型基本分为头颈部、胸腹部和四肢三大部分，男性的最宽部位是肩部，女性的最宽部位是髋部，腿足部又向内收，立地的点，只限足根。所以，从剪影效果

① 山东省博物馆：《山东潍坊姚官庄遗址发掘简报》，《考古》1963 年第 7 期。

② 中国硅酸盐学会主编：《中国陶瓷史》，文物出版社 1987 年版，第 42 页。“从目前的测定中，也出现了一种值得注意的现象，即黄河流域除了个别标本外，一般为 900～1 050 ℃，烧成温度较高；长江中下游一般为 800～950 ℃，明显低于黄河流域；华南早期陶器为 680 ℃，而晚期陶器则为 900～1 100 ℃，前后有较大变化。上述差别，显然与陶窑结构及制陶工艺的发展水平有着密切关系。”

③ 张朋川：《中国彩陶图谱》，文物出版社 1990 年版，第 142 页。

来看，很容易联想到坛坛罐罐的造型。仰韶文化半坡类型陶罐，圆形较多，腹部丰满，口颈部较短，底部也较短，像是一个体态肥硕的妇人。马家窑文化陶罐，体形渐渐趋于高瘦，肩部扩大，到了腹部(大约为1/2处)迅速收缩，底部直径较小，有的只有肩部直径的三分之一，造成一种傲然挺立的男性形象特征。值得注意的是，陶器的制作者并不是在刻意模仿人体形象，但是，在长期与同伴朝夕相处的生活中，耳濡目染，潜移默化，人们自然而然地会在不知不觉中流露出他大脑皮层深处的潜意识境界的概念指向，并且在自己的意识行为中以一种新的形式表现出来。

如果到兰州博物馆或者郑州博物馆参观一下琳琅满目的仰韶文化遗址出土的大量彩陶罐，可以注意到，陈列在架上的展品，和平放在地面上的陶罐，给予观众的视觉感受是很不一样的。地面上平放的，尤其是许多个彩陶罐放在一起的时候，观众的视点较高，彩陶罐肩部图案被我们一览无余，而腹部以下，往往并没有什么彩绘图案。为什么原始制陶艺术家要把装饰的重点放在陶罐的肩部？这自然和原始人类的居住条件有关。

从西安仰韶文化半坡原始村落遗址可以看到，新石器时代人类的居室是一种半穴居形式，即在地面下挖30～50厘米，周围立柱，中央有主坑形成用树枝和茅草覆盖的屋顶，室内地面均为夯土，没有什么“家具”，陶罐和其他生活日用品，只能平置于地面上，人在室内，不论站立、端坐，视点均高于陶罐，所以，看到的是陶罐的口、肩部分，这时，艺术家费尽心血彩绘出来的美丽图案，就可以一览无余、赏心悦目了。

我们以马家窑蛙形(人形)彩陶罐的图案设计为例【图2-22　马家窑文化马厂类型蛙形纹彩陶壶】，在陶罐广阔的肩部，作者用粗阔的笔道，画出了连续的蛙形(一说坐姿的人形)躯干、屈曲的腿部和屈肘的上肢，但是没有画出头部，罐颈卷口，上面彩绘黑白相间的条纹，而这个陶罐的盖子，就是一枚画着人的五官面目(一说为青蛙的面目)的人头形球状盖。这四个张开双腿坐在陶罐肩部的人物，都共同连接着这枚头颅，从四面八方来欣赏，都可以看到一排蛙或者人物的形象。这样的构思是十分巧妙的。另外在马家窑文化早期的彩陶瓶中，瓶颈较长而瓶口多为外侈的喇叭口形，非常便于人手握持颈部，但在这种席地而坐的生活习惯影响下，对于瓶的观察多是

图2-22　马家窑文化马厂类型蛙形纹彩陶壶

俯视或平视，在俯视时，喇叭形的瓶口就挡住了颈上部，因而这一时期的这类长颈瓶在近瓶口处多不施彩绘花纹。而马家窑文化半山类型的彩陶壶，中期壶口部分已经蜕变为直口，腹部最宽处在壶身中部，体积已经接近球形，增大了盛水量，为了适应这种器形的变化，其彩绘装饰多集中于肩、腹部，在俯视时能看到以口部为中心而展开的圆形图案填充；在平视时腹部图案则填充于半圆形中，这使得无论仰视或俯视均能取得良好的视觉效果。

古人有环火而食、席地而坐的生活习惯，食具平置地面，使得人在进食时头要伸得很低，这是很不方便的。为了解决这种进食方式带来的不便，原始社会的先民制作了很多应生活之需而变化的器形，例如采用加高器足的办法【图 2－23 龙山文化黑陶高足盘】，大溪文化的卷足盘、豆、杯等以及大汶口文化和龙山文化中出土的高足器可以说明这种变化；还有为器物加足，新石器时代早期的器物多无足、圜底或平底，很少加足，到中期以后，器足出现并发展出像鼎、鬲、豆等带足器，北辛文化中还出土有三足盘、三足钵等器物；另外一条解决的办法就是加器座或支脚，新石器时代各文化类型中出土有很多不同形状的器座，但“从全国来看，……出土数量最多，分布范围最大，使用时间最长的器座，则是上不封顶、下不封底的中空式圈足形物体。这种物体，严文明先生曾名之为‘支圈’”①。由此可见，这种应生活之需而产生的器形变化，在新石器时代的陶器中可以说比比皆是。中国古代居住习惯，秦汉之前皆为低矮家具，茶几就是桌子，坐垫就是椅子，如今日之日本然。故日常生活用品皆从席地而坐的习惯出发，高足杯、豆形盘、有细长枝干的灯盏等等，均为适应这种居住方式而产生的造型。

图 2－23 龙山文化黑陶高足盘

第四节 梅瓶功能演变所体现的造物思想

一个时代的创造物，可以反映出这个时代的造物思想；而一定时代的社会思潮，同样也会作用于器物的制造，两者是相辅相成，交互发展的。宋代是我国古代陶瓷艺术发展的一个高峰期，这一时期陶瓷器中，最富特色、最为典型的当属瓶类陶瓷器。首先，瓶类陶瓷器尤其是梅瓶，其生产区域十分广泛，不但在官、御

---

① 高蒙河：《史前器座初探》，《考古》1993 年第 1 期，第 43 页。

窑有所生产，而且在河北、河南和山西、陕西等地的民间窑场也有生产。其次，瓶类陶瓷器发展和兴盛的时代性较强，与其使用功能和人们生活习惯的变化又密切相关。其三，瓶类器物在宋代至明代这一时期的使用功能有较大变化，大体可以分为容器、插花器和陈设器这三个类型。① 因此，我们通过对梅瓶这种器物的分析，就能够清楚地观察到瓶类陶瓷器在宋代至明代这一时期是如何随着人们生活习俗的变化而发生使用功能上的变化的。

首先，生活习俗的变化使得梅瓶的使用功能也发生变化，进而带动梅瓶由酒器最终变为陈设器。

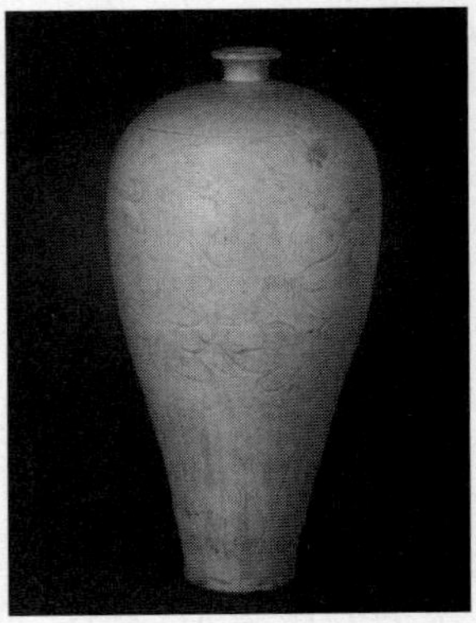
图 2－24　宋代定窑白瓷刻花梅瓶

梅瓶，其基本形制为小口，短颈，丰肩，并在肩部以下渐收敛，圈足，瓶体修长，有的还附有器盖。梅瓶是宋代普遍流行的一种陶瓷器皿②，这种瓶多年来不乏实物出土，也多见于宋元以来的绘画作品、墓室壁画中。其生产地遍布大江南北。大体说来，宋代的梅瓶生产地主要集中在北方的河南、河北、山西、陕西等省和南方的江西、浙江、福建、四川、广西等地，如果把辽、西夏、金三朝的梅瓶也加以考虑的话，其分布还要远达辽宁、内蒙古和宁夏地区。具体窑口有北方的磁州窑系、定窑系、耀州窑系、钧窑系和南方的龙泉窑系、景德镇青白瓷系、瓯窑、德化窑，以及辽代的赤峰窑和西夏的灵武窑等③【图 2－24　宋代定窑白瓷刻花梅瓶】。但历来文献中却鲜有“梅瓶”一称，只有《饮流斋说瓷》卷七“瓶罐”中言及梅瓶：“梅瓶口细而项短，肩极宽博，至胫稍狭，折于足则微丰，口径之小仅与梅之瘦骨相称，故名梅瓶也。宋瓶雅好作此式，元明暨清初历代皆有斯制，红色者仿均为多，豆青、天青、茄紫、豇豆红等诸色均有之。”虽然在宋代古文献中还未见使用“梅瓶”这一名称，但我们可以见到有如下一些关于类似形制瓶形器的提法：

①宋代赵令畤（或题赵德麟撰）《侯鲭录》卷三载：“陶人之为器有酒经焉。晋安人盛酒以瓦壶，其制小颈、环口、修身，受一斗，可以盛酒。凡馈人牲兼以酒，置书云：酒一经，或二经至五经焉。他境人有游于是邦，不达其义，闻五经至，束带迎于门，乃知是酒五瓶为五经焉。”

---

① 秦大树：《宋元时期磁州窑瓶类器物的发展及其使用功能探讨》，《南方文物》2000 年第 4 期。

② 洛阳市文物工作队：《洛阳发现一座后周墓》，《文物》1995 年第 8 期，第 64 页载 1992 年洛阳一座后周墓出土了酱褐釉瓷瓶，造型与今天习称橄榄瓶的北宋登封窑珍珠地划花瓶极为相似，可能是梅瓶的早期形态。

③ 陆军：《宋代梅瓶研究》，《美术观察》2001 年第 9 期，第 50 页。

②宋代袁文《瓮牖闲评》卷六载:“今人盛酒大瓶,谓之经京瓶,乃用京师之‘京’字,意谓此瓶出自京师,误也。京字当用经籍之‘经’,普安人以瓦壶小颈、环口、修腹、受一斗,可以盛酒者,名曰经。则知经瓶者,当用此经字也。”

③宋代赵彦卫《云麓漫钞》卷三载:“今人呼劝酒瓶为酒京,……盖自晋安语相传及今。”

古文献中所说“经瓶”“京瓶”“酒经”“酒京”,按其形制来看,当属今天所说的“梅瓶”,而考察宋代的量制,一石为十斗合 120 斤,一斗 12 斤,这也与梅瓶的容量相近。从考古发现来看,河南禹县白沙元符二年(1099)赵大翁墓甬道西壁壁画中有一人物头巾上墨书“书上崔大郎酒”一语,而其双手捧拿的瓶,其形制与梅瓶十分相似①。河南巩县稍柴村宋墓②、山西平定宋金墓③和辽宁朝阳金墓等墓葬壁画饮酒图中,都可以看到梅瓶的形象。梅瓶在墓室壁画中多单只或成双地置于桌下,并配有瓶架,与桌子上的酒注与盘盏相配套。上海市博物馆收藏有两件磁州窑白地黑花梅瓶,瓶身上分别书写着“醉乡酒海”和“清沽美酒”的字样;辽宁省锦州市博物馆收藏的两件金代白地黑花梅瓶,瓶身上也分别书写诗文“春前有雨花开早,秋后无霜叶落迟”和“三杯和万事,一醉解千愁”;甘肃省汪世显家族墓中出土的梅瓶,在肩部也有墨书“细酒”二字;另外在宋辽金墓中还常出土一种“鸡腿瓶”,其形制也与梅瓶相差不多,且其变化规律也如梅瓶一般由矮胖向高瘦转变,但到金元以后,则变得极高瘦,与宋代的小口长腹瓶变成同一类器物。1958 年在内蒙古察右前旗出土了一件这样的瓶,在肩部确有“葡萄酒瓶”的刻划字样④。1971 年山东邹县鲁王朱檀墓出土了盛有酒的梅瓶⑤,而且有的宋代梅瓶还带有器盖,这也充分说明了梅瓶盛酒的功能。

由上述古文献资料和考古发掘资料可知,宋代梅瓶应该是盛酒的酒瓶,这在宿白先生《白沙宋墓》中利用文献、实物和图像资料分析互证得出此结论后,学术界四十年来对此还从未有疑者。梅瓶在元代和明代仍然作为酒器使用,元明之际的《碎金》⑥一书的“家生篇”(三十二)载:酒器有“樽、榼、樏、果合、泛供、劝杯、劝盘、台盏、散盏、注子、偏提、盂、榴、酒经、急需、酒罂、马盂、屈卮、觥觞、大白”之属。“酒经”罗列其间。可见元代梅瓶还是以“酒经”为称,且仍然为酒器。明代梅瓶在南京、山东等地屡有出土,如前面提到的山东邹县鲁王朱檀墓中的梅瓶,

① 宿白:《白沙宋墓》,文物出版社 1957 年版。

② 巩县文物管理委员会:《河南巩县稍柴清理一座宋墓》,《考古》1965 年第 8 期,第 428 页。

③ 山西省考古研究所等:《山西平定宋、金壁画墓简报》,《文物》1996 年第 5 期,第 4 页。

④ 国家文物局主编:《中国文物精华大辞典》,瓷器图版 525,上海辞书出版社 1985 年版。

⑤ 山东省博物馆:《发觉明朱檀墓纪实》,《文物》1972 年第 5 期,第 25 页。

⑥ 作者佚名,民国二十四年五月国立北平故宫博物院文献馆影印本。

就充分说明了其盛酒的功能在明代依然有延续。但其名称已经有所变化，在明代已经被称为“瓶”或“酒瓶”了，这在《大明会典》卷一九四《工部十四》的“窑业·陶器”条中有所记载，且需求量十分巨大。

但值得注意的是，自古以来一器多用的现象是普遍存在的，因而考察器物的用途时也要区分其主次用途的关系，梅瓶也不例外。从文献资料看，梅瓶在宋代还没有作为插花器皿使用的记载，但宋代确实有使用瓷瓶插花的习俗，宋代诗人杨万里在其《谢亲戚寄黄雀诗》中有“瓷瓶浅染茱萸紫，心知亲宾寄乡味”的诗句；甘肃镇原县发现的北宋“宣和五年”(1123)墓中的墓壁雕砖，有用来插莲花的长经卷沿喇叭形足的瓶①；河南焦作电厂发掘金大定二十九年(1189)壁画墓，在墓室西北壁画出一支大瓶，瓶中插有花卉②。可见宋代就有插花之风俗，但所用器皿并非梅瓶。明代的插花工艺已经极为考究，这与明代文人雅好植物花木有关。屠隆《山斋清供笺》、袁宏道《瓶史》、张德谦《瓶花谱》和文震亨的《长物志》中都有记载插花之器。

①《山斋清供笺》“瓶花”条载：“堂供须高瓶大枝方快人意，若山斋充玩，瓶宜短小、花宜瘦巧。最忌繁杂如缚，又忌花瘦于瓶，须各具意态，得画家写生折枝之妙方有天趣。瓶忌有环、忌成对，忌小口瓮瘦足药坛，忌用葫芦瓶。忌装彩雕花架，忌香烟灯煤熏触，忌油手拈弄，忌猫鼠伤残，忌井水贮瓶、味咸不宜于花。夜则须见天日，忌以插花之水入口，惟梅花、海棠二种，其毒尤甚，须防之。”《长物志》亦有同载。

②《瓶花谱》“品瓶”条载：“铜器之可用插花者曰尊、曰罍、曰觚、曰壶，古人原用贮酒，今取以插花，极似合宜。”“瓷器以各式古壶、胆瓶、尊、觚、一枝瓶为书室中妙品，次则小蓍草瓶、纸锤瓶、圆素瓶、鹅颈壁瓶皆可供插花之用。”“古铜壶、龙泉、均州瓶有极高大二三尺者，别无可用，冬日投以硫黄，斫大枝梅花插供亦得。”另外，其“插贮”条载插花之法：“折得花枝急需插入小口瓶中，紧紧塞之，勿泄其气，则可玩数日。”

从以上文献中所谓“高瓶大枝”、“古铜壶、龙泉、均州瓶有极高大二三尺者，别无可用，冬日投以硫黄，斫大枝梅花插供亦得”以及“折得花枝急需插入小口瓶中，紧紧塞之，勿泄其气，则可玩数日”的说法中，可以看出，宋以来的瓶类器物，可以满足上述标准的，也只有梅瓶了。《匋雅》中也说：“古以瓶贮酒，今以瓶插花。”又言：“古之尊与壶皆酒器也，今人不辨，而一切强名之曰瓶。”因此，《瓶花谱》所言“古无瓷瓶，皆以铜为之”中所指的“瓶”应是“花瓶”。北宋真宗年间的隐

---

① 许俊臣：《甘肃镇原县出土北宋浮雕画砖》，《考古与文物》1983年第6期。

② 焦作市文物工作队：《焦作电厂金墓发掘简报》，《中原文物》1990年第1期。

士林逋，浙江钱塘人氏，在孤山植梅三百余株，养鹤一只，以“梅妻鹤子”传为佳话。林逋曾与其友滁州参军潘阆用经瓶对饮，潘阆曰：“会饮者不可无诗，诗韵者不可无梅。”遂令书童取剪梅一枝，插于经瓶内。林逋亦作诗云：“瓶映花清馨，花衬瓶逸雅，不恋经宴味，乐在梅妻家。”因而，梅瓶在宋明时期成为插花器皿有其文人雅好的因素在其中。

但又有梅瓶在明代作为随葬器“风水瓶”之说①，孔繁峙先生还说到“梅瓶数量的差别，无疑是等级制度在丧葬上的体现”，并提出两条支持明代墓葬中的梅瓶为“风水瓶”的证据，即梅瓶未见明确丧葬用途、梅瓶多置于棺椁的四周或前面②。又有学者指出：“南京的梅瓶，绝大多数来源于墓葬。表中所录 25 件梅瓶有 22 件系墓葬出土物。……因为多数梅瓶系墓中出土物，通过对梅瓶出土位置及墓主身份等方面资料的综合分析，我们发现作为实用酒器的梅瓶随墓主入葬后，其功能发生了变化。第一，失去了明确的用途。……第二，脱离了明代丧葬制度的制约。……第三，变成了一种标志。”③但是，如果结合明代梅瓶（特别是青花梅瓶）的表面装饰题材来加以考察，我们就不难看出，在墓葬中出土的梅瓶多属于有等级地位象征意义或蕴含吉祥意义的纪念类器物，它在这时已经转变为陈设瓷器的品类。也就是说，这一时期已经出现了梅瓶在使用功能上的分野，即一部分由插花器皿已经转变为日常生活的陈设用器，另有一部分转变为有等级地位象征意义或吉祥意义的随葬器皿，这在明清时期的青花梅瓶上表现得尤其明显。在墓中随葬的梅瓶，其共性有二：一是使用梅瓶的个数有定制④；二是使用青花梅瓶陪葬，其作用当是为祈福纳祥，避凶趋吉。这种利用谐音来表达吉祥寓意的例子在青花梅瓶的表现题材上比比皆是，如南京江宁县东善乡朱元璋养子黔宁王沐英墓中出土的“萧何月下追韩信”青花人物梅瓶。《明史·沐英传》载：“沐英，字文英，定远人。少孤，从母避兵，母又死。太祖与孝慈皇后怜之，抚为子，从硃姓。年十八，授帐前都尉，守镇江。稍迁指挥使，守广信。已，从大军征福建，破分水关，略崇安，别破闵溪十八寨，缚冯谷保。始命复姓。移镇建宁，节制邵武、延平、汀州三卫。寻迁大都督府佥事，进同知。府中机务繁积，英年少明敏，剖决无滞。后数称其才，帝亦器重之。……独黔宁威震遐荒，剖符弈世，勋名

① 孔繁峙：《试谈明墓随葬梅瓶的使用制度》，《文物》1985 年第 12 期，第 90 页。

② 孔繁峙：《试谈明墓随葬梅瓶的使用制度》，《文物》1985 年第 12 期。

③ 朱兰霞：《南京地区出土宋、明梅瓶之研究》，《南方文物》2000 年第 4 期，第 92 页。

④ 孔繁峙先生在其《试谈明墓随葬梅瓶的使用制度》一文中写道：“初步分析，明墓随葬梅瓶的数量，有以下三种：一是青花梅瓶四个。这是数量最多的一种，仅见于皇帝陵墓，如北京定陵万历帝。二是青花梅瓶二个（或青花和白釉）。多见于皇后、皇妃墓，如北京定陵的孝后、端后，北京海淀区董四村皇妃墓等。三是青花梅瓶一个。多出于公主、皇子得封的郡王一类的墓葬中。墓例有江苏江宁安成公主墓、南京定远王沐晟墓以及山东鲁王朱檀墓等。”

与明相始终。"这说明沐英的成长经历和其建功立业的事迹堪与韩信相比，因而，其墓中用"萧何月下追韩信"青花梅瓶表达对其追思之意【图 2－25　萧何月下追韩信青花梅瓶】。其他各类人物青花梅瓶所表现的题材也多与墓主人身份相符，"例如其使用者是文人，则会选用诸如周敦颐爱莲、陶渊明爱菊、林和靖爱梅、王羲之爱兰之类的'四爱人物'形象；其使用者是武人，例如前例所举沐英之类的人，则会选用'周亚夫军屯细柳营''萧何月下追韩信''蒙恬将军'之类的武官形象；其使用者热衷于道教，则会选用吕洞宾等道教八仙的形象；其使用者是世家子弟出身坐食爵禄者，则会选用'文姬归汉''昭君出塞'等前代的仕女形象。"[①]这种用梅瓶的装饰主题来标榜墓主人的身份地位或生前事迹、喜好等的做法，在明代还是比较普遍的。

图 2－25　萧何月下追韩信青花梅瓶

另外，桂林明代墓葬中的梅瓶也很有代表性。明代由洪武元年(1368)建国到崇祯十七年(1644)灭亡共历 276 年，靖江王朱守谦家族除其本人及悼僖王朱赞仪死于明代前期外，大部分死于明代中、晚期，又因为桂林受中原地区影响较深，因而其代表性还是很强的。据统计，仅桂林明代墓中出土的各式梅瓶就有 233 件之多，其中青花梅瓶最多 204 件；哥釉梅瓶 13 件；孔雀绿梅瓶 11 件；蓝釉梅瓶 1 对 2 件；酱釉堆花梅瓶 1 件；珐华彩梅瓶 1 对 2 件。经故宫博物院耿宝昌先生、李鸿庆先生和南京博物院张浦生先生鉴定，其中大部分为明代晚期作品。桂林地区墓葬中出土的梅瓶大体分为三个等级，一为靖江王及其王妃墓葬中使用的梅瓶；二为靖江王府的将军、中尉及其他宗室成员墓葬中的梅瓶；三为地方官员和一些社会上层人物墓葬中出土的梅瓶，等级表现十分明显。[②]

由以上我们对梅瓶自宋代作为盛酒器而发展到的明清时期的丧葬明器和陈设瓷器的路线分析可以看出，社会习俗的变化往往影响着器物的使用功能，使得相同的器物可能出现在不同的使用场合，而从梅瓶的发展轨迹上恰恰体现了这一点。相同的例子也出现在"玉壶春瓶"上，它也是同样由酒器慢慢发展为陈设用瓷的。从陶瓷器的发展历程上来看，一开始出现的实用器可能会随着生活习俗的变化而逐渐发生使用功能上的转变，或者随着某种相关习俗的消失而消亡。因而历代的陶瓷窑工生产器物，总是以"适宜""随俗"为衡量的标准，紧跟生活需

① 苏洪济：《略论青花梅瓶的共性》，《南方文物》2000 年第 4 期，第 54 页。

② 张阳江：《对桂林出土的明代瓷梅瓶研究》，《陶瓷研究》2000 年 12 月。

求，就是紧跟市场需求，这个道理窑业业主是非常明白的。有时，与时代潮流相悖的现象也有出现，但往往都是昙花一现，生命力是不会长久的。

其次，梅瓶从其所使用的釉色、材料及制作技术等方面来看，随着功能的转变，审美情趣也相应变化，有一个“由粗到精”“由俗到雅”的过程。

北宋时的梅瓶磁州窑系出产最多，磁州窑的特点是多采用加一层化妆土的手法来达到表面纯净的效果，其胎体并不白净，因而磁州窑出土的梅瓶产品多使用剔、刻、划、画的手法来进行表面装饰，进而更采用了黑釉瓷和低温颜色釉进行表面手绘装饰的方法。而磁州窑的装饰工艺又分为白釉地剔划花、黑釉地剔划花、珍珠地划花、白釉地釉下黑彩剔划花、白地黑剔刻花、白釉地划花、白地釉下黑彩、黑釉地铁锈花、红绿彩、绿釉釉下黑彩划花、绿釉白地划花、低温颜色釉等装饰工艺，可谓手法多样，其目的无非是要在器表进行纹饰，使用化妆土的目的也是为了掩盖胎体的不平整、不洁净。现藏上海博物馆的耀州窑产宋代青釉刻花牡丹纹梅瓶，胎质微泛黄，器表施青绿色釉，采用刻花手法在瓶身满饰缠枝牡丹纹，充分利用了牡丹纹来寓意吉祥富贵。

元代至明初一段时期，梅瓶有白瓷或蓝釉器，器表写有款识，如“内府”“内府供用”“胡府”“赏赐”“内酒”“细酒”“香酒”等【图 2－26　内府款白瓷梅瓶】。这种款识的出现，能说明两方面问题，一方面强调了拥有瓶中酒的主人的身份和地位，因为《周礼·天官》中载，“内府”为掌管皇室仓库的官名，但到元明之际其含义已经有所变化。元人专论宫室机构制度的《禁扁》中，并无“内府”的建制，可见当时根本没有专门称作“内府”的机构，自然也不是明清时期的“内务府”。而《元史》中很多地方都有提及各地土特物产“供奉内府”“以供内府”等。可见在当时的青花梅瓶上的“内府”款当是专指皇宫大内。又从考古发现看，在北京元故宫遗址曾出土过带有“内”字款的器肩残件[①]，从字体结构看，当与同时期梅瓶上“内府”字样同类。另一方面也饱含对瓶中之酒的赞赏之意，而在梅瓶的肩部书写竖书款识似乎也成了这一时期的一种定式。明成祖定都北京后，很可能受到“元人尚白”之遗风影响，一改洪武时期喜爱红色的特色。北京故宫元代宫殿基址等发现中存留的“内府”款梅瓶和永乐时期在景德镇烧造的青花“内府”款梅瓶，很难说二者之间不存在任何联系。但我们不能说民间艺人使用青花梅瓶

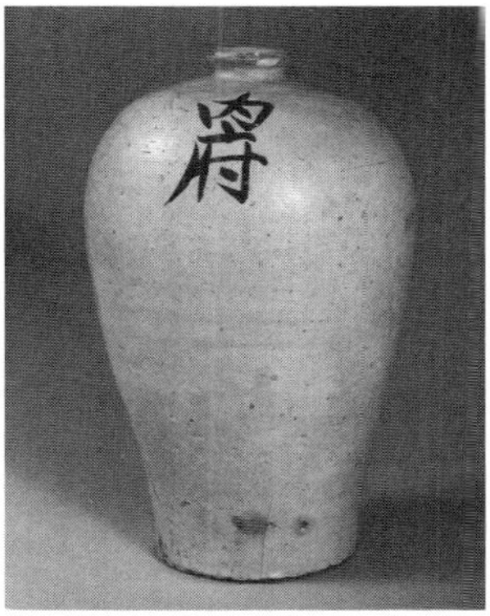

图 2－26　内府款白瓷梅瓶

① 李知宴：《故宫元代皇宫地下出土陶瓷资料初探》，《中国历史博物馆馆刊》1986 年总第 8 期。

影响到宫廷或宫廷青花梅瓶影响到民间，只能说二者是同一时代的产物，且存在着某种联系。

另外，我国历史上的陶瓷器总会从其他领域汲取养分，例如夏商周时期的陶器和原始瓷，其表面纹饰就多有仿造青铜器者；唐代染撷、犀皮漆器也分别影响到了三彩器和这一时期的绞胎器；晚唐五代时期越窑刻花瓷器也有明显模仿纸帛画题材以及同时期金银器表面纹饰的痕迹；宋代定窑印花瓷器多有仿摹定州刻丝；元代以后的青花瓷器更是取材于小说版画或文人画的表现题材。《陶说》曰："陶器彩画盛于明，其大半取样于锦段。写生、仿古十之三四。今瓷画样十分之，则洋彩得四，写生得三，仿古二，锦段一也。"《匋雅》亦言："美术尊重画工，古人锦、玉、瓷、铜四者迭互临摹，此锦纹开光之瓶、罐之所自也。踵事增华，精仿宋元绢画人物故事，几于笔笔有来历。后之客货推波助澜，图绘小说、演义，泛滥及于戏剧，虽曰荒唐不经，要其态度俶诡，足以发扬蹈厉，使人忘倦。盖自朱明以来而已然矣。"而这种从其他工艺美术品类中汲取养分的设计手法，如果没有洁净、纯净的陶瓷胎体作为技术基础是很难达到的。

之所以说陶瓷器是一种物质形态的创造，是因为陶瓷器从材料的精选、提炼到器物的烧成中的各个阶段都经过了工艺加工的过程，它改变了原材料的外形和性质，变成了另外一种具备使用功能的器物，这种创造过程不同于书画等艺术形式。这种物质的、创造性的特点，也正是陶瓷艺术表现的最基本的功能特征之一。而其成品的其他社会使用功能，也正是建立在这一基础之上的。普列汉诺夫曾指出："人最初是从功利观点来观察事物和现象，只是后来才站在审美的观点上看待他们。"日用陶瓷器的发展恰恰体现了这一点。我国古人对器物的使用功能也有诸多高明的见解，欧阳修曾在《古瓦砚》一文中说："砖瓦贱微物，得厕笔墨间；于物用有宜，不计丑与妍。金非不为宝，玉岂不为坚，用之以发墨，不及瓦砾顽。乃知物虽贱，当用价难攀。岂惟瓦砾尔，用人从古难。"王安石也在其《上人书》中说："要之以适用为本，以刻镂绘画为之容而已。不适用，非所以为器也。"李渔在其《闲情偶寄・器玩部》言："人无贵贱，家无贫富，饮食器皿皆所必需。""凡人制物，务使人可备，家家可用。"等等。可见"备物致用"的功能主义造物思想古人也是非常注重的。

从以上我们对日常生活中实用陶瓷器皿的研究，可以看出中国古代造物思想中对于"用"和"质"两个方面的执着追求。

①用，就是造物的功能、功效，功能主义的造物思想在古代陶瓷艺术中的反映最为明显。这里的"功能主义"即前文所述之"致用利人""以用为本"或"物以

致用”的设计思想。从陶瓷器的整个发展过程来看，陶瓷器皿使用功能是不断发展和完善的。这种功能主义倾向的发展，在陶瓷日用器皿中主要表现为以下两个方面：

首先，中国传统的陶瓷日用器类的品种根据生活的需要逐渐增加、消亡或转变，总体发展方向是，造型样式逐渐丰富，功能也逐步完善。我国原始社会的陶制饮食用器，造型大多为饱满的圆球形或球形变体，这种球形器物容量大，便于盛装东西，受热面积大，便于捧拿。但随着人们生活需要的逐渐丰富和多样化，传统陶瓷饮食器具经历了从简单到复杂，从单一到多样的变化过程，逐步演变出或高或低的瓶类、盘类、敞口类和收口类等器具，更增加了口、流、鋬、足、座、盖等结构的变化。从同种功能的器物造型分析，如尊就衍生出很多不同品类的人形尊、马蹄尊、三牺尊、太白尊、牛头尊、双龙尊、双螭尊、龙柄双体尊、双系尊、百禄樽、等龙尊、观音尊、花尊、侈口尊、鱼篓尊等；瓶类则有小口尖底瓶、一统瓶、二口水瓶、大吉瓶、马挂瓶、天球瓶、五管瓶、天地交泰瓶、内球瓶、日月瓶、四系瓶、六管瓶、方棒槌瓶、双耳瓶、双鱼瓶、双联瓶、甘露瓶、玉壶春瓶、龙虎瓶、四方倭角瓶、瓜棱瓶、合欢瓶、多联瓶、观音瓶、花口瓶、鸡腿瓶、直颈瓶、抱月瓶、转心瓶、转颈瓶、塔式盖瓶、象耳瓶、梅瓶、扁瓶、春寿瓶、卷口瓶、宝月瓶、净瓶、油锤瓶、经瓶、柳叶瓶、皈依瓶、胆形瓶、穿带瓶、葫芦瓶、洗口瓶、花鸟纹瓶、轿瓶、套瓶、套环瓶、铲形瓶、盒瓶、象首瓶、旋转瓶、棒槌瓶、琮式瓶、赏瓶、筒瓶、环耳瓶、魂瓶、蒜头瓶、筋瓶、粮罂瓶、截筒瓶、橄榄瓶、壁瓶等等样式。

其次，各种陶瓷器类逐渐具备了比较固定的、专门的用途，并且逐渐讲究器类的搭配组合。安徽宿松宋墓就曾出土一套南丰窑青白瓷注子和注碗①，宋代人们喜欢将黄酒温热后饮用，使用时将盛有酒的注子置于注碗中，往注碗中加入热水可将酒加热后饮用，这种注子与注碗的组合在宋代十分常见。另外，如唐代的茶盏与盏托的搭配组合也是一例，盏在魏晋南北朝时期就已经使用，并搭配盏托，不过这时候的盏与盏托多以釉相连，并没有分开，唐宋以后，盏与盏托不仅分离，更出现了在盏上加器盖以防止茶冷，由此，盏、盏托、盏盖的组合得以形成并沿用至今。盏托不仅可以防止盏热烫指，更能防止茶水漏出污损桌面，是非常科学的设计(见表 2-3)。“可以说中国陶瓷史上几乎所有的材料品种都作为饮食用器生产过，传统陶瓷饮食用器的釉色种类丰富，根据色相区分包括了黑釉、青釉、透明釉、花釉等品种；根据釉层的厚薄区分包括厚釉、薄釉和中等厚度釉。由于饮食生活的特殊需要，饮食用器对陶瓷材料很自然地产生了科学的选择。自北齐开始，我国瓷业南青北白的格局逐渐形成，发展到唐代陶瓷饮食用器逐步形

① 《宿松县宋墓出土一批文物》,《文物》1965 年第 3 期。

成了青瓷和白瓷两大体系。青瓷包括豆青、粉青、梅子青等，追求的是类玉的效果，而白瓷包括卵白、甜白、猪油白等，表现的是有着一定冷暖倾向和质感的白色，青瓷和白瓷同是我国陶瓷饮食用器的重要门类。自唐代长沙窑釉下彩发明之后，我国又陆续发明创造了多种彩绘装饰材料，明清时期出现了众多釉下和釉上彩绘装饰方法令人目不暇接，使单色白瓷变得更加多彩，成为近现代最重要的饮食用器品种。青瓷作为饮食用器逐渐衰落，坯釉过于厚重是其没有像白瓷一样流行的主要缘故。青瓷釉厚主要原因是为了得到比较晶莹透彻的质地和青翠的发色，而坯体如果太薄则难以附着厚釉，最终导致了青瓷的胎体和釉层的厚度相对于白瓷要厚，因此分量也比较重，并且必须要用还原焰烧成，这些因素很可能是青瓷最终没有占据饮食用器主导地位的原因。历史上确实有一部分薄胎厚釉的青瓷产品，运用多次素烧多次上釉的方法，达到薄胎厚釉的完美效果，但是其制作工序过于复杂，不符合日常生活用器的经济性要求，因此没有流传下来。可以由此类推，中国历史上的厚釉系陶瓷作为饮食用器的相对较少，如钧窑、汝窑、哥窑以及一些地方的花釉品种等，都更适合制作置于案台上的陈设用器。”①

表 2－3　汉至清代文献记载茶事简表

汉代	唐代五代	宋代	明代	清代
1. 王褒《僮约》：“烹茶尽具，已而盖藏”、“式都买茶，杨氏担荷” 2.《三国·吴书·韦曜传》：“(孙皓)或密赐茶荈以当酒”(《二十五史》)	1. 柳宗元《代武宗赐茶文》 2. 皮日休《茶中杂咏诗序》 3. 韦应物《喜园中生茶记》 4. 白居易《睡后烹茶忆杨同州文》 5. 温庭筠《茶歌》 6. 顾况《茶赋》：“舒铁如金之鼎，越泥似玉之瓯。”(康熙版《全唐诗》，下同。四函九册。) 7. 孟郊《凭周况先辈于朝贤乞茶》：“道意勿乏味，心绪病无踪。蒙茗玉花尽，越瓯荷叶空。”(六函五册)	1. 宋徽宗《大观茶论》：“天下之士励志清白，竟为闲暇修索之玩，莫不碎玉锵金，啜英咀华，较筐箧之精，争鉴裁之别。”(顺治三年浙江委宛山堂本《说郛》) 2. 唐庚《斗茶记》：“政和三年三月壬戌，二三君子相与斗茶于寄傲斋，予为取龙塘水烹之而第其品。”(顺治三年浙江委宛山堂本《说郛》)	1. 屠隆《考槃余事》：“宣庙时有茶盏，料精式雅，质厚难冷，莹白如玉，可试茶色，最为要用。蔡君谟取建盏，其色绀黑似不宜用。”(明广《百川学海》本庚集) 2. 高濂《遵生八笺》：“茶盏惟宣窑坛盏为最，质厚白莹，样式古雅。有等宣窑印花白瓯，式样得中而莹然如玉。次则嘉窑心内茶字小琖为美。欲试茶色黄白，岂容青花乱之。”(明万历本卷十一“择品”条)	1. 冯可宾《岕茶笺》 2. 余怀《茶史补》 3. 陆廷灿《续茶经》

① 杨帆：《中国传统陶瓷饮食用器的形式特征》，《文艺研究》2004 年第 1 期。

续表

汉代	唐代五代	宋代	明代	清代
	8. 施肩吾《蜀茗新词》："越碗初盛蜀茗新，薄烟轻处搅来匀。山僧问我将何在，欲道琼浆却畏嗔。"（八函二册） 9. 许浑《晨起诗》："越瓯秋水澄。"（八函八册） 10. 皮日休《茶瓯诗》："邢人与越人，皆能造瓷器，圆似月魄堕，轻如云魄起，枣花势旋眼，苹沫香沾齿，松下时一看，支公亦如此。"（九函九册） 11. 郑谷《送吏部曹郎中免官南归》："……茶新换越瓯……"（十函六册） 12. 郑谷《题兴善寺》："寺在帝城阴，清虚胜二林。藓侵隋画暗，茶助越瓯深。" 13. 徐寅《贡余秘色茶盏诗》："捩翠融青瑞色清，陶成先得贡吾君，巧剜明月染春水，轻旋薄冰盛绿云，古镜破苔当席上，嫩河寒露别江濆，中山竹叶醅初发，多病那堪中十分。"（十一函一册）	3. 陶穀《清异录》："闽中造盏，花纹鹧鸪斑点，试茶家珍之。"（明宝颜堂秘笈本卷二，三十七页） 4. 祝穆《方舆胜览》："兔毫盏出瓯宁。"（宋咸淳三年本卷十一建宁府土产条） 5. 蔡襄《茶录·试茶诗》："兔毫紫瓯新，蟹眼清泉煮。"（明万历瓮斋刊本《蔡忠惠文集》卷二） 6. 苏东坡《送南屏谦师》："道人绕出南屏山，来试点茶三昧手，勿惊午盏兔毛斑，打出春瓮鹅儿酒。"（《四部丛刊》本《天门文字禅》卷八，十一页） 7. 宋徽宗《大观茶论》："盏色贵青黑，玉毫条达者为上。"（顺治三年浙江委宛山堂本《说郛》） 8. 僧惠洪诗："点茶三昧需饶汝，鹧鸪斑中吸春露。"（《四部丛刊》影宋写本《诚斋集》卷二十，七页） 9. 黄山谷诗："验膏溅乳，金缕鹧鸪斑。""兔褐金丝宝碗，松风蟹眼新汤。"	3. 许次纾《茶疏》："茶瓯古取定窑兔毛花者，亦斗碾茶用之宜耳。其在今日，纯白为佳，兼贵于小，定窑最贵，不易得矣。宣、成、嘉靖俱有名窑，近日仿造间亦可用，次用真正回青，必拣圆整，勿用呰窳。"（明宝颜堂秘笈本一零页） 4. 田艺蘅《留留青》："建安乌泥窑品最下。"（万历本卷六，七页） 5. 谢肇淛《五杂俎》："蔡君谟云，茶色白故宜于黑盏，以建安所造者为上，此说余殊不解。茶色自宜带绿，岂有纯白者，即以白茶注之，黑盏亦浑然一色耳，何由辨其浓淡。今景德镇所造小坛盏，仿大醮坛为之者，白而坚厚最宜注茶。建安黑窑，间有藏者，时作红碧色，但免俗尔，未当于用也。"（明刻本十二卷，二十六至二十七页） 6. 张源《茶录》："茶瓯以白磁为上，蓝者次之。"	

续表

汉代	唐代五代	宋代	明代	清代
	14. 韩偓《横塘诗》:“越瓯犀液发茶香。”(十函七册) 15. 陆龟蒙《秘色越器诗》:“九秋风露越窑开,夺得千峰翠色来,好向中宵盛沆瀣,共嵇中散斗遗杯。”(九函十册) 16. 陆羽《茶经》 17. 张又新《煎茶水记》 18. 封演《封氏闻见记》 19. 皎然《饮茶歌诮崖石使君》:“一饮涤昏寐,情来朗爽满天地。再饮清我神,忽如飞雨洒轻尘。三饮便得道,何须苦心破烦恼。”	10. 杨万里诗:“鹰爪新茶解眼汤,松风鸣雪兔毫霜。”(《四部丛刊》影宋写本《诚斋集》卷二十,七页) 11. 陈蹇叔诗:“鹧斑碗面云萦字,兔毫瓯新血作泓。”(同上书卷十九,八页) 12.《宣和遗事》:“政和二年……又以惠山泉建溪异毫琖烹新贡太平嘉瑞茶赐蔡京饮之。”(明金陵王氏洛川校正重刊本元集二十二页) 13. 程大昌《演繁露》:“按今御前赐茶皆不用建盏,用大汤甏,色正白,但其制样似铜叶汤甏耳,铜叶色黄似褐色也。”(明嘉靖本卷十一,十二页“铜叶盏条”) 14. 宋子安《试茶录》 15. 黄儒《品茶要录》	7. 王晫、张潮《檀几丛书》:“品茶用瓯,白瓷为良。”(康熙三十四年刊本,卷四十六) 8. 冯可宾《岕茶笺》:“茶壶窑器为上,锡次之。茶壶以小为贵,每一客一把,任其自斟自饮方为得趣,何也,壶小则香不涣散,味不耽阁。”(明《锦囊小史》本四页“茶具”条) 9. 文震亨《长物志》:“壶以砂者为上,盖既不夺香,又无熟汤气……”(明刻本卷十二,八页“茶壶”条) 10. 顾元庆《茶谱》 11. 李时珍《本草纲目·茶》 12. 田艺蘅《煮泉小品》 13. 陆树声《茶寮记》 14. 冯时可《茶录》 15. 闻龙《茶笺》	

②对陶瓷日用器皿“质”的追求。也就是前文述及的“文质彬彬”的造物思想,这种“文与质”关系的把握,我在后面章节还有详细论述。从陶瓷日用器皿总体发展过程来看,人们不断追求的是陶瓷艺术在质地上的光洁感。早在新石器时代的陶器中,人们就已经懂得使用质地细腻的陶衣,并磨光器表,使得陶瓷器表面尽量光洁,大汶口文化和山东龙山文化的黑陶,不仅坯体采用的泥料非常细腻,而且通过使用快轮制作技术,使得器表更加光滑,随着商代原始青瓷和汉代低温铅釉陶的出现,完全解决了器表不光滑的问题,但釉料的洁净程度还远远不够,青瓷经过最初阶段的釉色偏赭黄色阶段,逐步发展向青翠色泽,晚唐五代时

期的秘色瓷已经达到了青瓷的巅峰状态，晚唐诗人陆龟蒙在其《甫里集》卷十二《秘色越器》中言："九秋越窑风露开，夺得千峰翠色来。好向中宵盛沆瀣，共嵇中散斗遗杯。"晚唐五代诗人徐夤也有《贡余秘色茶盏诗》言："捩翠融青瑞色新，陶成先得贡吾君。"可见这时期青瓷的釉色已经相当莹润。白瓷的出现不但为后世的青花瓷和各种彩瓷的发展奠定了基础，而且更加增添了陶瓷的光洁感。我们从陶瓷制作工序中化妆土的使用、坯料的精加工以及釉料的不断摸索中也能发现古人对于陶瓷光洁感的追求。由此可见，我国传统日用陶瓷器皿的生产往往是注重陶瓷材料本身的美感，在设计上表现出了造型与装饰服从于材料和工艺的趋向。

第三章 陶瓷礼器中的造物思想

第一节　礼器和祭器

礼仪制度属于上层建筑，是人类文明发展到一定历史阶段所产生的文化成果。战国时期的思想家荀子(约前 325—前 238)在其著作《荀子·礼论》中分析礼的产生时说："人生而有欲，欲而不得，则不能无求，求而无度量分界，则不能不争。争则乱，乱则穷。先王恶其乱也，故制礼义以分之，以养人之欲，给人之求。使欲必不穷求物，物必不屈于欲，两者相持而长，是礼之所起也。"他认为之所以制定礼制，是为了防止争乱，建立一种让社会所有的人都各安其位、各守其业、各得其利的严格秩序。为了顺利推行礼制，往往还要假借鬼神的名义，用祭祀鬼神的仪式来体现礼的威慑力量。《诗经·小雅·楚茨》："神嗜饮食。"《左传·宣公四年》："鬼尤求食。"《礼记·礼运》亦载："夫礼之初，始诸饮食，其燔黍捭豚，汙尊而抔饮。"所以，祭祀鬼神所用的东西，最重要的便是饮品和食品，其所用的礼器也是从日常生活所用的饮食器演变来的，借其盛放礼物来敬献神灵。

礼的中心内容和基本原则，是充分承认存在于社会各个阶层的亲疏、尊卑、长幼分异的合理性，认为这种分别就是理想的社会秩序，而为使这种秩序长存，就必须使贵贱、尊卑、长幼各有其特殊的行为规范。从《周礼》看①，礼的要素主要包括"礼治""礼制""礼仪""礼器"这四部分②。在进行政治、宗教等活动时使用的器皿，习惯称为礼器。它们是人们行礼时无法或缺的，也是中国古代夏商周时期贵族用于祭祀、朝聘、宴飨、丧葬等礼仪活动中的用器，其社会功能是用来代表使用者的身份地位和等级权力，即用以"明贵贱、辨等列"(《左传·隐公五年》)。它们是当时礼制的体现，即"器以藏礼"(出自《春秋·左传·成公二年》之"信以守器，器以藏礼。")。《左传·宣公三年》《史记·武帝纪》《汉书·郊祀志》等古代文

① 这时已经有了成熟形态的礼。

② 杨志刚:《中国礼仪制度研究》，华东师范大学出版社 2001 年版，第 12 页。

献记载“禹铸九鼎”，代表王权，就是明证。同时，礼器也是宗法等级制度的物化，它象征着使用者的权力和地位。礼器的大量制作与使用，是中国奴隶社会的一个重要特征。中国青铜时代的青铜产品，除了兵器之外，主要就是礼器。《左传·成公十三年》中曾用最精炼的语句概括说：“国之大事，在祀与戎。”而且由于礼器的作用极为重要，故对礼器的制造要求很高，因而礼器能集中反映当时高超的工艺技术水平。

早在我国新石器时代的大汶口文化和龙山文化的遗址中，我们已经看到礼器的萌芽。“夏商周三代以来的重要礼器，有不少可以在大汶口文化和山东龙山文化中找到渊源。例如，鼎在三代是被视为象征社稷的‘重器’。大汶口文化和山东龙山文化陶鼎非常发达。豆在大汶口文化中也很发达。”①大汶口文化大墓中出土的典型器物有觚形器、各式各样的鼎、镂孔圈足豆、双鼻壶、背壶、实足鬶、兽形鬶、高柄杯、大口尊等，多属祭祀鬼神的礼器；山东龙山文化的蛋壳黑陶，有很大一部分属于酒器，这类薄如蛋壳的精美器皿，有许多没有使用过的痕迹，恐怕真的用来喝酒，也很容易损坏，可以推论，它与贵重的玉器一样，很可能是一种显示身份的礼器。“蛋壳陶高柄杯在（龙山文化）遗址中罕见，一般出土于墓葬，特别是大型墓葬。山东诸城呈子龙山文化 87 座墓葬为例，共出土 11 件，见于 10 座墓中。出土蛋壳陶杯的墓，不仅墓的建造规模大，而且还有木椁，随葬陶器都是质量较高的，且有猪下颌骨随葬现象。三里河遗址龙山文化墓也有类似现象。猪下颌骨是墓主拥有财富的象征，说明这类墓是当时的富豪或权贵的葬地，蛋壳陶当是富有者的珍藏陈列品或是一种礼仪用品。”②虽然，在大汶口文化和龙山文化遗址中，多数陶器为实用器，有些具有礼器特点的器物可能也是一器多用。但到了夏商周时期，礼器的器形大部分已经出现。正如日本学者贝塚茂树曾作的解释：“‘禮’由‘示’和‘豊’组成。‘豊’，即举行禮的器皿。禮就是在高足的‘豊’中盛上肉食，向神供奉的象形字。大汶口文化的高足陶器的形态，具有盛装神酒及供物，敬奉于神和贵人的功能。它确实相当于后来儒教的禮器。”③这一说法不是没有道理的。

夏商周时期被称为“青铜时代”，是我国历史上青铜器最为发达的时期，青铜器种类繁多，有生产工具、兵器、车马器和礼器等。周王朝建立了严格而完善的礼制作为其统治秩序的规范，故而青铜礼器十分发达，这是中国古代青铜器显著的民族特点。青铜礼器主要包括食器、酒器、水器和乐器（或将乐器与礼器并列）

---

① 杨志刚：《中国礼仪制度研究》，华东师范大学出版社 2001 年版，第 28 页。

② 熊廖：《中国陶瓷美术史》，紫禁城出版社 1993 年版，第 60 页。

③ 杨志刚：《中国礼仪制度研究》，华东师范大学出版社 2001 年版，第 29 页。

四大类。食器包括炊器和饮食器，主要有鼎、鬲、甗、簋、盂、簠、盨、敦、豆、铺、盆等。酒器包括饮酒器和盛酒器，主要有爵、角、斝、觚、觯、觥、尊(包括鸟兽尊)、卣、壶、瓿、罍、方彝、缶等。水器主要有盘、鑑、盉、匜等。乐器主要有铙、钟、钲、铎、錞于、鼓等①。由于祭祀的对象是至高无上的天神和祖先，所以，礼器的设计和制作都格外精致巧妙，工艺精良。

然而，夏商周时代的礼器也并非都是青铜器，还有陶礼器、漆礼器、玉礼器等。夏、商、周三代陶瓷器类，可区分为灰陶、白陶、印纹硬陶、原始瓷与红陶等。其中灰陶器主要用于日常生活，使用数量最多，灰陶器在夏商两代均得到很大的发展，只是到了西周时期“可能由于西周时期青铜容器、原始瓷器、漆木器等器类，在人们日常生活中的较多使用，并代替了一部分西周的日用灰陶器，所以西周时期灰陶器的器类与品种一般说比各地的商代晚期灰陶器品种有所减少”②。实际上，早在夏代“贵族统治阶级饮酒之风渐开，青铜礼器爵、盉、斝、觚、角等酒器的出现与此是相应的，唯因生产水平的制约，数量有限，最先通常为陶、漆制品，青铜礼器实承袭陶礼器及其礼器而来。我们据二里头一至四期墓葬发掘资料分析，当时的礼器组合基本体现了‘食酒并重’的特色，其中陶礼器占主要成分，个别墓并出有漆礼器，然铜礼器是在三期以来才出现，其器类和器形基本不出陶、漆礼器范围，是一脉相承的”③【图 3－1　夏代早期白陶爵】。

图 3－1　夏代早期白陶爵

① 根据马承源主编的《中国青铜器》分类。

② 中国陶瓷全集编辑委员会编，安金槐主编：《中国陶瓷全集－2－夏商周春秋战国》，上海人民美术出版社 1999 年版。

③ 陈高华、徐吉军主编，宋镇豪著：《中国风俗通史・夏商卷》，上海文艺出版社 2001 年版，第 231 页。

商代的陶礼器组合出现了新的变化，较之夏代，无论在器形还是在装饰主题上都更为丰富，更发展了白陶、印纹硬陶和原始瓷三个品种。商代晚期，白陶器得到巨大发展，不但制作工艺考究，而且品类也大大增加，其中有些白陶器的器表有多种精美的图案花纹装饰，在造型上显然与同期的青铜礼器相像，甚至互相模仿。“如郑州出土的灰陶敞口爵【图 3－2　商代灰陶敞口爵】，其形制显然是仿造同期装饰有精美图案条带的青铜爵的形制；又如郑州出土的陶盉，其造型可以说与同期青铜盉完全相同，其制作之精和形制之美，可与同期青铜盉相媲美。……如郑州出土的商代灰陶饕餮纹罍【图 3－3　商代灰陶饕餮纹罍】，小口、长颈、折肩、深腹圆鼓、圜底、高圈足，细泥质灰陶，通体磨制光滑而发亮，造型相当精巧而美观。其器表装饰除在颈部与圈足上施有规整的弦纹外，在腹部的两周弦纹之间，还拍印有一周由三个精美醒目的饕餮纹组成的图案带条装饰，基本和同期饕餮纹青铜罍相同。就这件灰陶饕餮纹罍的工艺价值来看并不比同期饕餮纹青铜罍有所逊色，应是商代具有较高工艺美术价值的陶工艺品。……白陶器的表面也多拍印装饰有同期青铜容器上相类同的由弦纹、饕餮纹、夔纹、云雷纹、三角纹、曲折纹、圆圈纹、菱形纹、蝉纹、旋涡纹等图案组成的带条装饰。……充分显示出商代晚期对于白陶器的制作工艺是相当讲究其造型的变化与器表装饰的，并可以与相同期青铜容器的制作工艺相媲美。”①而且，“发现有同时期的制陶作坊。1 250 平方米的范围内密集地排列有十四座陶窑和十多座房基。陶窑平面为圆形，直径约 1.2 米，窑膛下部中间筑有长方形支柱，柱上架箄，箄有圆孔，孔径 12 厘米。这些窑的结构与偃师二里头发现的陶窑一致。一起发现的还有未经焙烧的陶坯，烧坏的废品、陶拍和印有回纹、斜方格纹、夔纹的陶印模等工具”②。由此，我们可以看出，商代仿青铜器的陶礼器是非常发达的，而且，其礼器组合以重酒器为特点③，不同于西周中期形成的以食器鼎、簋作为区分贵族身份的重要标志的“周礼”④。

---

① 中国陶瓷全集编辑委员会编，安金槐主编：《中国陶瓷全集－2－夏商周春秋战国》，上海人民美术出版社 1999 年版。

② 中国社会科学院考古研究所编：《新中国的考古发现和研究》，文物出版社 1984 年版，第 221 页。

③ 参见“商代出土礼器列表”，陈高华、徐吉军主编，宋镇豪著：《中国风俗通史・夏商卷》，上海文艺书版社 2001 年版，第 236 页。

④ 北京大学历史系考古研究室商周组编著：《商周考古》，文物出版社 1979 年版，第 88 页。

图 3－2　商代灰陶敞口爵

图 3－3　商代灰陶饕餮纹罍

“在目前的情况下，我们仅知道，大致从西周中期开始，也就是在周穆王以后，西周礼仪的系统化渐趋明显。……周礼的系统化有一个相当长的持续过程，一直要延续到春秋，最后以文本的形式记录下来。”①周礼是一个不断发展的体系，1974 年出土于陕西省宝鸡市茹家庄 M1 甲的 5 件形制相同、大小不同的列鼎，时代可定在昭、穆之际，这是目前已知最早的列鼎制度的使用。② 从西周到春秋时期列鼎制度的逐渐形成，说明商代礼器“重酒的组合”已经逐步过渡到周代礼器“重食的组合”③。“有些灰陶器的造型也是仿造同期青铜容器而制作的。如陕西长安张家坡出土的弧形裆（有称瘪裆）陶鬲，口微敛、宽沿外折、短颈、扁圆腹、弧形裆、三个浅袋足、圆柱体平底足，每个袋足外侧饰有锯齿纹扉牙，腹底节绳纹，造型相当精巧美观、庄重大方，它和同期的饰扉牙纹的青铜弧形裆鬲基本相同。又如陕西西安牛坡出土的细泥质灰陶尊，敞口、长颈、腹圆鼓、高圈足，在器表装饰有精美的数周弦纹和两周三角纹，并加有扉牙纹与乳钉纹，是一件造型精致的陶工艺品。再如河南洛阳出土的一件灰陶壶，直口、深腹下部略鼓、圜底、高圈足，上腹有两个对称竖鼻，口部覆盖有一个凸圆顶带握手器盖，通体满饰图案花纹，造型秀丽，装饰美观，为西周罕见的仿造青铜壶的陶壶。”④

从上面的分析我们可以看出，夏、商、周三代的陶礼器，都源于日常的饮食用具，可见礼制的形成与我国饮食习惯有很大关系。礼器的排列组合，不但以数量的多少作为衡量标准，以显示“名位不同，礼亦异数”的礼器使用观念，更有不同

---

① 杨志刚：《中国礼仪制度研究》，华东师范大学出版社 2001 年版，第 90 页。

② 《陕西省宝鸡市茹家庄西周墓发掘简报》，《文物》1976 年第 4 期。

③ 此观点在北京大学历史系考古研究室商周组编著：《商周考古》中有更详尽的论述。

④ 中国陶瓷全集编辑委员会编，安金槐主编：《中国陶瓷全集－2－夏商周春秋战国》，上海人民美术出版社 1999 年版。

材质的礼器出现，而且往往在形制、花纹、铭文等方面仿青铜礼器，如同一个墓葬中可能既有青铜礼器，也有陶礼器或漆礼器即是明证。

“仿铜礼器开始于商代晚期，尤其是在二类墓中用陶觚、陶爵等仿铜陶礼器进行随葬的比例数字增加，在已公布的 237 座商代晚期墓葬中，随葬上述随葬品的墓几乎占一半之多，而在河南大司空村的 172 座墓中随葬陶觚、陶爵的占全部墓葬总数的 37％。”①“周代，仿铜陶礼器由觚、爵转为鼎、簋的组合，陕西宝鸡福临堡东周初期的二座三鼎墓，M1 随葬了三个铜鼎，M3 随葬了三个仿铜陶鼎。”②“商周时期的大量墓葬材料表明，当时的埋葬制度中存在着两种文化，一种是以青铜器为代表的贵族文化，一种是以日用陶器为代表的大众文化……中小型墓与第一类大墓完全不同，没有成套的铜礼器和乐器，陶器则占绝对的优势，如河南郑州、辉县及陕县的 34 座商代早期墓中，都没有铜礼器随葬；江西吴城商代遗址的 13 座墓葬中，陶器占随葬器总数的 94％；甘肃临夏莲花台辛店文化的 18 座商代墓葬中，陶器占 39％……总之，大量墓葬材料表明，春秋中晚期随葬品中开始出现的仿铜陶礼器，至战国时期已广泛而普遍地在全国各地区各类型的墓葬中流行。它的出现与盛行，一方面说明以青铜器为代表的礼制文化已逐渐被陶质的仿制品所取代，客观上反映出至尊文化的松动及由此而来的丧葬文化所发生的变化。另一方面，仿铜陶礼器多于中小型墓中率先开始，而大型墓中则出现较晚，这说明传统礼制文化的根深蒂固及其对丧葬文化所产生的深刻影响。”③用仿铜礼器随葬的墓葬制度到东汉时开始消亡，钫最先消失，鼎和盒在许多地区的东汉中期墓中已不再出现，长江下游地区消失得更早，王莽以后的墓葬中已基本不见，而钫早在西汉晚期就不复存在，大体上，仿铜礼器的存在时间，以周天子的都城洛阳一带持续最长，到东汉中期以后才陆续绝迹。

礼器材质经历了陶礼器和青铜礼器的阶段后，最终以瓷礼器的形式出现，并一直沿用至清代。最早有关瓷礼器使用的文献记载出自北宋的《宋史·礼志一》：“元丰六年，详定礼文所言：本朝昊天上帝、皇地祇、太祖位各设二牲，非尚质贵诚之义。……又簠、簋、尊、豆皆非陶器，及用龙勺，请改用陶，以椫为勺。”同时，我们也应该看到，作为实用器的酒具和食具，逐渐由日常用器过渡到“国之重器”的演变轨迹。同样，在我国的陶瓷艺术中，还存在着由礼器向日常生活用器转变的例子，在后面的章节中再做详细论述。

祭器与礼器是既有区别又有联系的两个不同的概念。在先秦礼学中，人们

---

① 北京大学历史系考古研究室商周组编著：《商周考古》，文物出版社 1979 年版，第 105 页。

② 中国科学院考古研究所宝鸡发掘队：《陕西宝鸡福临堡东周墓葬发掘记》，《考古》1963 年第 10 期。

③ 刘兰华：《从墓葬出土陶器的变化看商周两汉时期丧葬文化的演变》，《景德镇陶瓷》第 4 卷第 1 期，第 43 页。

将日常生活用器划分为祭器与养器两部分，又将礼器划分为祭器与明器两部分。《礼记·檀弓上》记载："仲宪言于曾子曰：'夏后氏用明器，示民无知也。殷人用祭器，示民有知也。周人兼用之，示民疑也。'曾子曰：'其不然乎！其不然乎！夫明器，鬼器也。祭器，人器也。夫古之人，胡为而死其亲乎？'"可见，祭器在这里既是人用之器皿，又是先祖之用器。它既是礼器的一种，又是生活用器的一种。这一点充分反映出周礼中"以养生送死，以事鬼神上帝"(《礼记·礼运》)的双重特点。

祭器的使用既不同于普通的日常生活用器，又不同于明器，它是礼器的一种，但介于生活用器和明器之间，有其神圣性，并充分体现了我国古代"孝道"的思想。《礼记·曲礼上》记载："君子虽贫，不粥祭器；虽寒，不衣祭服；为宫室，不斩于丘木。"《礼记·郊特牲》写有："笾豆之实，水土之品也，不敢用亵味而贵多品，所以交于旦明之义也。……先王之荐可食也，而不可耆也。卷冕路车，可陈也，而不可好也。武壮而不可乐也。宗庙之威，而不可安也。宗庙之器，可用也，而不可便其利也。所以交于神明者，不可以同于所安乐之义也。"这是由于宗庙祭器作为侍奉祖先的器物，其归属性是祖先，而祭服作为"交接神明"的必不可少的道具，丘木天然地归属于墓地下的死者，礼器只有在特定的时空中才出场，与日常生活处于一种隔离状态，正是保持其神圣性的前提条件。

"由于宗庙的祭器属于神圣的范畴，且它与祖先神灵的生活密切相连，因而在大夫、士的现实政治生活发生变故之后，比如在诸侯国之间流动时，祭器始终只能与故国的祖先在一起。'大夫士去国，祭器不踰竟。大夫寓祭器于大夫，士寓祭器于士。'(《礼记·曲礼下》)不同等级的人将祭器寓寄在相同地位的人那里，显示了礼由禁忌向人文理性的转换。"①

实际上，自"三礼"的形成，一直到清代末期，祭器一直是礼器中非常重要的一个组成部分，这从历代史书的《礼志》篇中可以看出。"三礼"中已经对各种礼器的归属有了明确的记载(见表3-1)，尽管其他种类的礼器在历史中逐渐转变甚至消失，但祭器至今在我们的日常生活中依然在使用，例如"香炉"。"祭器是传统祭典重要的道具，在我国古代是非常发达的。旧时，祭器依据人们社会地位的不同而有严格的区别，尤其是在鼎的运用上，更是不容分毫差错。传统祭礼一般的祭器有：椅、桌、床、席、香炉、香盒、香匙、烛檠、茅沙盘、祝版、杯珓、酒注、茶瓶、盥盘和架子、帨巾和架子、火炉等。对祭器的要求是'专''洁'。'专'指祭器专用，用过一次便仔细清洗、整理，专门收藏起来，决不挪作他用。'洁'指干净整

---

① 梅珍生：《论礼器的文化意义和哲学意义》，载 http://www.confucius2000.com/admin/list.asp?id=1293。

洁，孝、敬、诚就在这上面体现出来。”[1]而明器则是地下埋葬之用，与祭器之供奉作用有所不同。在法制上以瓷器为祭器，并明令地方烧造瓷质祭器，则晚至南宋初年[2]，而这种以瓷器为祭器的做法，实在是一种不得已之行为。宋潜说有：《咸淳临安志》（文渊阁四库全书本）卷三“郊庙”条：“郊丘在嘉会门外南四里龙华寺西，绍兴十一年正月礼部太常寺请依国朝礼制……设祭器九千二百有五，卤簿万二千二百有二十人（二十五年郊祭增一十人），祭器应用铜玉者权以陶木，卤簿应用文锈者皆以缬代之。”明、清两代的祭礼器，较之前代有很大变化，但仍以瓷质祭礼器为主，这在《明会典》《明史》和《大清会典事例》《清史稿》《皇朝礼器图式》《备物昭诚》等古代文献典籍中有详细的记载。[3] 清代根据礼书记载的各式瓷质仿古礼器在乾隆时期都确有生产，且嘉庆、道光、咸丰、同治、光绪年间都有所补做。同时，清代礼制规定国家诸祀隶属礼部，内府诸祀则归内务府办理等祭祀场所和受祭对象的分化，这也导致了瓷质祭礼器在生产制度、造型和种类上的诸多不同。关于明器的使用，我们在后面的章节中还有详细论述，在此不再展开论述。

表 3-1 “三礼”礼器分类表

<table>
<tr><th>五礼</th><th>礼器</th><th>文献出处</th></tr>
<tr><td rowspan="3">吉礼</td><td>祭器</td><td>《周礼·春官·大宗伯》
《周礼·地官·乡师》</td></tr>
<tr><td>宗器（宗庙之器）</td><td>《周礼·春官·大宰》</td></tr>
<tr><td>庸器（一说乐器，一说类战利品之器）</td><td>《周礼·春官·典庸器》</td></tr>
</table>

① 钟敬文主编：《中国礼仪全书》，安徽科学技术出版社 2003 年版，第 198 页。

② [清]徐松：《宋会要辑稿》（中华书局据前国产北平图书馆民国二十五年影印本复制重印本）。礼二四之八六、八七、八八：“（绍兴四年四月六日定明堂之祭）……合用陶器：豆六十只并盖内十二只准备，簠十二只并盖内四只准备，簋十二只并盖内四只准备，尊五十只内十只准备，罍五十只内十只准备，樿杓一百只，登四百三十二只并盖内二十只准备。……昨绍兴元年明堂大礼，绍兴府烧变制造到殿上正配四位祭器……昨绍兴府沿火烧毁不存，今来开坐到祭器名件并合创造，乞令太常寺图画样制。……所有陶器乞下绍兴府余姚县烧变，并乞于大礼前十六日起发赴太常寺送纳。……诏陶器令绍兴府余姚县烧变，余令文思院制造，余从之。”清徐松辑：《中兴礼书》（北京大学图书馆藏清抄本）卷五九《明堂祭器》：“（绍兴元年）四月二日，太常寺言：条具到明堂合行事件下项：祀天并配位用匏爵陶器，乞令太常寺具数下越州烧造，仍乞依见今竹木器样制烧造。”“四年，工部言：据太常寺中契勘，今来明堂大礼正配四位合用祭器，已降指挥下绍兴府余姚县烧造。”

③ 关于明、清两代之祭器发展，见王光尧：《明代祭祀用瓷研究》，载《中国古代的官窑与官窑瓷器》，紫禁城出版社 2003 年版；王光尧：《清代瓷质祭礼器略论》，载《故宫博物院院刊》，2003 年第 2 期，第 70 页。

续表

五礼	礼器	文献出处
凶礼	肆器	《周礼·春官·郁人》
	丧器	《周礼·地官·乡师》
	素器	《礼记·檀弓下》
	明器	《礼记·檀弓下》
	蜃器	《周礼·地官·乡师》
宾礼	射器	《周礼·地官·乡师》
	宾器	《周礼·地官·乡师》
军礼	兵器	
嘉礼	媵器	《仪礼·士昏礼》
	乡器	《周礼·地官·乡师》

从以上的分析我们可以看出，作为器物的发展脉络，祭器始终是与当时较普遍的社会思想紧密结合的，礼器则是比祭器更大的一个概念。我国古代的礼制，不外乎“五礼”，即“吉礼”“凶礼”“嘉礼”“军礼”“宾礼”（见《周礼·春官·大宗伯》）。尽管历朝历代“礼”的内容有所变化，但以“五礼”为根本的礼制内容已经基本上覆盖了社会习俗的方方面面。一方面，五礼之用器皆为礼器，可见其范围之广，这不仅包括了玉礼器、青铜礼器、陶礼器、漆礼器等不同材质的礼器，更从时间范围上，古往今来皆存在过以不同的器物作为礼器的现象。《礼记》中有《礼器》篇，它是孔子极力提倡通过“礼器”的物化表现，将抽象概念的“礼”贯彻到社会各个阶层，达到使所有的人在礼制的约束下遵守“非礼勿言，非礼勿视，非礼勿行”的社会规范。

礼器与祭器的演变轨迹形象地展示了古人对鬼神信仰的演变和转化：假托一个至高无上的神灵，说自己的权力是神灵给予的，“君权神授”，名正言顺，此其一；人死之后变化为鬼，人鬼之间可以互相沟通，无形的鬼神可以保护或者惩罚有形的活人，达到“惩恶扬善”的效果，此其二。出于这样观念的故事传说、文学作品比比皆是。从远古时代就在中国大地上游荡着的“鬼神论”，在东汉以后又与从邻国印度传来的佛教教义融合在一起，统治中国人的精神世界达一千余年。正如俞伟超先生在其《先秦两汉考古材料中所见世界观的转变》一文中所指出的：“从‘万物有灵’经以地母神、祖神为核心的多神信仰在逐步变化为‘天人合一’的世界观和强调人身依附关系的社会道德观，便是美术考古材料中所反映出的自旧石器时代晚期至东汉末年世界观的变化轨道。再下一步，则是佛教信仰笼罩大地达千百年的另一个新阶段。”①“西汉初年以后，以秦汉之际盛行的‘天人合一’为主要特色的自然观念，一度曾被发展到了‘天人感应’的神学地步，但渐渐地，理性又恢复了在中国思想之流中的主导地位。随着历史的发展，中国文化中被关注的中心问题，由自然界已到了人类的本身，而对自然本原的探索则被对自然界本体的解释所替代，直到宋代朱熹总括诸说，建立起理学的自然观为止。这，可以说就是以后中国自然观演变的大致趋势。”②从上面两位学者的分析可以看出，西汉中期以后，随着人本思想的觉悟，礼制由周代礼制主要施行于贵族阶层，且又主要流行于王畿及一定区域的局面，逐渐实现了儒化，并下渗普及到了民间阶层，进而使得依附于礼制的礼器也逐渐过渡到了祭器的使用上。把这些观点同我国早期器物文化中的礼器、祭器、明器相对照，充分说明早期先民的意识形态和精神生活，在造物活动中有着非常明确的体现，而这也同样表现在当时的陶瓷艺术品的装饰题材上。

第二节　瓷器的釉色与“玉气”

“陶”与“瓷”的最大区别，除了原料和烧成技术上的不同之外，就表面视觉和手感效果来说，瓷的主要特点就在于“釉”的运用。由于有了釉，使瓷器具有如玉般晶莹光洁的表面效果，大大提高了它的实用价值和审美价值。成熟瓷器的出现，时间定位于距今已经有一千八百余年的我国东汉时期，这是有大量考古资料作为依据的，在学术界已成定论。然而，我国古代历代文人对瓷器釉色的追求却与我国“君子尚玉”之风有很大关联。

中华民族尚玉之风由来已久，这从我们日常生活用语中都可以看出，古人用印曰玉玺、符曰玉符、食曰玉羹、酒曰琼浆玉露、楼曰琼楼、池曰瑶池、居曰玉屋、人曰玉人、面孔曰玉颜、容貌曰玉容、骨曰玉骨、脂曰玉脂、腕曰玉腕、女曰玉女等等，不胜枚举。可见古人爱玉之甚。关于玉器最初的使用，考古界尚未形成定论，有的学者认为“玉器，最初出现和早期发展可能同渔猎文化有着更密切的联系”③，也有的学者认为“中国玉器起源的考察，很有必要从旧大陆北部的旧石器时代文化中去搜索”④。从目前的考古发掘来看，迄今出土最早的玉器应是旧石

① 俞伟超：《先秦两汉美术考古材料中所见世界观的变化》，载《古史的考古学探索》，文物出版社2002年版，第59页。

② 李庆：《中国文化中人的观念》，学林出版社1996年版，第94页。

③ 郭大顺：《玉器的起源与渔猎文化》，《北方文物》1996年第4期。

④ 邓聪：《玉器起源的一点认识》，《中国玉文化玉学论丛》，紫禁城出版社2002年版，第196页。

器时代晚期的海城仙人洞的三件砍斫器①。玉的硬度相当高，加工造型的难度比较大，在石器时代，人们对于它的审美价值并未给予充分的注意，而只是用来加工可以供砍砸之用的工具，在新石器时代中期的河姆渡文化中则出现了装饰玉器，而红山文化和良渚文化出土的玉器，不但有玉工具、玉串饰，甚至大量出现了祭天礼地的玉琮、玉璧等。中国的玉文化源远流长。

玉器按其使用功能分类，有"实用性工具、器皿和非实用性的饰品、美器、神器、瑞器、祭器、礼器、配饰、摆设以及绘画性的、雕镂性的艺术品等"②，可见，玉器与古代人的生活是紧密联系的。然而，从历史发展的角度而言，先秦时期，玉器的作用主要有以下几种：①祭祀场合用或国事活动时用。②用以区别爵位、等级，显示尊卑关系。③用在外交事务上的馈赠。④作为贵族的衣饰。我们都知道赵国大夫蔺相如为了保卫一块"和氏璧"而和秦王拼命的故事，而秦王为了得到这块玉璧，答应用好几个城市去交换，所谓"价值连城"，果然不假。但是，在稍后的几百年中，随着战国时期出现"礼崩乐坏"的局面，"从汉魏至唐宋时期这近一千五百年的史籍文献，虽然仍有使用玉礼器的记录，但是和缺乏具体实物为证的考古现况对照，形成一段不小的落差。也由于缺乏具体实物作为验证，致使部分玉礼器的形制，迄今仍无定论"③。因此，从实物资料的角度来说，玉礼器的使用到汉代可能已经逐渐趋于势微，而功能也转向以后两类为主。

"君子尚玉"，皆因古人辨玉有"首德而次符"之说，这里的"德"，既指玉的质地纹理，被引申来比喻君子的品行；而"符"，则指的是玉的色泽。这种对纹理、质地和色泽的追求，也是我国古代瓷器仿玉制作工艺中，首先要追求的效果。至于玉所代表的品德究竟有哪些，自古以来说法不一。

《礼记·聘义》记载，子贡问于孔子曰："敢问君子贵玉而贱珉者何也？为玉之寡而珉之多与?"孔子曰："非为珉之多，故贱之也，玉之寡，故贵之也。夫昔者君子比德于玉焉。温润而泽，仁也；缜密以栗，知也；廉而不刿，义也；垂之如队，礼也；叩之其声清越以长，其终诎然，乐也；瑕不掩瑜，瑜不掩瑕，忠也；孚尹旁达，信也；气如白虹，天也；精神见于山川，地也；圭璋特达、德也。天下莫不贵者，道也。《诗》云'言念君子，温其如玉'。故君子贵之也。"孔子的回答把玉推崇到足以代表仁、义、礼、智、忠、信、天、地、道、德等十种品德。

《管子》言玉有九德，《荀子》说玉有七德。汉代许慎在《说文解字》中进一步归纳玉为五德，即"润泽以温，仁之方也；鰓理自外，可以知中，义之方也；其声舒

---

① 杨永芳，杨英军：《岫岩玉的发现与利用》，《中国玉文化玉学论丛》，紫禁城出版社 2002 年版，第 131 页。

② 杨伯达：《中国古代玉器探源》，《中原文物》2004 年第 2 期，第 54 页。

③ 詹德隆：《汉魏至唐宋时期玉礼器初探》，《文博》，1997 年第 4 期。

扬，专以远闻，智之方也；不挠而折，勇之方也；锐廉而不技，洁之方也”。足以证明对于玉的审美评价成为普遍流行于封建士大夫阶层中的共识。

我国古代玉器使用最为普遍的是青玉、白玉、黄玉和黑玉四系，因而，瓷器的釉色也有青、白和黑色瓷等与之相对应，当然，能够体现“玉气”的，最明显、最相近似的当属青瓷和白瓷。汉唐至五代时期，基本上是青瓷和白瓷的天下，在唐代形成“南青北白”的陶瓷业制造局面以后，基本上沿这两条主线在发展。青瓷，在东汉末年出现以来，继越窑以后不断得到发展，在各个地区均有烧造。如南方的浙江婺州、黄岩、温州、龙泉，安徽寿州，湖南湘阴、岳州、长沙，江西洪州、浮梁（景德镇）、婺源、寻乌、新干，四川邛崃，福建泉州等；北方的陕西耀州、旬邑，河南汝州等窑口都在不同程度上受到越窑青瓷的影响，也先后烧造过青瓷，[①]并逐渐形成了一个庞大的烧造青瓷的系统。而我国在宋代以后逐步发展起来的釉下青花、釉里红以及釉上彩的五彩、粉彩、斗彩、珐琅彩等著名的瓷器品种都是在优良的白瓷制造工艺的技术上发展出来的。可见，青瓷和白瓷无论在时间的延续还是地域的影响范围上来说，都是十分可观的。而这种对于青瓷和白瓷的青睐与不同时代的宫廷贵族和文人的审美情趣是密不可分的。刘涛先生在《古瓷仿玉说》一文中，对于各主要名窑釉色上追求玉的情形，作了透彻的分析：“从隋唐到宋元，是青瓷、白瓷发展盛期，越窑、邢窑、宋五大名窑、耀州窑、龙泉窑和景德镇窑等，在制瓷工艺上均有出色表现，其优质产品在釉的运用上都达到了很高的技艺，釉的质地和色泽，均显示出对‘玉气’的追求。晚唐五代时期的越窑秘色瓷，发半磨光，具有碧玉质感。邢窑的精细白瓷，有的薄如蛋壳，晶莹剔透。邢窑早在隋代就烧制出了这种透光性极强的白瓷，比景德镇白瓷提早了数百年。官窑和龙泉窑的‘薄胎厚釉’瓷，胎质细腻坚致，釉层丰厚滋润，特别是龙泉窑的粉青、豆青和梅子青等釉色，更显得青莹如玉。汝窑以玛瑙入釉，其意匠大概也是为了要获得玉的质感而产生的。汝窑在工艺处理的细枝末节上也一丝不苟，如采用‘芝麻挣钉’支烧工艺，将胎骨用釉汁通体包裹起来，支痕细小而规整，最大限度地显示出对材料质表完整无瑕的追求。”[②]龙泉窑的青瓷和景德镇的青白瓷也都是仿玉质瓷器的明显表现。然而，由于元代的卵白釉、红釉和蓝釉等颜色釉在高温下成功烧制出来以后，标志着当时的窑工已经能熟练地掌握了各种釉料呈色剂的使用，从而结束了元代以前瓷器釉色主要是仿玉类银的局面，而青花和釉里红的制造工艺在元代得到极大的发展，为明清两代釉下彩瓷器的发展奠定

① 李毅华、陈定荣：《越窑青瓷与人类文明》，《古陶瓷研究》，1990 年 10 月第 3 辑，第 29 页。

② 刘涛：《古瓷仿玉说》，《景德镇陶瓷》第 9 卷第 4 期，第 29 页。

了良好的基础。①

玉器产生之初，曾作为生产工具，后又在新石器时代晚期至夏商周时期成为礼器而升至重要位置，与同时期的青铜礼器、仿铜礼器一样，在造型与纹饰上均采用了象征主义的装饰手法，秦汉以来，特别是西汉时期，现实主义的成分逐渐增长，并逐渐成为玉器艺术品创作的主要方法，像河北满城中山靖王刘胜墓出土的玉人、玉熊、玉鹰、玉仙人奔马以及玉牛等即是明证。②“我国近古玉器艺术的现实主义传统渊源之长，于史前便可见其端倪，经长期潜在发育，自生自灭或灭而复生，但终未形成流派。故可谓它奠基于秦，发展于汉，兴隆于唐、宋、辽、金，完结于元，即由秦汉的古典现实主义，玉器艺术经历了唐代气韵生动，宋、辽、金形神兼备的二次升华，至元代不过是其继续而已，并终于打上了休止符。”③这种从象征主义向现实主义转变的发展路径，在相同时期的陶瓷艺术的发展上也可以看到。青瓷产生于东汉末年，而白瓷也在北朝晚期出现了，这一时期的青瓷和白瓷器，在造型和装饰上现实主义装饰手法的运用也非常明显，相关的例证也很多。

唐代陆羽在其《茶经》中提到越窑瓷器时，就以“类玉”“类冰”来形容，并且指出“越瓷青而茶色绿”，二者相配，绿者愈绿，青者愈青，晶莹剔透，胜过邢瓷。因而，在唐代的诸名窑中，因其釉色青翠晶莹，类冰似玉，而广泛受到人们的喜爱。顾况在其《茶赋》中也言：“越泥似玉之瓯。”其他历代文人也均在诗赋中多有描绘其用器“尚玉”的标准。杜甫《丽人行》中说：“紫驼之峰出翠釜，水精之盘行素鳞。犀筋厌饫久未下，鸾刀缕切空纷纶。”描绘的是杨国忠与虢国夫人享用的紫驼、素林等佳肴，乃用翠釜烹饪而成，装在水晶盘中，用犀牛头所造的匙、箸食用。《观打鱼歌》述“饔子左右挥霜刀，鲙飞金盘白雪高”。为了得到大邑窑烧制的胎薄质坚、敲声悦耳的瓷碗，杜甫还写下了《又于韦处乞大邑瓷碗》一诗：“大邑烧瓷轻且坚，扣如哀玉锦城传。君家白碗胜霜雪，急送茅斋也可怜。”苏轼的《老饕赋》写道：“倒一缸之雪乳，列百桅之琼艘。”“响松风于蟹眼，浮雪花于兔毫。”盛乳酪的饮器似一艘艘玉做的船，雪花般的菜汤在兔毫盏中微漾。而对这种“玉气”的追求，则并非普通的陶器所能表现出来的，即使是釉陶，其釉色的附着也较之瓷器釉色的晶莹类玉差得远。苏轼还把使用定窑瓷碗饮茶形容为“玉碗捧娥胥”，留下“定州花瓷琢红玉”的诗句。明代宋应星也在其《天工开物·陶埏》中言：“陶成雅器，有素肌玉骨之象。”

---

① 根据《中国陶瓷史》，文物出版社 1987 年版，第 332 页。

② 见《满城汉墓发掘报告》，文物出版社 1980 年版。

③ 杨伯达：《论中国古代玉器艺术》，《故宫博物院院刊》1995 年 S1 期。

“美食美器”向来是我国古代贵族阶级对讲究饮食的一种追求。早在春秋战国时期的“三礼”(《周礼》《仪礼》《礼记》)中已经有了许多关于食与器配合的制度,正史中对于食与器相配合的记载也是不胜枚举。《晋书》《旧唐书》《新唐书》《宋史》《元史》《明史》《清史稿》等的“礼志”,均记载着不同朝代食与器配合的不同制度。《大明会典》载洪武二十六年规定的酒器使用制度:“公侯一品,酒注、酒盏用金,余用银;三品至五品,酒注用银,酒盏用金;六品至九品,酒注、酒盏用银,余皆用瓷、漆、木器,并不许朱红及抹金、描金,雕琢龙凤纹;庶民酒注用锡,酒盏用银,余瓷、漆。”从这个文献资料中,我们可以看出,明代洪武年间,自六品以下官员都有官方规定使用的瓷器,而瓷器,特别是青瓷或白瓷中表现出的“玉气”,也是其他材质所无法替代的,因而能够得到贵族和文人的赏识。三国两晋南北朝时期的青瓷造型有很多运用了动物形象,例如,1964 年江苏南京出土的青瓷鹰形双耳盘口壶,1976 年江苏宜兴西晋永宁二年(302 年)墓出土的青瓷猛兽尊,1958 年南京清凉山吴墓出土的青瓷羊尊,1966 年江宁出土的青瓷熊形灯台等都是这一时期的代表作品,这一时期的“青瓷文房用具和日常生活用具如各式青瓷水注、灶台、插座和虎子等,它们大都体积不大,被设计成狮、虎、熊、牛、羊、兔、蛙等各类动物形象”①。然而,到了晚唐五代时期的越窑青瓷,器形已经变得很规整了,装饰则以表面纹饰为主,有仿同时期金银器的倾向。晚唐五代时期是青瓷发展的顶峰时期,也是其走向衰落的开始。20 世纪 80 年代初,陕西扶风县法门寺塔唐代地宫,出土秘色瓷碗 5 件,并在同时同地出土的《监送真身使随真身供养道具及金银宝器衣物帐》明确记载为“秘色瓷”②【图 3 - 4　唐代秘色瓷碗】。晚唐诗人陆龟蒙在其《秘色越器》一诗中赞道:“九秋风露越窑开,夺得千峰翠色来。好向中宵盛沆瀣,共嵇中散斗遗杯。”并咏越窑青瓷“姿如圭璧,色似烟岚”。徐夤也在其《贡余秘色茶盏》诗中咏:“捩翠融青瑞色清,陶成先得贡吾君,巧剜明月染春水,轻旋薄冰盛绿云,古镜破苔当席上,嫩荷涵露别江濆,中山竹叶醅初发,多病那堪中十分。”可见秘色器色之美,如“圭璧”“明月”“薄冰”“嫩荷”。前蜀王王

图 3 - 4　唐代秘色瓷碗

① 林士民:《青瓷与越窑》,上海古籍出版社 1999 年版,第 41 页。
② 陕西省法门寺考古队:《陕西法门寺塔唐代地宫发掘简报》,《文物》1988 年第 10 期。

衍给后梁末帝朱有贞《致语》中，亦提到："金棱含宝碗之光，秘色抱青玉之响。"① 可见秘色瓷的确达到了青瓷烧造"类玉"的完美效果，并使得当时的文人对其推崇备至。《景德镇陶录》卷五"历代窑考"一节中提到了景德镇两处唐代瓷窑——霍窑和陶窑。"陶窑，初唐器也，土惟白壤，体稍薄，色素润，镇钟秀里人陶氏所造。邑志云：唐武德中镇民陶玉者载瓷入关中，称为假玉器，且贡于朝，于是昌南镇瓷名天下。""霍窑，窑瓷色亦素，土墡腻，质薄，佳者莹缜如玉，为东山里人霍仲初所作，当时呼为霍器。邑志载：唐武德四年诏新平民霍仲初等制器进御。"陶玉与霍仲初的假玉器进贡于朝，说明皇室对于具有玉质感的瓷器的特别钟爱。李清照的词《醉花荫》有句曰："薄雾浓云愁永昼，瑞脑消金兽，佳节又重阳，玉枕纱厨，半夜凉初透……"其中的"玉枕"，指的就是青白瓷枕。青白瓷的使用盛行于宋、元时期，冯先铭先生在其《我国宋元时期的青白瓷》一文中也谈到景德镇在五代时烧造青瓷、白瓷，到北宋转而烧造青白瓷，宋代流行"青白玉"。

从以上的分析我们看出，瓷器的产生虽然在其初期可能带有偶然性的因素，但结合古代君子尚玉之风，以及上层阶级对于瓷器"玉气"的追崇，瓷器的巨大发展可以说带有其历史的必然性。关于青瓷与白瓷的发展，已经有不少前辈学者做过了系统的研究工作，本节在此论述的重点为"君子尚玉"之风与瓷器釉色之关联，因而不再展开论述。瓷器追求"玉气"或"玉质"之现象的形成，与文人思想的联系是密不可分的，《韩非子·解老》言："和氏之璧，不饰以五采；隋侯之珠，不饰以银黄。其质至美，物不足以饰之。夫物之待饰而后行，其质不美也。"这里我们可以看出："以儒家的礼义思想来看，质的转变就是君子内心精神世界的转变，是道德境界的提高，就是说，经过长期的修身养性使内心情感莫不合乎'礼仪'之'文'，道德他律已经完全变成了道德自律，道德规范本身已成了内心要求，文也转向了质、与质走到了一起。这种境界正是君子理想的道德境界，所以说达于上九白贲就是'得志'。……若是把白贲思想运用到器物设计与制作当中去，则意味着在器物之质与器物之文两者当中应当致力于提高和改善其质，使器物之质能够涵容原本由其文承担和实现的部分，使器物之质臻于完善，达于'至质'。"② 孔子在《论语·雍也》中说："质胜文则野，文胜质则史；文质彬彬，然后君子。"从陶瓷艺术发展的历程来看，历代巧匠最为注重的还是陶瓷器的器形功用，胎质的细拣加工，釉色的纯净度的要求，乃至各种釉色的变化等与陶瓷器皿的质地相关的工艺技术规程。这不正说明他们在追求的是一种文与质的平衡么？

---

① ［清］朱琰《陶说》卷二。

② 徐飚：《成器之道》，南京师范大学出版社 1999 年版，第 230 页。

第三节　从小口尖底瓶到欹器的变化

自古以来，器物在生活中的用途，是人类造物的最直接的功利性目的。从这种浅层次的、世俗化、生活化的目的出发，一部分睿智的学者，把它上升到修身养性乃至治国平天下的大道理上来认识，这也是造物思想的一种升华，或者叫做“异化”吧。我们试从几个很被孔子看重的器物，看一看这种在黏土中注入思想的例子。

在新石器时代出土的众多陶器中，有一种用来汲水的工具——小口尖底瓶【图 3－5　仰韶文化半坡类型小口双耳尖底瓶】。尖底，大腹，小口，有耳在腹部两侧的中部，拴上绳索之后，上半部重下半部轻，瓶身自然倾倒，便于汲水，器表多有拍印文或彩绘。瓶空的时候，重心偏低，稍一摇晃，瓶身便会倾斜，汲水时，瓶底一接触到水面，瓶身倾斜，水就会自己流入瓶中，水满时，重心重新回到两耳之间，便于提起，水也不至于溢出，很是方便。尖底，说明平时它是不会放置在平地上的，有人认为这种器物是经常用绳子拴着，在井台上与提水的辘轳配套使用，或者在河边与打水的桔槔配套使用。在我国宁夏地区的黄河岸边，还可见到这种提水工具，只是下面拴着的不再是陶制的尖底瓶，而是柳编的“水斗子”了。在埃及的尼罗河畔，也早就利用这种提水工具，从尼罗河中把水一桶一桶地提到田地里来。埃及妇女也使用一种单耳尖底陶罐到尼罗河里去提水，这种尖底陶罐的尖底，可以插到河底的沙子中去，让河水漫过瓶顶，顺利地流进瓶子中去。总之，这是一种利用重力学原理，节省力气的提水工具。但是，孔子在看到这种器皿后，却把它和做人的道理联系起来，指出它具有的“虚则欹，中则正，满则覆”的特点，正是作为聪明隽秀的知识分子应当具备的品德。以此为例，告诫他的弟子，要谦虚谨慎，好学不倦，永不自满。

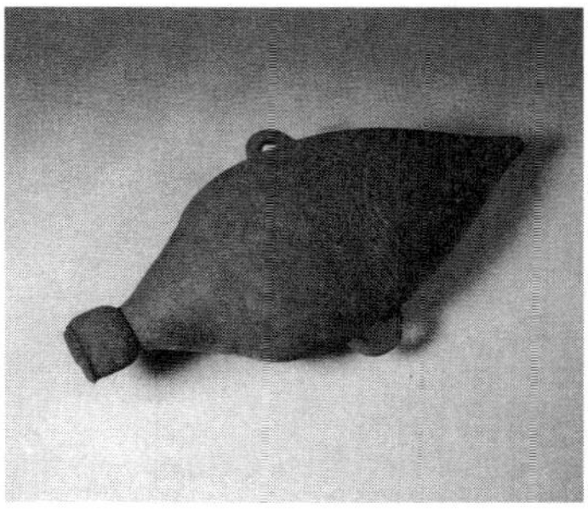

图 3－5　仰韶文化半坡类型小口双耳尖底瓶

《荀子·宥坐》记载：“孔子观于鲁桓公之庙，有欹①器焉。孔子问于守庙者曰：‘此为何器？’守庙者曰：‘此盖为宥坐之器。②’孔子曰：‘吾闻宥坐之器者，虚则

① 欹，同攲。意为倾斜不正。

② 宥坐，《说苑·敬慎篇》作“右坐”，杨注：宥与右同。言人君可置于坐右以为戒也。或曰宥与侑同，劝也。文子《十守篇》曰：三王五帝有劝戒之器，名侑卮。注云：欹器也。

欹，中则正，满则覆。'孔子顾谓弟子曰：'注水焉。'弟子挹水而注之。中而正，满而覆，虚而欹，孔子喟然而叹曰：'吁！恶有满而不覆者哉！'子路曰：'敢问持满有道乎？'孔子曰：'聪明圣知，守之以愚；攻被天下，守之以让；勇力抚世，守之以怯；富有四海，守之以谦。此所谓挹[1]而损之之道也。'"他从欹器的原理说到君子的修养：聪明博学，要以愚笨自勉；天下无敌，要以谦让自勉；勇猛无惧，要以胆小自勉；富有四海，要以小心自勉。这件事情在汉代《韩诗外传》第三卷第三十章中也有记载。孔子要求要把这个水罐子当作"宥坐之器"，这里所说的"宥坐之器"，就是古代放置在帝王的御座右侧，起着"座右铭"作用的物品，它的任务是要时时提醒君王，注意"谦受益，满招损"[2]的"挹而损之之道"。警惕自己的言行和决策，要十分谨慎，切勿大意。清代钱大昕的《欹器铭》中解释得更为清楚："哲人知几，如履薄冰；鉴兹欹器，拳拳服膺。"显然，是要人们以欹为鉴，修养身心，做到谦虚谨慎、不骄不躁。

后来，先秦时期的欹器遗失不传，《晋书·杜预传》载："周庙欹器，至汉东京犹在御坐。汉末丧乱，不复存，形制遂绝。"后代仿制周庙欹器者很多，像晋代杜预、南朝齐祖冲之、西魏文帝等都有制作。《南史·祖冲之传》云："造欹器，献竟陵王子良，与周朝不异。"《续世说·巧艺》言西魏文帝有"仙人欹器"与"水芝欹器"两种，且"二器皆置清徽前，形似觥而方，满则平，溢则倾"。由此可见，后世所造的欹器，已经逐渐失去其古朴的面貌而变得富丽堂皇、面目全非了。

张道一先生在其《论设计》中提及："从单纯实用的'尖底瓶'到以物寓意的'宥坐之器'，说明了在我国人文思想中所表露出来的人与物的关系。这种关系至少有两个层次：一是'物以致用'，二是'寄物喻人'。两者既是物质与精神的结合，又是由物质向精神的转化。""物以致用"无疑是说器物的实用功能，而"寄物喻人"则更可以进一步发展为"寄物喻事"。像"鼎"就是在古代用于象征国家政权，"簠簋不饰"用来比喻做官不端正、不廉洁，等等。在封建社会，贯彻始终的儒家思想通过"礼"将天人结合起来。儒家通过制定一系列的礼仪规范，将从庶民到帝王的各个阶层的道德修养、行为规范加以阐发，以求在一种秩序化的社会里各得其位地相处在一起。

器皿的价值从物质向精神的转化，除了欹器的例子之外，还有上面提到过的鼎，在夏商周时期作为重要的"国之重器"，这种习惯称法在我国语言中随处可见，如古称定都或建立王朝为"定鼎"，图谋王位为"问鼎"，改朝换代或重大变革为"鼎革"；称贵族的奢侈生活为"钟鸣鼎食"。在前一章中我们着重论述了鼎形

---

① "挹"通"抑"，意为退让。

② 出自《书·大禹谟》。

器、鬲和鬶三者的关系，而鼎在战国“礼崩乐坏”之后，逐渐在西汉时期走向民间，成为香炉的一种——“鼎式炉”，而鬲也相应地发展出了香炉的另一种——“鬲式炉”。

在二里头发现的夏文化遗址中，出现了我国最早的青铜鼎。陶鼎在二里头文化中也比较常见。像二里头遗址曾经出土的陶方鼎①，高约 25 厘米。其特征是：口稍大于底，四足方体，深腹，上腹饰弦纹，下腹饰曲折纹，并有泥铆钉。此陶方鼎在外形上与郑州杜岭街早商文化中发现的铜方鼎非常相似，只是前者没有双耳和饕餮纹，并做方锥状足，而后者则是圆锥状足。

偃师二里头的这种小陶方鼎，在其他二里头文化遗存以及郑州二里岗早商、殷墟早期也曾有发现。所以有研究者认为：“它本身可能是一种玩具，或是模型，但是其造型必定是仿自较大的陶方鼎甚至铜鼎。”他们还提出：“夏文化中既然出现了这种较大的陶方鼎，也就意味着夏文化早期已经开始铸造铜方鼎了。”②《墨子·耕柱》载：“昔者，夏后开使蜚廉折金于山川，而陶铸之于昆吾，是使翁难雉乙，卜于白若之龟，曰：‘鼎成三足而方，不炊而自烹，不举而自臧，不迁而自行，以祭于昆吾之虚。上飨！’乙又言兆之由，曰：‘飨矣，逢逢白云，一南一北，一西一东，九鼎既成，迁于三国。’夏后氏失之，殷人受之；殷人失之，周人受之。夏后、殷、周之相受也，数百岁矣。”此后在殷商、西周，直到春秋战国，国王封赐和自己铸造的大大小小的鼎，不胜枚举。一直到两汉乃至魏晋时期还在使用，但是，实际上，这时的鼎已经失去了原有的功能，不是为了炊煮，而是一种权力、地位的标志。至于在众多的炊煮器当中，为什么偏偏选中了“鼎”来担当这个角色？恐怕和鼎是煮肉的大型器具有关。我国饮食习惯以素食为主，肉食量少，杀猪宰牛，往往用于祭祀和节日，全体臣民一起享用，肉食数量多，即说明这个部落的势力强大，因此，很可能鼎这种煮肉器便逐渐成为一种权力和地位的象征，奴隶主贵族的等级越高，其使用的鼎数量就越多。据礼书记载，西周时期，天子用九鼎，第一鼎盛牛，称为太牢，以下为羊、豕、鱼、腊、肠胃、肤、鲜鱼、鲜腊；诸侯一般用七鼎，也称大牢，减少鲜鱼、鲜腊二味，但东周时诸侯宴卿大夫也可用九鼎；卿大夫用五鼎，称少牢，只有羊、豕、鱼、腊、肤；士用三鼎，即豕、鱼、腊，也有用一鼎的，那就只有豕。鼎在烹煮时，将牲体肢解为若干部分（二体、七体、二十一体，随场合而定）放入鼎中煮食，但也有不肢解而煮全牲的。《说文解字》云：“鼎，象析木以炊。”《淮南子·说山训》中言：“尝一脔肉，知一鼎之味。”高诱注：“有足曰鼎，无足曰镬。”因此，鼎的形制都比较大，圆腹三足或方腹四足，鼎口有耳可以穿杠以便

① 《河南偃师二里头遗址发掘简报》，《考古》1965 年第 5 期。
② 邹衡：《夏商周考古学论文集》，第 147 页。

抬举，腹下烧火。另外，鼎多采用三足或四足，而鬲也多为三足，三足器和四足器是制成器物最为稳定的，因而，取其稳定之意，也许也是“鼎”成为“国之重器”的另外一个原因。

我们同时也应该看到，与鼎同时存在的礼器还有彝、尊①、簋、簠、觚等等，它们在人早期的生活中也是以实用器皿的形式出现的，且一物有多种用途，例如簠和簋，《周礼·地官·舍人》载：“凡祭祀，共(供)簠簋，实之，陈之。”郑玄注：“方曰簠，圆曰簋，盛黍、稷、稻、粱器。”《说文》亦云：“簋，黍稷方器也。”但河南偃师二里头遗址、殷墟遗址中出土的陶簋，里面也有盛羊腿的。② 豆，一般认为是食器，且《说文》更云：“豆，古食肉器也。”然而《周礼·冬官·梓人》云：“食一豆肉，饮一豆酒，中人之食也。”《孟子·告子上》云：“一箪食，一豆羹，得之则生。”可见这里的豆既是盛食器，又是饮器，还是取食器。③ 这种一器多用的现象在上古时代可以说是不胜枚举，这也与当时还比较原始的饮食习惯有关。在祭祀仪式中，鼎由于自身体量和用途的重要性，往往居于最为显著的位置，所以被认为是“国家重器”。

鼎形器多三足或四足，三足器较之四足器在不平的地面上能够立得更加稳定，而在平整的地面上，三足器和四足器无疑都是很稳定的。因而，既然鼎成为国家权力的象征，人们也用鼎的端正、庄重、平衡、稳定，来象征国家政权的坚固、严肃、公正、公平和安定。“如鼎之正”，成为对于国君善于治理国家的赞颂之词。

秦始皇统一中国之后，列鼎制度逐渐消失，鼎仍然在一些礼仪场合使用着，但已经不再具有神圣的意义。汉时有一种风行的体育活动，叫做“扛鼎”，类似现代体育项目中的“举重”。能扛鼎之人被称作“鼎士”，受人尊敬。《淮南子·主术》载：“夫举重鼎者，力少而不能胜也。”《史记·项羽本纪》载项羽“力能扛鼎”；《汉书·武五子传》载广陵厉王刘胥“力扛鼎”；《汉书·淮南王传》载淮南厉王刘长“有材，能扛鼎”；《汉书·邹阳传》更载，西汉初年，赵国聚集众多“鼎士”，在邯郸的丛台集体举鼎练武。由此可见，秦汉时候鼎的作用已经不再局限于礼器了，而成为试练气力的一种工具。

香炉，汉晋时期作为生活用具，叫薰炉，也有博山炉，作薰衣服之用，满城汉墓中多有出土。香炉作为我国传统祭祀用器，其器形十分丰富，有三足、四足、五足、葱管足、鱼耳、鼓钉、莲瓣、奁形、八卦及仿青铜鬲、鼎、彝等式样。宋代南北瓷

---

① 王国维《说彝》载：“尊、彝皆礼器之总名也。古人作器，皆云作宝尊彝，或云作宝尊，或云作宝彝。然尊有大共名之尊(礼器全部)，有小共名之尊(壶、卣、罍等总称)，又有专名之尊(盛酒器之侈口者)；彝则为共名而非专名。”

② 陈高华、徐吉军主编，宋镇豪著：《夏商社会生活史》，中国社会科学出版社 1994 年版，第 267 页。

③ 陈高华、徐吉军主编，宋镇豪著：《夏商社会生活史》，中国社会科学出版社 1994 年版。

窑普遍烧造，多是小件器。元代除小件器外，尚有钧窑、景德镇等窑生产的冲耳、圆腹、三足鼎式大炉。明清景德镇有青花、粉彩、三彩及各种单色釉品种。福建德化窑的白瓷炉亦十分精致。鬲式炉以宋龙泉窑梅子青制品为佳。明成化时有炉体呈扁圆形、口沿处附对称虎耳、三足为垂乳状的式样，清代仍有烧造①【图 3－6　宋代汝窑三足奁式炉】。

图 3－6　宋代汝窑三足奁式炉

隋唐以后佛教兴盛，到处兴建庙宇，铜制或铁制的鼎，稍稍变更了一下形制，就被佛教僧侣们搬进佛寺，放在大雄宝殿面前，做了鼎式香炉。宋代以后，出现了以瓷器制作的鼎式炉，多仿商周式样，元代南北窑场都有烧制。“当然，南宋最具特色的香炉还要说是仿古式样的小型香炉，最初大约是直接取了古器如三代乃至秦汉的铜鼎、铜簋、铜鬲，用作焚香。范成大《古鼎作香炉》：‘云雷萦带古文章，子子孙孙永奉常。辛苦勒铭成底事，如今流落管烧香。’（《全宋诗》）舒岳祥《古铜炉》：‘殷彝周鼎几千年，土蚀苔封洗涤全。且与道人烧柏子，不需公子爇龙涎。’（《全宋诗》）其例也。不过古物究竟难得，因此有了瓷制的仿古香炉，其精好者自然是起先的官窑和稍后的龙泉窑制品。”②“北宋瓷艺已精，汝、定、钧窑即有制尊、炉、鼎等参用于彝器。此际彝器既列庙堂又供观赏，或者鼎、炉也有借为供香时。至南宋则瓷造普遍，由形制可见其犹存青铜鼎遗韵，唯纹饰往往简约于铜造者。南宋官窑遗物见有鬲式炉、奁式炉、簋式炉等，依装饰又呼弦纹炉、螭耳炉、鱼耳炉、乳钉炉等，器足有三足、五足、乳足等式，较北宋时更多新体，由此复可窥制型之禀承、影射、变格痕迹。另宋影青等类，产品多供给民间，炉式就不拘一格；及元钧、元龙泉，炉型更随机变化，并且大小尺寸殊异；凡此又见嬗变蜕化，遭时制宜另一面。至于明代之铜香炉又多以宋代瓷鼎为典型，则因该物用途更改，制型必迁，高古青铜祭器样式已不适时用。《竹园陶说》：‘古窑瓷品式样不一，由铜而瓷辗转摹仿，千变万化不可纪极。’云云，是初涉此事，但未周全其说耳。”③鼎式香炉，多立耳、直腹、柱足。制品胎体厚重，器形高大，装饰华美。以元钧窑香炉为例，其身两侧有对称长方形耳，耳下贴兽面，联结在炉颈、腹间。颈部贴饰兽面和铺首衔环，圜底，

① 汪庆正主编：《简明陶瓷词典》，上海辞书出版社 1997 年版。

② 扬之水：《两宋香炉源流》，《文化广角》2004 年第 1 期，第 61 页。

③ 陆建初：《古陶瓷识鉴讲义》，学林出版社 1999 年版，第 348 页。

附三兽足。明清形制小巧玲珑，以景德镇的产品为上乘。明清时期景德镇窑和德化窑都烧制过瓷鼎，但这时的“鼎”已经是精美玲珑的陈设瓷了。乾隆曾有御诗《题古陶器猊鼎》曰：“古于金就范，今见土依模。……周代伯师似(《西清古鉴》有周伯师鼎)，形疑法此夫。”

另以“尊”为例，上古时代的“尊”就有酒器的作用，后来被礼制化成为礼器，青铜尊和陶尊、瓷尊也一直延续着，只不过在当时适用的阶层不同，宋以后，瓷尊一面当作酒器使用，一面也在向陈设瓷的方向发展，其中钧窑、汝窑都曾烧制过精致的“出戟尊”“撇口尊”等，供应宫廷陈设之用。清代瓷尊更为丰富，有络子尊、苹果尊、马蹄尊、花尊等等形制各异的尊。

由上面的分析我们可以看出，陶瓷器皿从产生之日起，便是以日用器皿的实用形式出现的，随着夏代青铜器的出现，以及经历了封建礼制与政权的结合后，部分的饮食器被神圣化，成为礼器，奉之庙堂。春秋以降，各诸侯之间连年征战，出现“天子微，诸侯僭”的现象，以至于最终形成“天下之礼乱矣”的局面。正因为封建礼乐制度的崩坏，礼器在使用中等级规格限制屡屡被诸侯打破(僭越)，例如，曾侯乙墓就曾出土九鼎(天子制)；《论语・卷二・八佾》载：“孔子谓季氏：八佾舞于庭①，是可忍也，孰不可忍也?”在这种情况下，礼器的祭祀属性逐渐弱化，而渐渐向日用器皿的方向发展，并最终走出宗庙，又回到了民间。当然，我们这里所指的礼器并非单指青铜礼器，陶器、漆器、瓷器在三代时期都曾成为礼器，其形制也没有太大变化，只不过它们面向的对象和阶层不同罢了。

第四节　从孔子的感叹看礼器思想的束缚

孔子在其《论语・雍也》中曾说：“觚不觚，觚哉？觚哉！”从语义上解释，意思是说觚如果失其形制，就不是觚了。孔子用以比喻那个礼崩乐坏的时代。从孔子这句话中，我们能够看出，作为礼器的制造，必须遵守严格的规矩尺度，按照规定的形制去做，不能随意更动，尤其是涉及与古代礼仪制度相关的器物，人们更是习惯以礼制作为衡量的标准。其实，我国古代的礼制是随着时代的变迁而不断变化着的，其自身也有一个逐渐完善的过程，因而，这种与礼仪相关的社会制度也只是相对的，并非一成不变的。孔子希望以“礼器”来达到延续周代礼仪制度的目的，礼制虽然沿袭下来，但其内容却是不断变化着的，所以孔子才会发出

① 朱熹《论语集注・八佾》载：佾，音逸。季氏，鲁大夫季孙氏也。佾，舞列也，天子八、诸侯六、大夫四、士二。每佾人数，如其佾数。或曰：“每佾八人。”未详孰是。季氏以大夫而僭用天子之乐，孔子言其此事尚忍为之，则何事不可忍为。

上述的感慨。马承源先生在其《中国青铜器》中说:“现今考古界所通称之觚,乃沿用宋人所定之旧名,是否即为古籍中的觚,无由证明,因商周之觚皆无自名,但据形体定为饮酒器,还是可信的。”①

关于礼器的使用制度,自夏商周三代以来的《周礼》《礼记》和《仪礼》这所谓“三礼”系统发展起来,经过汉代历朝礼书记载的逐步完善,形成了以吉、凶、军、宾、嘉五礼为中心的礼仪制度规范。最早提出“五礼”的文献是在《周礼·大宗伯》,为历代礼制所沿用,还有不少学者以五礼为纲领,考察历史文献所反映的礼制,如宋代有张大亨作《春秋五礼例宗》(十卷)、元代吴澄作《春秋纂言》(十二卷)、明代石光霁作《春秋钩玄》(四卷)、清代姚彦渠作《春秋会要》等,而最为详备的对于“五礼”的论述,当属清代学者秦蕙田所编著的《五礼通考》②。钱玄先生在其《三礼名物通释·自序》中言:“夫学《礼》不外四端:一曰礼之义,所以论礼之尊卑、亲疏之义也。如《礼记》所载《冠义》《昏义》《乡饮酒义》《射义》《聘义》等篇是也。二曰礼之节,详言吉凶宾军嘉五礼之节文也。《仪礼》十七篇所述是也。三曰百官之职,则《周礼》所记三百六十官之职掌也。四曰礼之具,乃散见于《三礼》中有关宫室、器用名物也。四者之中,必先明礼之具。如不明冕、弁、冠之别,则何以论尊卑之义?如不悉门树碑庭之制,即无法明入门三曲揖之节;不辨酒浆,则何由知酒人、浆人所掌之异?故学《三礼》应以名物为先务也。”③由此可见,要了解我国传统的礼制,最根本的还是要从器物入手。从礼器使用的材质方面看,夏商周三代以前多以陶礼器和玉礼器为主;夏商周时期以青铜礼器为主,同时使用的还有漆礼器、陶礼器和玉礼器;据《陶说·说器下》记载,唐代已经开始使用瓷尊作为郊祀宗庙之用,而宋代更在文献上有了明确的瓷质礼器使用的证明,并逐渐成为后世礼器制作的主要材质,并一直延续至清代。

《晋书》上曾有这样的记载:“《周官》五礼,吉凶军宾嘉,……汉兴,承秦灭学之后,制度多未能复古。历东、西京四百余年,故往往改变,魏氏承汉末大乱,旧章殄灭,命侍中王粲、尚书卫觊草创朝仪。及晋国建,文帝又命荀顗因魏代前事,撰为新礼,参考古今,更其节文,……成百六十五篇,奏之。”这种因战乱导致的礼制制度的破坏与修复,再破坏与再修复的循环,在我国历史上屡次出现,到了唐宋时期,五礼已是几经修改,《旧唐书》《新唐书》和《宋史》中的《礼志》篇所载各礼的仪数差别很大,但礼器祭祀的作用依然沿着三条主线存在着,这就是对天神系统的祭祀,包括祭天、日月、星辰、寒暑、雩祭等;对地祇系统的祭祀,包括祭地、社

① 马承源:《中国青铜器》,上海古籍出版社2003年版,第169页。

② 李学勤:《失落的文明》,上海文艺出版社1997年版,第122页。

③ 钱玄:《三礼名物通释》,江苏古籍出版社1987年版,第1页。

稷、山川、五祀等；对人鬼系统的祭祀，包括宗庙、厉鬼之祭等。而这三条祭祀主线中，宗庙之祭的习俗沿用至今，因而祭器的留存也就最为久远。

当然，孔子的感慨也包含着对于官营手工业作坊的产品日渐退化的叹息，从陶瓷造物的角度来看，反映最为明显的地方有两处，一是官营陶瓷业与民营陶瓷业的分野，一是礼器使用制度在历朝历代的变化。而这两点其实也是一个问题，也就是说，历朝历代礼器的制造一般都是在官营窑业的管理下制造的。《韩非子·外储说左上》记载了这样一则故事："齐桓公好服紫，一国尽服紫，当是时也，五素不得一紫，桓公患之，谓管仲曰：'寡人好服紫，紫贵甚，一国百姓好服紫不已，寡人奈何？'管仲曰：'君欲止之，何不试勿衣紫也，谓左右曰，吾甚恶紫之臭。'于是左右适有衣紫而进者，公必曰：'少却，吾恶紫臭。'公曰：'诺。'于是日郎中莫衣紫，其明日国中莫衣紫，三日境内莫衣紫也。"这正说明了当时的礼制已经逐渐崩坏，而民间恣意模仿宫廷礼仪的现象已经非常普遍，于是宫廷对于民间的影响力度也相应会很大的。

儒家推崇在器物制造中融入教化的功能，这种"器以藏礼"的造物观念与儒家的文质观和道器观是密不可分的。荀子曾说："君子以钟鼓道志，以琴瑟乐心……故乐者，所以道乐也。金石丝竹，所以道德也。乐行而民乡方矣。"①利用器物的表面纹饰或肌理效果以及材质等方面的分析，并结合儒家对君子的诸种要求，达到以器物说明教义的方式，这正是儒家的礼乐制度在造物过程中的反映。当然，先秦诸子也看到了对器物的盲目推崇所导致的负面影响。"工事竞于刻镂，女事繁于文章，国之贫也。"②"是以其民淫僻而难治，其君奢侈而难谏也。"③"今工以巧矣，而民不足于备用者，其悦在玩好；农以劳矣，而天下饥者，其悦在珍怪；方丈陈于前。女以巧矣，而天下寒者，其悦在文绣。"④等等。在这种情况下，则出现了管子经济管理方面的早期理念。《管子·侈靡》和《墨子·辞过》篇都曾谈到鼓励富人多花钱，为百姓提供就业机会，而其自身也可借华美的器物得以美心。

"器以藏礼"的本质意义还不止于此，更为重要的是，我国传统的礼制思想以及礼器使用制度，正体现了造物艺术中"赋意"的特性。这种赋意的特性存在于我国古代社会的造物活动中，尤其是陶瓷业的发展过程中，体现得十分充分。像我们前面谈到的夏商周三代的仿铜陶礼器的使用，陶礼器借用了铜质礼器的造型和纹饰等艺术语言，同样可以表达青铜礼器上承载的思想。马承源先生在其

① 《荀子·乐论》。
② 《管子·立政》。
③ 《墨子·辞过》。
④ 《管子·五辅》。

《中国青铜器》一书中，将青铜器表面纹饰分为兽面纹类、凤鸟纹类、龙纹类、各种动物纹类、火纹类、各种兽体变形纹类、几何纹类和人物画像类这八大类别，[①]而《中国陶瓷史》中，言及商代灰陶器"常见的图案纹饰中有饕餮纹、夔龙纹、方格纹、人字纹、花瓣纹、云雷纹、漩涡纹、曲折纹、链环纹、乳钉纹、蝌蚪纹、圆圈纹和火焰纹等"。[②] 这种纹饰上的相似性是显而易见的。"战国时期漆器工业发达，青铜的制作也出现了不少新的工艺，如错金银、镶嵌、线刻等，它们给制陶手工业以重大的影响。在陶明器中，磨光、暗花、硃绘、粉绘等多种装饰方法迅速发展，以求达到铜、漆器的艺术效果。"[③]这种不同材质之间在表面纹饰上的互仿，在我国历代都有，但就这一时期的青铜器、仿铜陶礼器和漆器之间纹饰的如此相像，可以说明这种通过纹饰来对器物"赋意"的做法已经十分普及了。而青铜器这种"赋意"功能源于且重于"制器尚象"，因而其表面纹饰必然繁杂。宋人郑樵在其《通志》中说："古人不徒为器也，而皆有所取象，故曰'制器尚象'。器之大者如罍，物之大者如山，故象山以制罍；或为大器，而刻云雷之象焉。其次莫如尊，又其次莫如彝，最小莫如爵。故受升为爵，受二斗为彝，受五斗为尊，受一石为罍。按兽之大者莫如牛象，其次莫如虎蜼，禽之大者则有鸡凤，小则有雀。故制爵象雀，制彝象鸡凤，差大则象虎蜼；制尊象牛，极大则象象。尊罍以盛酒醴，彝以盛明水郁鬯，爵以为饮器，皆量其器所盛之多寡，而象禽兽赋形之大小焉。"董其昌也在其《骨董十三说》中言："次第骨董，当首象器，次用物。""用制象器与钟鼎盘匜之类，历久远、入水土，透骨青绿，莹润如玉，三代器也。"三代时期的仿铜陶礼器正是延续了青铜器这种"象器"的功能，但陶瓷器毕竟还是"用器"，其日用功能最为重要，因而，其"尚象"的一面逐渐转向了与丧葬习俗有关的明器和与祭祀活动相关的陶瓷祭礼器上。《宣德鼎彝谱》卷八曾载："工部衙门三员赐象耳大彝炉三座，仿哥窑款式。……臣等谨按《兽经》所云：象为南越大兽，首负六牙，任重致远。司空之职董百工，为国家营度之司，任大责重与象同德，象炉之赐允合其宜。"这里通过赋予"象"以"任重致远"之"德"，来达到取象赋意的效果。

关于官窑与民窑的关系，历来已经有很多陶瓷史学家有过相关的论述。我国古代官、民窑之分野，以现在研究者的角度来看，是一种经济上相互作用的关系。然而，在古人眼中可能并非如此，这还是一个和古代礼仪制度相关的问题。当然，这并不排斥说两者间存在的相互的经济利益关系，只是说这并非是其根本分野。古代官窑制度的约束性主要体现在三个方面，即"物勒工名"与严密的责

---

① 马承源主编：《中国青铜器》，上海古籍出版社 2003 年版，第 316 页。

② 中国硅酸盐学会主编：《中国陶瓷史》，文物出版社 1987 年版，第 36 页。

③ 中国硅酸盐学会主编：《中国陶瓷史》，文物出版社 1987 年版，第 98 页。

任考核制度；工匠的管理制度以及官方对官窑器的管理制度。

从制度方面来看，我国历代延续在陶瓷业中的对工匠和窑器的管理制度，大概皆本于秦制。而秦制有“少府”和“将作少府”管辖陶工，其下并设很多属官分管其事①，官署制陶作坊名目非常繁杂，就秦代的陶器铭文上来看，就有“寺工”“都水”“大匠”“都船”“贝司”“寺水”“左司空”“右司空”“宫”“左水”“右水”等不同的铭记。从这里也可以看出秦代官营制陶作坊有分工十分细密、制作人员众多且官方需求量巨大的特点。西汉时期官营制度承秦制，但也有变化，主要分三块：由宗正属官都司空令丞和少府属官左右司空令丞主管宫廷建筑用陶，并另有将作少府主管宫殿、陵墓等的修建；宫廷日用陶器则由少府所属考工室令主管；还有少府所属东园令主管随葬明器的制造。西汉光武帝调整经济政策，将考工令归于太仆，并改主作兵器，而将皇家日用陶器的生产分归少府下尚方令掌管，由此，皇室手工业皆归少府执掌，并有将作大匠作宗庙陵墓之属。② 六朝战乱频仍，制度飘忽不定，西晋有少府、卫尉和将作大匠分管所有手工业，“少府，统材官校尉、中左右三尚方、中黄左右藏、左校、甄官、平准、奚官等令”③，其中，甄官即专门管理官方制陶作坊的机构，而将作大匠则仍主管土木营造之事，此时的地方官府也有自己制造陶瓷器的作坊。隋承后周之制，设工部尚书掌山泽、屯田、工匠、营建等，另设将作监和少府监主管营造，建筑用陶归属将作监，而皇家日常用器由少府监负责。唐代少府监和将作监并归工部，使工部“掌天下百工屯田山泽之政”。④ 少府监仍负责皇家日用器物，将作大匠掌建筑用陶及工程营造以及明器烧造。⑤ 宋代手工业仍多隶属于少府监、将作监和军器监，并另有一些分归内廷和各部的手工业部门，与前朝不同的是，宋代在将作监下设修内司、东西八作司和东西窑务司专管窑务。南宋时期官府陶瓷业仍由将作监管辖，内部机构有所调整，将作监“所隶官署十”，第一为修内司，“掌宫城太庙修缮之事”，建筑用陶归属修内司，但其也烧制宫廷日用瓷。第六为窑务，“掌陶为砖瓦以给缮营及瓶缶之器”，负责建筑材料和日用陶瓷器的烧造。“宋置官窑后，瓷器作为贡品并未取消。当时许多民窑也能生产一些相当精美的产品，这些民窑仍沿袭唐代以来的进贡制度。所以宋宫廷用瓷来源，除官窑产品外，相当一部分是各地民窑所进。据《册府元龟》《宋会要》《宋史》《十国春秋》《吴越备史补遗》《宋两朝供风录》记

---

① 《汉书·百官公卿表》。
② 《汉书·百官公卿表》。
③ 《晋书·职官志》。
④ 《唐六典》卷七《尚书工部》。
⑤ 《新唐书·百官志》。

载，宋从开宝至太平兴国十年间，越窑供奉青瓷达十七万件之多。”①此外，宋代各地方政府也有权利订烧瓷器或兴办窑业，种种因素决定了宋代官窑系统的发达和生产器物的复杂性。元代管理制度较之宋代有很大不同，官方各种手工业归于工部，“掌天下营造百工之政令，凡城池之修濬，土木之缮葺，材物之给受，工匠之程式，铨注局院司匠之官，悉以任之”。② 而在工部下又设“诸色人匠总管府”“诸司局人匠总管府”“诸路杂造总管府”“大都人匠总管府”“随路诸色民匠都总管府”以及“大都等路民匠总管府”等下属部门分管手工业，并另设“将作院”“尚工署”等机构协调生产，将作院下即有“浮梁磁局，秩正九品，至元十五年立，掌烧造磁器，并漆造马尾棕藤笠帽等事，大使、副使各一员”。③ “饶州御土，其色白如粉垩，每岁差官监窑造器皿以供，谓之御土窑，烧罢即封土，不敢私也。或有余贡。土作盘、盂、碗、碟、壶、注、杯、盏之类。白而莹，色可爱，底色未著油药处，犹如白粉，甚雅。”④明代官用瓷器由光禄寺直接管理，工部负责分派各处地方官府承造，承造这些官用瓷器的地方也是以制度的形式固定在景德镇、仪真、瓜洲、钧州、曲阳等为数不多的几处。烧成后送光禄寺支用。明代专设御器厂，专门负责皇室用瓷的生产，御器厂内部分工极为细密。据程廷济《浮梁县志》卷五《陶政》载，其内分工有 23 作之多，另有六种不同类型的风火窑、色窑、大小窑、大龙缸窑、匣窑和青窑。明代后期更出现了“官搭民烧”的制度，并一直延续至清代。清承明制，官营陶瓷业仍隶属工部和内务府，并也有官窑和御窑之别。

通过对官窑制度的梳理，我们可以看出，这个体系是逐渐形成和扩大的。夏商周时期为单一的制陶业，官营制陶业的范围也主要在生产建筑构件和一些随葬用的明器方面，王室使用的日用器皿或礼器主要以青铜器制作为主，商代白陶等少数特殊陶器无论在造型还是纹饰上都仿造青铜器，当是官方日用或祭祀器皿。从春秋战国到汉代，建筑构件用陶仍然是官营制陶业的主体部分，特别是砖瓦的逐渐普及，无疑加大了作坊的工作量，也是使官营作坊更加专业化，分工更细密。随着人殉制度的废除，俑葬之风盛行，陶俑逐渐成为官方制陶业的新兴行业，这从秦代官营制陶业机构的宏大复杂可以看出。西汉文景时代，废除铜器随葬的制度，许多随葬器皿以日用陶器替代，但王公贵族仍使用铜器、漆器、金银器等随葬，因而日用陶器并非当时官营作坊的主要生产对象。东汉至唐时官营制陶业不仅生产宫室、官府建筑以及贵族阴宅等建筑用材，同时也设专门机构生产陶明器、镇墓兽、陶俑以及各种陶模型等随葬用品，像汉代的东园令和唐代的甄

① 李建毛：《中国古陶瓷经济研究》，湖南人民出版社 2001 年版，第 140 页。
② 《续通典》卷二七《职官五》。
③ 《元史・百官志四・将作院》。
④ 孔齐：《至正直记》卷二《饶州御土》条。

官署就是这一类机构。瓷器在当时虽然已经成为皇室、百姓生活中的日常用品，但官方并未直接经营制瓷业，而是通过上贡、征派、订烧或和市购买的方法获得精美的瓷器。宋代瓷官窑的出现，打破了官营陶业的单一局面，并进一步扩大了官营陶瓷业的制造范围，带动了宋代的陶瓷制造业的巨大发展。明代初年，官方更在延续宋官窑生产的基础上另外加设了御窑，专供皇家烧造，因御窑瓷器不计工时，不惜工本，因而多得到皇室珍爱。

《国语·晋语》记载："公食贡，大夫食邑，士食田，庶人食力，工商食官，皂隶食职。"这种"工商食官"的观念在我国古代社会一直贯穿始终，民间的工匠不断向官方学习，并从他们能见到的官窑器中汲取养分，向上层路线靠拢。但我们也看到，越向上层靠拢，其思想的约束性就越强，礼教的约束性就越大，技术的要求也就越高。因而官窑的发展对工匠创造力有着很大的约束性，而其目的则是为了防止侈靡的发生。"新发明之事，皆不许试用，其不能精进也宜矣。又其业守之以世，子孙之材性，不比尽与父祖同，则有长于上而不得自效，苦其事而不得去者，束缚驰骤，将败绩压覆是惧，何暇致远，此政治为之也夫！工用高曾之规矩，非徒以考成，亦以防侈靡也。"①

第五节　礼制思想影响下的陶瓷造物思想

礼制思想对我国古代陶瓷艺术的影响，最明显地体现在"器以藏礼"（或曰"物以载道"）和"制器尚象"的造物思想之中，现以仿古香炉的兴起与演变为例，来具体说明这一造物思想在陶瓷器发展历程中的体现。

"制器尚象"最早见于《易传·系辞》上。"《易》有圣人之道四焉：以言者尚其辞；以动者尚其变；以制器者尚其象；以卜筮者尚其占。"宋代郑樵对"制器尚象"有深刻的阐释，他说："臣旧尝观释尊之仪而见祭器焉，可以观玩，可以说义，而不可以适用也。夫祭器者，古人适用之器。若内圆而外文，内方而外圆，若之何饮食？若台而安器，若器而安台，或盛多而受少，或质轻而任重，若之何持执以事神？其不得于古之道明矣。原其制作，盖本也于《礼图》。《礼图》者，初不见形器，但聚先儒之说而为之。是器也，姑可以说义云耳。由是疑焉，因疑而思。思

① 吕思勉：《中国制度史》，上海世纪出版集团、上海教育出版社联合出版2002年版，第33页。另，《礼记·月令》载："命工师效功，陈祭器，案度程，毋或作为淫巧，以荡上心；必功致为上。物勒工名，以考其诚；功有不当，必行其罪，以穷其情。"这是防君主之侈靡；《荀子》言："雕琢文采，不敢造作于家。"这是防臣子侈靡；《管子·重令》曰："菽粟不足，末生不禁，民必有饥饿之色，而工以雕文刻镂相稺也，谓之逆。布帛不足，衣服无度，民必有冻寒之伤，而女以美衣锦绣纂组相稺也，谓之逆。"此为防庶民之侈靡。

而得古人不徒为器也，而皆有所取象，故曰‘制器尚象’。”[①]结合《左传·宣公三年》的“铸鼎象物”说，我们可以看出，礼器使用的目的是通过具体形象的塑造来表达对自然神灵的崇拜，祈求神灵的庇佑，进而达到趋吉避凶的祈福效果。

从先秦诸子开始，我国古代传统文献典籍中，凡涉及器物的思想，多是从“以物寓意”“借物言志”的赋义形式出现。如孔子《论语·阳货》中所言：“礼云礼云，玉帛云乎哉？乐云乐云，钟鼓云乎哉？”所指就是此意。这种借器物以言志的表现手法在礼器的制造中表现得尤其明显。

一、宋代及后世仿古香炉中表现出的从礼器到祭器、陈设器的变化——“器以藏礼”之“礼”与“物以载道”之“道”的内容变化在仿古香炉中的反映

宋代是中国封建社会承上启下的转型阶段。20世纪初严复曾经在其《严几道与熊纯如书札节钞》中提出“中国所以成为今日现象者，什之八九为宋人所造就”之说，而后来的宋史专家赵铁寒又有补充“除去近百年西方文化的冲击变动成分不算，元、明、清以来的诸种文化现象，皆可在宋代寻找它的根源”。

礼制思想对我国古代的造物活动有着深刻的影响，表现在古代人类生活中的方方面面。自汉代以来，儒家的礼制中逐渐出现了“礼法互融”的倾向，礼制便与国家制度紧密地结合在一起，进而贯彻到民间百姓日常生活中。这一时期的礼制思想不再如先秦时期那么高高在上，而是通过汉代统治者“礼法互融”和“以孝治天下”的举措，使儒家的礼制思想在民间逐渐普及开来，因而，汉代厚葬之风影响下的陶瓷艺术就显得尤其发达。在“事死如事生”观念的影响下，汉代墓葬中发现的随葬物品，几乎包括当时人们生活的各个方面，当然也有专门用以陪葬而制造的明器，如五联罐等。同时，道家思想和佛教思想也逐渐渗透入礼制中，因而六朝时期也出现了许多宗教题材的陶瓷器。唐宋时期，礼制思想的发展逐渐出现了儒、道、释合流的态势。这一合流的态势直接促成了礼制思想的进一步普及化。相比汉代“以孝治天下”的举措，宋代统治者采用的是“以礼俗治天下”的手段，这一点在宋代颁布的种种对民间礼俗的禁令中可以看出。[②] 宋代国力不若唐代强盛，更屡受战乱之苦，因而在宋代的文人士大夫阶层中兴起尚古之风也是有其历史必然性的。这种尚古之风在当时的陶瓷艺术创作中最明显的体现就是很多前代的礼器逐渐转变为祭器或供养器而在民间广为使用。而仿古香炉在这一时期的普遍使用便确切地体现了这种变化。

---

① 郑樵：《通志》卷四十七之《器服略·尊彝爵觯之制》。

② 陈高华、徐吉军主编，徐吉军等著：《中国风俗通史·宋代卷》，上海文艺出版社2001年版，第12页。

礼制发展到宋代出现了三个明显的变化，即私家仪注、礼下庶人和士庶通礼。

（一）私家仪注，主要指宋代民间士人私家撰写讨论礼仪学仪制的书籍十分普遍，像《宋史·艺文志三》就记载了司马光除了著有《书仪》一书外，还编定了《涑水祭仪》一卷、《家范》四卷；朱熹撰写了《家礼》，此外还著有《释奠仪式》一卷、《四家礼范》五卷、《二十家古今祭礼》二卷。另外，录入《宋史·艺文志》史部"仪注"类的有 171 部著作，其中不乏宋代的大儒，如张载（《横渠张氏祭仪》一卷），吕大防、吕大临（《家祭仪》一卷、《蓝田吕氏祭说》一卷），程颐（《伊川程氏祭仪》一卷），范祖禹（《祭仪》一卷），郑樵（《乡饮礼》三卷、《乡饮礼图》三卷）等，可见宋代礼制在民间文人士大夫阶层已经十分普及了，还出现了各种"家礼"和"家祭礼"，这与前代礼制"礼不下庶人"的统治阶级思想有很大的不同。

（二）礼下庶人，指先秦以来形成的"礼不下庶人，刑不上大夫"的制度。并非说庶人完全不行礼，或不受礼制的约束，而主要是指官方仅为贵族制礼，庶人没有适合于他们生活方式的礼的文本规定。这一规定一直延续到唐代，在《新唐书》和《旧唐书》的《礼志》篇中都没有庶人之礼的文本规定。但宋代出现了庶人之礼，确立了"礼下庶人"的文本规定，其标志是《政和五礼新仪》的出现。《政和五礼新仪》中订有"庶人婚仪""庶人冠仪"和"庶人丧仪"等专门针对庶人的礼文。因而，《宋史·礼志一》载："《五礼新仪》成……许士庶就问新仪。"且"刊本给天下，使悉知礼仪"，促成了礼制的普及。

（三）士庶通礼，士庶通礼产生于唐代，《明集礼》卷二四指出："汉晋以来士礼废而不讲，至于唐宋，乃有士庶通礼。"这里所谓"士礼"指的是先秦三礼中关于"士"的礼仪制度，但因其过于繁杂，其适用面至唐宋时期已经越来越小。而这一时期社会上广为使用的是一套适用于一般士绅和百姓的，经过了调整和简化的一种礼仪规范，故称"士庶通礼"。士庶通礼在宋代取代了先秦以来形成的繁杂的"士礼"而在民间广为流传，使得礼制思想的适应面更加拓展。

通过对宋代礼制思想变化的分析，可以看出，礼制在宋代已经十分普及了。而各种"家礼""祭仪""祭礼"的出现，也带动了民间的宗族祭祖活动的大量展开。实际上，早在唐代的《开元礼》就已经依据《仪礼》将祭礼的《特牲馈食礼》《少牢馈食礼》和《有司彻》整合出了一套适用于官员的家祭制度。宋代司马光的《书仪》，又参照《仪礼》《开元礼》，在《丧仪》中制定了家祭（主要指时祭）的程序和规则，这样就形成了一套较为完整的家祭制度，并在士庶阶层普及开来。《书仪》较之唐代《开元礼》有所增减，如在祭仪的"降神"一步就以"焚香酹酒"来请神降临，《书仪》卷十原注："古之祭者，不知神之所在，故灌用郁鬯，臭阴达于渊泉，萧合黍稷，臭阳达于墙屋，所以广求其神也。今此礼既难行于士民之家，故但焚香酹酒以代之。"因而这一时期使用香炉焚香的意义已经变化了。宋代文人借用礼器的形制作为祭器使用,既表达其对先人的敬仰之意,也可以说明这种变化是有其社会大环境的支持的。这种做法也得到了宋代统治阶层的认可,并延续至元明清时期。

香炉与礼器本来是并行发展的两条线索,礼器产生的时间早,而香炉产生的时间较晚。盛行于汉魏时期的香炉多为熏炉,为熏香熏衣之用,这种熏炉在汉晋时期的墓葬中屡有发现。伴随着佛教在东汉时期传入我国并逐渐普及,香炉也作为一种重要的佛具进入庙堂,与佛教紧密结合在一起。北朝时期,作为佛具的香炉基本上保持了汉代的传统,多使用博山炉,并开始出现了带柄的香炉。唐代香炉造型则发生了重大的变化,不仅造型精美多样化而且装饰华丽考究,大体可分为六足型、五足型、塔型、三足型、宽座型、长柄型和高圈足型八个类型,[①]但这一时期的香炉多为金属器皿,瓷质香炉还相对较少,且唐代香炉大部分是用来熏衣熏香的熏炉,而非随佛事兴起作为祭器的香炉。宋代虽然延续了唐代香炉制造的遗风,更有结合礼器制造仿古香炉作为祭器的趋势。仿古香炉有鼎式炉【图3-7　耀州窑青瓷鼎式香炉】、鬲式炉【图3-8　景德镇窑青白瓷双耳鬲式炉】、彝式炉和奁式炉【图3-9　龙泉窑青瓷八卦纹三足奁式炉】等之分。两宋名窑中出产的仿古香炉,大多数器形较小,为宋代文人日用焚香之用,高矮大约都在十厘米左右,一般没有盖子,出土实物也是如此。宋元绘画中所见香炉也大多没有盖子,这正如李渔在其《闲情偶寄》卷四《器玩部》"炉瓶"条中所言:"香炉闭之一室,刻刻焚香,无时可闭,无风则灰不自扬,即使有风,亦有窗帘所隔,未有闭熄有用之火而防未必果至之风者也。是炉盖实为赘瘤,尽可不设。"《博物要览》亦云:"古无香炉,古铜器为香炉用者,皆尊、彝、卣、鼎礼器。后之为炉者,即仿此式。"赵希鹄《洞天清禄集》也曾言:"古以萧艾达神明,而不焚香,故无香炉,今所谓香炉皆以古人宗庙祭器为之。"

图3-7　耀州窑青瓷鼎式香炉

① 冉万里:《唐代金属香炉研究》,《文博》2000年第2期。

图 3-8 景德镇窑青白瓷双耳鬲式炉

图 3-9 龙泉窑青瓷八卦纹三足奁式炉

从实物资料来看，故宫博物院藏一件南宋哥窑鱼耳炉，高 8.3 厘米，口径 11.9 厘米，是普遍采用的仿古样式，其造型仿自古铜簋，宋代人根据器铭把它称作“敦”或“彝”；上海博物馆藏一件龙泉三足鬲式炉，高 11.3 厘米，造型仿自古铜鬲，朴素地几乎省掉了一切装饰，使用了薄胎厚釉的手法制造，透着晶莹剔透的梅子青色；浙江德清县乾元山咸淳四年(1268)吴奥墓出土的龙泉窑粉青鬲式炉，高仅 6.5 厘米，与上海博物馆藏的一件十分相仿。

元代仿古香炉大体承宋代形制，但少了清秀飘逸之雅气。杭州老东岳元大德六年(1302)鲜于枢墓出土一件龙泉窑青瓷鼎式炉，高 9.9 厘米，鼓腹圜底，束颈且两侧贴附双耳，炉身上部饰双弦纹，下部饰单弦纹，底部有三个兽头足，同宋代隽秀的造型风格有明显差异；北京元大都遗址出土的青白釉三足炉，炉身造型仿古青铜分裆鬲，且表面装饰有饕餮纹，一对高耸在口沿外的直耳紧贴束颈两侧，其通高 29.5 厘米，整体效果饱满敦实，不同于宋代香炉之轻巧灵韵。

明清时期香炉的制作，仿古香炉为主，其材质也不再局限于瓷器，更有铜、玉、珐琅等质地不同的仿古香炉。如故宫博物院藏明早期的掐丝珐琅炉，高 9.3 厘米，其造型与《宣德彝器图谱》中的冲耳乳炉几乎完全一致。明代香炉的发展十分繁盛，且已经在中晚期与花瓶一并成为了陈设器的主流。程廷济总修的《浮梁县志》载：“炉之别，曰猊、曰鼎、曰彝、曰鬲、曰朝天、曰象腿、曰香奁、曰桶子。瓶之别，曰觚、曰胆、曰壶、曰净、曰栀子、曰荷叶、曰葫芦、曰律管、曰兽环、曰琉璃，与夫空头细名考之，不一而足，惟贩之所需耳。”可见炉、瓶式样之繁杂。在宋代仿古之风影响下，明代的仿古香炉出现了新的变化，即“宣德炉”的出现。宣德三年(1428)，帝敕谕工部曰，以“郊坛、宗庙以及内廷所在陈设鼎彝随为先朝遗器，式范非古，用是深系朕怀。今有暹罗国剌迦满蔼者所供洋铜，厥号风磨，色同阳迈，朕思所用堪铸鼎彝，以供郊坛、宗庙以及内廷之用。今着礼部会同司礼监并尔工部等参酌机宜，将应铸鼎彝，可照《博古》《考古》诸书，并内库所藏柴、汝、官、哥、均、定等窑器皿款式典雅者，照式铸来”。①《宣德鼎彝图谱》又载：“贞一斋陈设冲天耳三足大乳炉，仿宋官窑款式，大小如图，高三寸八分，耳高一寸二分，圆径一寸七分。……陈设贞一斋御几。”“揣拱堂陈设双鱼耳彝，仿宋官窑款式。……此彝藏经纸本色，不施金采者，恐掩铜质之精华也，陈设揣拱堂御几。”“揣拱堂东暖阁陈设双鱼耳彝，仿宋汝窑款式。”“渊默堂御几陈设蚰龙耳大彝炉，仿定窑款式。”等等。由此可见最早的宣德炉为黄铜铸造，然后很快就出现瓷质的宣德炉，而其仿之古为宋式各名窑瓷炉，且多为陈设器。其实，至明代中晚期以后，作为祭器或焚香之用的香炉已经逐渐失去了其使用功能，而逐渐变成了文人手中的雅玩之器。《长物志》卷七“香炉”条载：“三代、秦汉鼎彝及官、哥、定窑、龙泉、宣窑，皆以备赏鉴，非日用所宜，惟宣铜彝炉稍大者最为适用，宋姜铸亦可。”又张岱《陶庵梦忆》卷六“甘文台炉”载：“香炉贵适用，尤贵耐火，三代青绿，见火即败坏，哥、汝窑亦如之。便用，便火，莫如宣炉。”明代中晚期以来，文人雅士好鉴古，收藏前代香炉为陈设之用，而仿古香炉也在这一时期由祭器或焚香的实用器转变为了陈设器。

祭器和供器是陶瓷器皿由实用器转变为陈设器的关键一步，对他们的分析，更有利于我们把握这种变化背后的社会背景和主要原因。

二、在礼制与宗教思想双重作用下，宋明时期瓷质供器逐渐呈现组合态势，而香炉也成为组合中重要的供器之一

香炉不仅作为祭器出现，它还在宋明时期以供器的形式出现在寺庙、道观、地宫等地。佛教中共有三种供养形式，供器属于其中“恭敬供养”的范畴，而这一类供器主要由花瓶、香炉和烛台三部分构成（也有称为法器者），称为“三足具”，是佛教供器中最基本的组合形式。而在道教中所采用的供器（也有称为供具、斋器者）一般由香供养、花供养、灯供养和水供养构成。这种“五供”（即一座香炉、一对花觚或花瓶、一对烛台）的组合形式大约在金元时期才出现，并在明代有很大的发展。

唐代供器以单色釉为主，器形与装饰手法还比较单调，并且没有器类组合的倾向出现。如唐代法门寺地宫中出土的16件皇室使用的供器，其中黄釉银棱金银平脱瓷器2件，青瓷12件（即秘色瓷），白瓷2件，器类多以饮水器中的碗、盘、碟、瓶为主，这一时期香炉还没有成为供器出现。宋代供器的类型大大增加，更出现了后来民间供器中必不可少的香炉，另外净水瓶也是宋代的主要供器之一，

---

① 《宣德彝器图谱》卷一。

但这一时期也没有形成后世“五供”的组合形式。如河北定州静志寺塔基地宫出土瓷器 115 件，大部分生产于北宋早期的定窑，也有耀州窑产品，种类有杯、盘、高足盘、洗、瓶、净瓶、盒、双耳炉、海螺等，许多瓷器底部还刻有“官”字款，说明其供养人当为北宋时期的达官显贵。由于唐宋时期的民间瓷质供器多没有铭文记载，所以往往容易与日常生活中使用的器皿相混淆。尽管如此，我们还是可以看出，这一时期的香炉已经走入供器的行列中，并有所发展。宋代已经出现带有供养款的供养器，但多限于碗、瓶之类，并无在香炉上刻供养款的例子。如四川彭县堋口乡的金山寺有一件六出口白釉碗，其外壁刻有供养款：“彭州金城乡窑户牟士良，施碗碟壹料，永充进(敬)盏，供献售(受)用，祈愿神明卫护，合家安泰”。① 另有一件 1954 年征集于安徽萧县白土镇的金代乳黄釉瓶，刻有“白土镇户赵顺谨始到慈是菩萨花瓶一对供养本镇南寺时皇统元年三月二十二日造”的款识②。从这种“花瓶一对”的供养形式来看，供器的组合在金代已经逐渐出现。

元代基本形成了以香炉为主的供器类组合，这在元代带有供养款的供器上可以看出，最具代表性的当属现藏英国伦敦大维德基金会的元代青花云龙纹象耳瓶，在其颈部有楷书题记“信州路玉山县顺城乡德教李敬塘北奉生弟子张文进喜舍香炉花瓶一付(副)祈保合家清吉子女平安。至正十一年四月良辰谨记星源祖殿胡净一元帅打拱”。

明代供器为佛教、道教和其他民间信仰各种宗教信仰形式所通用，并没有专门某种宗教所特定使用的供器，这也反映出明代民间各种宗教类型有相互融合的趋向，如净水碗，最初为佛教供器，但中国历史博物馆收藏一件崇祯年间的青花净水碗，其供养款上记载“供奉萧公顺天王御前”，而《三教源流圣帝佛祖搜神大全》载萧公为道教神灵。从明清时期带供养款的供器来看，基本上没有脱离元代以来形成的器类组合。

由以上我们对于仿古香炉的分析可以看出，随着宋代礼制思想的极大普及，仿古式香炉的制造多借用宋以前的鼎彝礼器样式，作为家祭仪式中使用的祭器，借以表达对先祖的尊敬崇仰之意，这一时期的瓷质仿古香炉有三足、四组、五足、从灌足、鱼耳、鼓钉、联办、奁形、八卦及各种仿青铜鬲、鼎、彝等样式的制品，南北瓷窑均有烧造，可见使用面之大。而另外又有香炉用于供器者，在元代与花瓶、烛台等形成比较固定的供器组合而延续至明清。但随着明代中期宣德炉的兴起，仿古香炉逐渐转变为被文人雅客收藏的陈设器，其作为供器、祭器的使用功

① 陈丽琼，魏达议，丁祖春：《四川彭县瓷峰窑调查与试掘收获》，《中国古代窑址调查发掘报告集》，文物出版社 1984 年版。

② 宋伯胤：《萧窑调查记略》，《考古》1962 年第 3 期。

能则逐渐减弱，而这一时期表现在仿古香炉表面上的纹饰也日渐被青花装饰的种种云龙、植物等纹饰所替代，且日渐简化，而不再是最初在礼器上使用的饕餮纹等纹饰。

礼制，是国家制度的重要组成部分。我国自国家初步形成以后的夏、商、周三代以来礼制开始逐渐完备，并融入了很强的政治教化因素，这一点从各种材质礼器的发展上可见端倪。礼制思想在陶瓷艺术上的反映，不再仅仅局限于陶瓷器本身的造型与纹饰的教化功能上，它延伸至影响深远的制度层面，像官窑与民窑的分野就是其例。因而，在礼制思想影响下的陶瓷造物艺术活动，必然带有深深的礼制思想的烙印。我国的文化传统历来主张以农业为本，上自帝王下至庶民都对“土”怀有深厚的感情，作为汉章帝时讲议五经同异的结果，《白虎通义》的《社稷》篇是这样总结前人的看法的：“人非土不立，非谷不食。土地广博，不可遍敬也；五谷众多，不可一一祭也。故封土立社，示有土也；稷，五谷之长，故立稷而祭之也。”成书年代比《白虎通义》或稍早一些的《孝经援神契》也说：“社，土地之主；稷，五谷之主。……土地广博，不可遍敬，故封土以为社，而祀之以报功也；五谷众多，不可遍祭，稷乃原隰之中能长五谷之祇，故立稷而祭之。”陶瓷艺术由土而生，在其中也凝结着人们对于“土”的深厚感情和思想。

从先秦礼器到祭器的发展脉络来看，“物以载道”的造物思想有一个自我发展和完善的过程，而“道”的内容也因时因地有所变化，进而带动“器”的变化。古代礼器的社会功用为“器以藏礼”，而礼的概念是不断变化着的，这也同样反映在器物上。“所谓‘儒法互用’，远不止如经常理解‘阳儒阴法’的软硬两手：即一面宣讲仁义道德，一面实行峻法严刑。……汉代儒学所完成的‘儒法互用’，却比上述这些远为深刻和重要。因为他们所作的，是将先秦原点儒学的基本精神，移植到法家政刑体制内，进行了‘转化性的创造’，使之成为这一体制的灵魂和基石。……原点儒学所强调的以亲子情为主轴、对人际等级关系和人性积极情感的培育和规范。这种精神被输入汉代政刑体制中，构成了所谓‘以孝治天下’这一独特标记。……其转化性的‘创造’在于，把阴阳家、道法家原为中性的‘天’‘道’‘阴阳’，赋予了儒学的情感性。也即是说，将情感性极强的孔学主要范畴——‘仁’，注入‘天’‘道’‘阴阳’之中，作出了宇宙人情化的系统开拓，成为儒学的新时期。”①儒家这种将“礼之仁”通过“孝”注入刑法制度的变化，在《白虎通义》中表现得尤其明显。从器物的使用层面上来讲，礼器的主体部分也在汉代逐渐变为

① 李泽厚：《己卯五说・说儒法互用》，中国电影出版社 1999 年版，第 80 页。

对祭器的重视，导致汉代以后历朝历代的帝王多将五礼中的吉礼，特别是吉礼中的祭祀宗庙作为最重要的祭祀项目来看待，这是为了彰显其“仁政”的政治目的。“物以载道”表现得最明显处是“制器尚象”，夏商周时期，尚象功能多集中于青铜器上，至汉代则转移至与丧葬习俗有关的明器之上。

从管子经济管理视角的“侈靡消费”造物思想来看，促使民营陶瓷业不断从士阶层或其他更为上层的阶级中寻求创作因素，并在形制或装饰等方面效仿更为高贵、豪华的工艺美术品类，其目的都是为了增加附加值，提高价格，以获取更大的利润。我国古代民窑为提高其知名度，经常采用“物勒工名”的手段，即在器物上刻上工匠的名字，以提高信誉度；并利用广告语、吉祥语等文字、图案推销产品，促进销售量，或者通过仿制官窑、名窑、古窑名器，售以高价；通过降低生产成本或逐渐扩大经营规模来提高竞争力。其中对官窑、名窑或古窑器的仿制是提高窑厂知名度的重要手段。《明史》卷八二《食货志》：“宣宗始遣中官张善之饶州，烧造奉先殿几筵龙凤纹白瓷器，磁州烧造赵府祭器。逾年，善以罪诛，罢其役。”《明宣宗实录》载：“（洪熙元年）九月己酉，命行在工布江喜饶州府烧造奉先殿太宗皇帝几筵、仁宗皇帝几筵白磁祭器。”“（宣德二年）十二月癸亥，内官张善伏诛。善往饶州监造磁器，贪酷虐下人不堪。所造御用器，多以分馈其同列。事闻，上命斩于都市，枭首以徇。”这种对官窑器监守自盗的例子在古代不在少数。另外还有皇家赏赐瓷器于臣下或使节的。因此，官窑器还是有很多流落到民间，为民窑窑工的创作提供了良好的学习材料。民窑之趋利性最为明显，《陶说》载：“《三礼图》《博古图》《古玉图》，画法略备，钟鼎款识，具载于薛尚功之书，能仿为之，当凌官轹汝，驰官骤哥，而与尊彝并重矣。”唐英在其给乾隆皇帝的奏折中也谈到“至如观哥汝定宣成等釉，以及无关定制之款式花样等器，亦有官窑民窑之别。官窑者，足底有年号字款；民窑则例禁书款，久经奉行查禁”。另言“有力之窑户皆得藉端影造，无从查禁”，“并影造之全美者亦得托名御器以射利”①；“至于窑器，最贵成化，其次宣德。杯盏之属，初不过数金，予儿时尚不知珍重。顷来京师，则成窑酒杯每对至博银百金，予为吐舌不能下”②。由此可知仿古瓷与仿官窑瓷器的获利空间是很大的，因此才有仿制者造前朝款识以营利。

从古陶瓷器形制方面常出现“物用权代”的现象来看，在材质与装饰纹样上，古陶瓷器也常与其他工艺美术品类“迭互临摹”。古代礼器从使用功能来看，大体经历了最早的实用器，然后实用器也曾作为礼器使用，进而出现专门的礼器，陈设器的出现则多来自实用器或礼器这样的发展脉络。例如新石器时代就已经

① 乾隆八年二月二十日《唐英奏折》。

② 《万历野获编》。

有的“鬲”“鬶”“盉”等袋状足器，最早是作为炊具实用的，然而夏商周三代将其纳入礼制范畴，成为了礼器，并多以青铜器的形式出现于祭祀场合，名之曰“鸡彝”①。宋代儒释道三教合流，统治阶级亦好古物，香炉成为人们必不可少的祭祀物品，因而出现了仿古的“鬲式炉”，这也是明清时期瓷质香炉普及之滥觞。这种由实用器——礼器——祭器——陈设器的发展路线，在我国陶瓷器形的发展中的实例不在少数，鼎也同样，而觚则表现得更为明显。古器之名目十分繁杂，稍有变化，即以它名名之，甚至同样器物所放位置不同，其称谓也有不同，这也是礼制思想“明贵贱、辨等列”的社会功效的集中体现。

① 关于“鸡彝”，邹衡先生在其《夏商周考古学论文集》，文物出版社 1980 年版，第 147 - 154 页有详细的考证。

第四章 丧葬陶瓷器中的造物思想

第一节　原始信仰与宗教意识

宗教信仰源自早期人类对外在世界自然现象的不理解，从而把一切自然力归功于“神灵”“上帝”的意志，所做出的一种最朴素、最简单的解释。古人很早就已经形成了“天圆地方”的宇宙观念，而且这种观念不是仅仅停留在思想领域，也表现在各种器物的制造以及制度的制定等方面。河南濮阳西水坡仰韶文化遗址的 45 号墓中发现了用蚌壳摆成的龙虎图案①，这一发现将古人对天象的认识提早到了新石器时代。“这种象征天地的器物与解释宇宙的知识，由于前者拥有与天地的‘同构性’和后者拥有解释的‘权威性’，所以也含有神秘力量，并成为一种技术，但是，这些器物并非全体所有，这种技术也并非人人皆有，只有同时拥有权力与知识的人才能拥有它，于是，神秘力量也就成了少数人的专利，思想也就成了思想者的职业。”②从人类开始出现以来，人们对自然的探索和认识也在逐步加深，在长达百万年的造物活动中，对不可解释的自然现象的敬畏之心已经根深蒂固，人们通过种种的手段来与天地万物沟通，以求洞悉天意，于是，祭祀、巫术等便应运而生了。各种各样的祭器、礼器被制造出来，用于人们的祭祀、巫术活动中。《礼记·郊特牲》有言：“郊之祭也，迎长日之至也，大报天而主日也。兆于南郊，就阳位也。埽地而祭，于其质也。器用陶匏，以象天地之性也。”使用陶器，以象征天地之特性，也正说明了古人通过器物的制造，来表现对天地的敬畏，而这时候，物质文化的生产与精神文化的发展得以充分结合，而器物的使用功能也在制度以及社会的逐渐进步中得以突显。

尽管原始社会绝大部分陶器是日常生活中的用具，还有一部分却是在丧葬或祭祀时用的。这一类器物在物质生活领域的实用性并非其主要功能，最主要

① 参见《文物》1988 年第 4 期。

② 葛兆光：《中国思想史》卷一，复旦大学出版社 2003 年版，第 19 页。

的功能是制造者或使用者想通过这一类器物，来达到与鬼神世界沟通的目的。“在远古时代，人们还完全不知道自己身体的构造，并且受梦中景象的影响，于是就产生一种观念：他们的思维和官爵不使他们身体的活动，而是一种独特的、寓于这个身体之中而在人死亡时就离开身体的灵魂的活动……既然灵魂在人死时离开肉体而继续活着，那么就没有任何理由去设想它本身还会死亡；这样就产生了灵魂不死的观念。”①据考古发掘材料证明，早在旧石器时代中期的尼安德特人的遗址中，就已经发现其对死者进行有意识的埋葬的情况。在我国，生活在旧石器时代晚期的山顶洞人，也已经有了原始的宗教信仰。“山顶洞遗址的下室是山顶洞人的公共葬地。下室中发现的三具完整的人头骨和一部分躯干骨，在尸骨的周围撒有许多赤铁矿的粉粒。”②这一在尸体周围有意识地撒赤铁矿粉的举措，明显具有某种原始宗教信仰的意图。再如辽宁阜新胡头沟和凌源三官甸子红山文化遗址中，在石圆圈遗迹的外侧压有彩陶筒形器，这些彩陶筒形器无底，并经常出现在大型墓葬中，成排分立在墓葬外围，推测是某种丧葬仪式或墓祭有关的物品，并且只有身份较高者才能享用，可以标榜墓主人的地位尊崇。另外，山东莒县陵阳河遗址大汶口文化晚期第 17 号墓中出土的刻纹陶尊，其腹部刻画有一组图案：上为圆圆的太阳，其下是云气、火焰或月亮，最下是五峰山峦【图 4－1　山东莒县大汶口文化刻纹陶尊】。这种刻纹陶尊在大汶口文化遗址中屡有出现，相类似的刻画符号也有十几种，关于这种符号的意义，在考古界还未形成定论，但根据饶宗颐先生对其考证，为日月合璧与山形。③ 这种陶尊一般出土于大墓中，一墓随葬一器，最多不超过两件，根据中国社会科学院考古研究所山东工作队的高广仁、邵望平教授的研究，这种大型陶尊并非日常生活用具，可能与死者生前的地位有关，更可能与祭祀有关。④

图 4－1　山东莒县大汶口文化刻纹陶尊

① 《马克思恩格斯选集》第四卷，人民出版社 1977 年版，第 219 页。

② 张之恒，吴建民：《中国旧石器时代文化》，南京大学出版社 1991 年版，第 288 页。

③ 饶宗颐：《符号·初文与字母——汉字树》，上海书店出版社 2001 年版，第 38 页。

④ 杜金鹏，杨菊华：《中国史前遗宝》，上海文化出版社 2000 年版，第 209 页。

张光直先生在其《中国古代史在世界史上的重要性》一文中指出："中国古代文明中的一个重大观念，是把世界分成不同的层次，其中主要的便是'天'和'地'。不同层次之间的关系是严密隔绝、彼此不相往来的。中国古代许多仪式、宗教思想和行为的很重要任务，就是在这种世界的不同层次之间进行沟通。进行沟通的任务就是中国古代的巫、觋。从另一个角度看，中国古代文明是所谓萨满式(shamanistic)的文明。这是中国古代文明最主要的一个特征。"①并继续强调："经过巫术进行天地人神的沟通是中国古代文明的重要特征；沟通手段的独占是中国古代阶级社会的一个主要现象；促成阶级社会中沟通手段独占的是政治因素，即人与人关系的变化；中国古代由野蛮时代进入文明时代过程中主要的变化是人与人之间关系的变化，而人与自然的关系的变化，即技术上的变化，则是次要的；从史前到文明的过渡中，中国社会的主要成分有多方面的、重要的连续性。"

《国语·楚语下》中言："昭王问于观射父曰：《周书》所谓重黎实使天地不通者，何也？若无然，民将能登天乎？对曰：非此之谓也。古者民神不杂，民之精爽不携贰者，而又能齐肃中正，其智能上下比义，其圣能光远宣朗，其明能光照之，其聪能听彻之；如是，则明神降之，在男曰觋，在女曰巫。是使制神之处位次主，而为之牲器时服，而后使先圣之后之有光烈，而能知山川之号，高祖之主，宗庙之事，昭穆之世，齐敬之勤，礼节之宜，威信之则，容貌之崇，忠信之质，禋絜之服，而敬恭明神者，以为之祝。使名姓之后，能知四时之生，牺牲之物，玉帛之类，采服之仪，彝器之量，次主之度，屏摄之位，坛场之所，上下之神，氏姓之出，而心率旧典者，为之宗。于是乎，有天地神民类物之官，是谓五官，各司其序，不相乱也。民是以能有忠信，神是以能有明德，民神异业，敬而不渎，故神降之嘉生，民以物享，祸灾不至，求用不匮。及少皞之衰也，九黎乱德，民神杂糅，不可方物，夫人作享，家为巫史，无有要质，民匮于祀，而不知其福，烝享无度，民神同位，民渎齐盟，无有严威，神狎民则，不蠲其为，嘉生不降，无物以享，祸灾荐臻，莫尽其气。颛顼受之，乃命南正重司天以属神，命火正黎，司地以属民，使复旧常，无相侵渎，是谓绝地天通。"这种将世界分为天地人鬼神等不同层次的观念，在中国古代文献中有很多记载，像《山海经》《楚辞》《国语》等等。

原始的宗教信仰主要表现形式有几种：①灵魂和灵魂不死。②大自然崇拜（包括对日月星辰的崇拜，对大地山石的崇拜，对水火的崇拜，对动物的崇拜，对

① 张光直：《考古学专题六讲》，文物出版社1992年版，第4页。

植物的崇拜)。③祖先崇拜。④图腾崇拜。[①] 因此,可以总括起来说,原始社会的信仰为"万物有灵"[②]。因而也就产生了丧葬、巫术和祭祀这三种不同的与鬼神世界沟通的活动。丧葬、巫术和祭祀过程中所使用的器物,因具有纪念意义或为了达到沟通的目的,也常表现出不同的崇拜对象。

"夏商以来所形成的超自然神上帝、天地神祇、祖先神的三大板块式信仰系统,承前启后,成为中国古代传统宗教观念的发展模式。"[③]《左传·宣公三年》言:"昔夏之方有德也,远方图物,贡金九牧,铸鼎象物,百物而为之备,使民知神奸。故民入川泽山林,不逢不若,魑魅魍魉,莫能逢之。用能协与上下,以承天休。"杜预注"铸鼎象物"谓"象所图物铸之于鼎",注"百物而为之备,使民知神奸"谓"图鬼神百物之形,使民逆备之"[④]。但"在三代的世界观中,大概以为诸神充斥于人们的周围,上下四方,到处都是神灵,诸神并非只活动在天上或地下。因此,在那时的艺术品中,丝毫不见划分天上、人间、地下的任何界限"[⑤]。在春秋晚期到西汉初期这一阶段,也就是诸子百家先后涌现的这一段时间里,出现了天上、地下和人间的分野。"到西汉晚期以后,以'天人感应'说为理论基础的谶纬学说和易维护人身依附关系为根本宗旨的宣扬古圣贤、忠臣、孝子、烈女的社会道德规范,成为更为泛滥的时代精神。从世界观的角度来说,'天人感应'理论也罢,具体的谶纬活动也罢,都认为天、人是合一的。这就是说,'天人合一'便是这时期占主流地位的世界观;强调人身依附关系合理性的社会道德观,是这种世界观的社会体现。从汉武帝到东汉末的美术品,主要就是在表现这样的世界观和社会道德观。"[⑥]例如,"从西汉晚期至东汉末,这时期的画像内容,主要有八大类:①天象。②仙神。③祥瑞。④古圣贤和忠臣、孝子、烈女故事。⑤墓主身份,还经常包括墓主身份升迁的过程。⑥墓主生活。⑦墓主庄园的经济活动。⑧建筑装饰……可以看到,第①至③类表示了当时对天地自然力量的看法;第④类则集中反映了当时的伦理道德观;第⑤至⑦类那些关于墓主的经历、生活、财富的描绘,归根结底是在宣扬追求强宗豪富地位的宇宙观;第⑧类则是豪强宅院的模拟,亦表达了视死如生的思想。归结这些表现世界观、

① 雷镇阊主编:《宗教概论》,河南人民出版社1984年版,之第二章"宗教的发展"部分。
② 俞伟超:《古史的考古学探索》,文物出版社2002年版,第46页。
③ 陈高华、徐吉军主编,宋镇豪著:《中国风俗通史·夏商卷》,上海文艺出版社2001年版,第629页。
④ 《汉书·郊祀志上》颜师古注。
⑤ 俞伟超:《古史的考古学探索》,文物出版社2002年版,第52页。
⑥ 俞伟超:《古史的考古学探索》,文物出版社2002年版,第55页。

社会道德观和人生观方面的内容，只能是大土地所有制已经发展起来，‘天人感应’的哲学思潮正占统治地位，一神教的宗教尚未笼罩人间时才会普遍存在的那种思想观念的产物。……再下一步，则是佛教信仰笼罩大地达千百年的另一个新阶段”①。

自最早的“万物有灵”观念的产生，到经历了夏商周时期的巫术世界，人的本质力量逐渐显现，经过东周至秦将近600年时间的过渡，终于在汉武帝以后，变为讲求儒家推崇的伦理道德观念的礼制世界，而宗教信仰的观念相对夏商周时期也有所减弱。这种与天地人有关的神怪观念的变化过程，说到底，其思想内涵，在我国古代陶瓷艺术的创作上都有反映。

第二节　瓮棺葬所体现的造物思想

瓮棺葬，是古代以瓮或罐等陶容器作为葬具来安葬死者的一种葬俗。② 这种葬俗源于新石器时代，是一种古老的丧葬习俗，并在我国新石器时代中晚期至汉代较为流行，以后一直有所延续，直到建国之前，我国南方和某些少数民族中还保留这种习俗，两粤及滇贵的民俗中，人死后先以棺葬，三年后，掘取遗骸，拾入瓮中再葬，并大修坟墓。越南、缅甸等东南亚国家也有此俗。世界各地关于瓮棺葬的记载不少，像日本在弥生时代也有成人瓮棺葬；③朝鲜半岛的西北部地区也发现了公元前1～2世纪的瓮棺葬。④ 可见，瓮棺葬的影响范围是很大的，其延续时间也是漫长的。《礼记·檀弓上》载：“有虞氏瓦棺。夏后氏堲周。殷人棺椁。周人墙置翣。周人以殷人之棺椁葬长殇，以夏后氏之有堲周葬中殇、下殇，以有虞氏之瓦棺葬无服之殇。”这段话记载了夏、商、周三代时期不同的葬具和使用对象。“瓦棺”之义甚明，就是陶棺。“堲周”《辞源》载：“古时烧土为砖，放在棺材的四周。礼檀弓上：‘夏后氏塈周’注：‘火熟曰塈。烧土冶以周于棺也，或谓之土周。’一说用烧土为棺，即土棺。《淮南子·汜论训》：‘夏后氏塈周’注，‘夏后氏禹世无棺椁，以瓦广二尺，长四尺，侧身累之以蔽土，曰堲周’。”可见“堲周”有二解，

---

① 俞伟超：《古史的考古学探索》，文物出版社2002年版，第59页。

② 瓮棺葬，不同于“瓦棺葬”（如湖北襄阳洪山头的瓦棺葬，《江汉考古》，1999年第4期）和“陶棺葬”（如重庆忠县中坝遗址东周陶棺葬，《中国文物报》1999年2月10日），它是由陶质容器构成葬具的一种丧葬方法。

③ 金關恕，左原真编：《弥生文化の研究·弥生人の祭と墓と装い》，雄山阁，1988年。

④ 朝鲜社会科学院考古研究所：《朝鲜考古学概要》（中译本）1983年版，第134页。

或砖棺，或烧土为棺。古代称未成年而死为“殇”，《仪礼 · 丧服传》云：“年十九至十六为长殇，不满八岁以下，皆为无服之殇。”周代用陶棺安葬未成年的少年儿童，应该是沿袭了上古时期的瓮棺葬俗。可见，瓮棺葬的使用对象一般是那些夭折的儿童。但也有特例，如《太平广记》就曾载：“袁盎冢，以瓦为棺椁，器物都无，唯有铜镜一枚。”其他文献如《盐铁论》《古史考》《后汉书》等文献中也有关于瓮棺葬的记述。

新石器时代的瓮棺葬主要流行于新石器时代的各个文化遗存中，据现有资料已知，在全国范围内，含有瓮棺葬的史前文化遗址计有八十多个，发现有瓮棺葬近一千一百座。在考古学文化类型上，可知存在过这种葬俗的共有近二十种文化类型，分布于黄河中游的李家村文化、仰韶文化、河南龙山文化、陕西龙山文化；黄河上游甘青地区的马家窑文化、齐家文化、卡约文化；黄河下游地区，有北辛文化、大汶口文化。长江中游地区的大溪文化、屈家岭文化、青龙泉三期文化；长江下游地区的河姆渡文化和马家浜文化。此外，在东北松嫩平原、西南横断山区和地处东南的台湾岛也有零星发现。这样，出土有瓮棺葬的新石器时代和青铜时代遗址，就遍及黄河和长江两大流域，北及吉林、内蒙古，南达云南、广东，西至甘肃、青海，东到山东、江浙一带乃至台湾岛，发现于十九个省和自治区。但以黄河中游和长江中游地区出土最多，较为集中；且时间序列上，在该地区先后的文化类型中都有发现。出土有瓮棺葬的八十多个遗址中，仰韶文化遗址计五十多处，占总数的一半以上；在总数一千多座瓮棺葬中，属仰韶文化的计七百多座，占三分之二。因此，在仰韶文化中，瓮棺葬是普遍流行的一种葬俗，其分布几乎遍及仰韶文化分布区，而以渭水流域的半坡类型为最盛，出土数量最多，使用广泛。新石器时代瓮棺葬的主要特征是：①瓮棺葬的使用对象一般为未成年的儿童，也有少数用于成年人的二次葬。半坡遗址对夭折的儿童一般行瓮棺葬，半坡共发现七十三座，绝大多数埋于住房周围，形成两大瓮棺群。葬具以瓮为主，另用盆或钵作盖。半坡陶器中那绘有人面纹、人面鱼纹或鹿纹的精美彩陶盆就是作为葬具出土的。另外，在仰韶文化姜寨一期遗址的墓地中，发现一部分瓮棺葬埋在氏族墓地之内，也有一部分瓮棺，如半坡那样，葬于住房周围。这里发现了两座成人二次瓮棺葬，为半坡、北首岭所不见。②一般瓮棺埋于居住区的房屋附近，少数埋于公共墓地。“瓮棺葬是仰韶文化对夭折的幼儿所通行的一种葬俗，瓮棺葬多葬于住区。一方面由于死者尚未成年不被视作氏族成员所以不得埋入氏族墓地，另一方面由于‘灵魂观念’及‘亲子之情’而把幼儿葬于减灾的亲人近旁，并在葬具上凿出小孔，供弱小灵魂出入，便于得到照应。但也有埋入氏族墓地的。成人瓮棺葬则被解释为对凶死者的处理。”①③葬具使用的都是日用器形制，但体形略大。“瓮棺葬的葬具会因各地区的不同而有所不同，一般来说，多为缸、尖底器(瓶)、大口尊、壶、鬲、缶、釜(釜灶)、鼎、甗等近二十种日常用器。瓮棺通常是由两件器物组合而成，或是两件相扣(合口式)，或是一件大器上覆一个用作棺盖的小器(盒盖式)，也有以陶片、石板或砺石为盖者。就仰韶文化而言，半坡类型多瓮钵相扣，庙底沟类型多小口尖底瓶葬、下王岗类型多罐钵相扣。这种类似的器类组合据统计大约有五十多种。”②另外，洛阳、郑州地区发现为数不少的瓮棺葬，葬具有多种组合，其中一种以大型小口尖底瓶为葬具的瓮棺葬最富有地方特色。王湾一期发现四十三座，偃师赵城的一处断崖上暴露出一群六座尖底瓶葬，大河村遗址里发现仰韶文化不同时期的瓮棺葬六十二座。大河村四期的瓮棺葬中有两座使用了一种特制的大口束腰尖底瓶，这在郑州地区屡有发现。大河村四期的瓮棺葬中有三十八座使用陶鼎为葬具，也有用豆、罐、盆、缸的，多为两件扣合使用。在鲁山邱公城、伊川土门还发现了成人瓮棺葬，葬具是一种特制的缸，高达四、五十厘米。邱公城这种成人瓮棺一群五个，看来是将成人遗骨迁入瓮中同时安葬的。④有明显的器类组合的倾向，多为两件相扣使用，组合方式各地不同。⑤随葬品的口部或用作瓮棺的陶器口部被人为地敲坏，且瓮棺上一般都有小孔。“在一些瓮棺的底部或作为棺盖的陶器底部，往往有一小孔，孔径一般在 0.8～2 厘米左右。这种情况，发现与包括四种文化类型的十多个遗址中。其中以仰韶文化半坡类型和大河村类型所见最为普遍，此外，还有河南龙山文化、屈家岭文化和云南元谋大墩子遗址。大墩子遗址多数瓮棺的肩部、腹部或底部有一至三个圆形小孔。安乡划城岗屈家岭文化瓮棺盖上有的有四孔。以上这些出现于日用器皿上的小孔，显系有意凿成。特制瓮棺的底部有的也有这种小孔，如河南临汝阎村所出的‘伊川缸’，其缸底都有钻孔。”③另，关于瓮棺上的小孔，目前大约有两说：第一，灵魂出入的孔洞(宋兆麟《中国原始社会史》)；第二，希望儿童复生(郭沫若《访半坡遗址四首》)。关于瓮棺和随葬器被人为敲损的情况则多见于边地新石器时代及青铜时代遗址④。⑥有的瓮棺、扣碗(钵)表面有纹

---

① 中国社会科学院考古研究所编：《新中国的考古发现和研究》，文物出版社 1984 年版，第 67 页。

② 许宏：《略论我国史前时期瓮棺葬》，《考古》1989 年第 4 期。

③ 许宏：《略论我国史前时期瓮棺葬》，《考古》1989 年第 4 期。

④ 参见：西安半坡博物馆：《陕西神木岀遗址调查试掘简报》，《史前研究》1983 年 2 期；云南省博物馆：《元谋大墩子新石器时代遗址》，《考古学报》1977 年 1 期；吉林市博物馆：《吉林市泡子岩前山遗址和墓葬》，《考古》1985 年 6 期。

饰。1978年，河南汝州阎村仰韶文化遗址出土的陶器中有一件夹砂红陶瓮，在瓮的底部正中有一个直径为0.8～0.9厘米的圆孔，根据瓮中出土的骨骼，可知是一个成年人的二次葬具，器表绘有一只白鹳衔着一尾鲢鱼，旁边竖立一柄石斧，斧柄上画有一个“×”形符号，此即考古界所称“鹳鱼石斧图”【图4－2 仰韶文化庙底沟类型鹳鱼石斧彩陶缸】。阎村这种陶缸常被作为瓮棺葬的葬具，严文明先生认为画有“鹳鱼石斧图”的陶缸应是某个部落酋长的瓮棺。他对“鹳鱼石斧图”做了如此解释：“在酋长的瓮棺上画一只白鹳衔一尾鱼，绝不单是为了好看，也不是为着给酋长在天国玩赏。依我们看，这两种动物应该都是氏族的图腾，白鹳是死者本人所属氏族的图腾，也是所属部落联盟中许多有相同名号的兄弟氏族的图腾，鲢鱼则是敌对联盟中支配氏族的图腾。这位酋长生前必定是英武、善战的，他曾高举那作为权力标志的大石斧，率领白鹳氏族和本联盟的人民，同鲢鱼氏族进行殊死的战斗，取得了决定性的胜利。在他去世之后，为了纪念他的功勋，专门给他烧制了一个最大最好的陶缸，并且打破不在瓮棺上作画的惯例，用画笔把他的业绩记录在上面。当时的画师极尽渲染之能事，把画幅设计得尽可能地大，选用了最强的对比颜色。他把白鹳画得雄壮有力，气势高昂，用来歌颂本族人民的胜利；他把鲢鱼画得奄奄一息，俯首就擒，用来形容敌方的惨败。为了强调这场战斗的组织者和领导者的作用，他加强描绘了最能代表其身份和权威的大石斧，从而给我们留下了这样一幅具有历史意义的图画。”①严先生这种解释颇有望文生义之嫌。不过，如果我们把它放在整个仰韶文化这个大环境和背景中去看，严先生这种理解却可能很接近“鹳鱼石斧图”的本义。仰韶文化半坡类型流行鱼纹、庙底沟类型流行鸟纹，二者基本上互不交叉。在仰韶文化前期偏晚阶段，少数器物将鱼纹、鸟纹绘在一起，如陕西武功游凤、宝鸡北首岭、临潼姜寨二期出土的彩陶中，就曾发现几幅绘有鱼、鸟纹的图案。⑦葬式多采用屈肢葬盛装尸体。

图4－2 仰韶文化庙底沟类型鹳鱼石斧彩陶缸

① 严文明：《〈鹳鱼石斧图〉跋》，《文物》1981年第12期。

瓮棺葬的葬法在我国流传时间很长，商周时期也有使用，但比较少见，如在安阳殷墟小屯西地、苗圃北地发现殷商时期的儿童瓮棺葬；[①]西安沣西张家坡西周墓地中也有儿童瓮棺葬出土；[②]陕西陇县店子、武功赵家来发现春秋晚期秦国瓮棺葬；[③]山东兖州六里井发现用陶鬲作为葬具的春秋时期瓮棺葬。[④] 战国秦汉时期瓮棺葬的使用更多，乃至一直到元明清时期的墓葬中还有使用这种葬法的。战国秦汉时期，我国的瓮棺葬使用对象一般还多是未成年的儿童，但到元明清时期使用这种葬法的不再仅是儿童，而很多成为成年人的二次葬。战国秦汉时期的瓮棺葬在我国分布地域也比较广泛，绝大多数分布于辽宁、内蒙古、河北、河南、山东、陕西、山西和北京、天津等北方地区。“就其构成瓮棺的陶器来说，最为常见的有釜、瓮、盆，次为鬲、罐、钵，以及少量的舟形器、筒形器、管道、甑、豆、壶、奁等，另外有的瓮棺还使用陶器残片、瓦等。”[⑤]而且，“就瓮棺葬所使用的陶器进行总体分析，可大致分为两类：一类是日常生活实用器，如鬲、罐、釜、盆、钵以及部分瓮等。……另一类是瓮棺专用陶器，有筒形瓮和筒形器两种。……因此，以日常生活实用陶器为主，并使用专用陶器组合成瓮棺，是战国秦汉时期瓮棺葬在瓮棺结构上的基本特征”[⑥]。另外，瓮棺葬的器类组合形式也各有不同，形成了强烈的地域文化特色，“用鬲组合的瓮棺仅发现于陕西和山西两地；在关中及河南地区，最为流行的瓮棺结构是瓮与盆的组合；在山东、河北、天津、北京和辽宁地区，最为流行的瓮棺结构是以釜为主的各种组合，如釜——釜组合、三釜组合及釜——瓮组合，而多器瓮棺主要发现于京津冀辽地区”[⑦]。我们根据白先生的统计表，进一步充实内容，作表 4－1，以期更明确地看出这种地域性的差异。

---

① 中国社会科学院考古研究所：《殷墟发掘报告》，文物出版社 1987 年版，第 236 页。

② 中国科学院考古研究所：《沣西发掘报告》，文物出版社 1962 年版，第 117 页。

③ 陕西省考古研究所：《陇县店子秦墓》，三秦出版社 1998 年版；中国社会科学院考古研究所武功发掘队：《陕西武功县赵家来东周时期的秦墓》，《考古》1996 年第 12 期。

④ 国家文物局：《兖州六里井》，科学出版社 1999 年版。

⑤ 白云翔：《战国秦汉时期瓮棺葬研究》，《考古学刊》2001 年第 3 期。

⑥ 白云翔：《战国秦汉时期瓮棺葬研究》，《考古学刊》2001 年第 3 期。

⑦ 白云翔：《战国秦汉时期瓮棺葬研究》，《考古学刊》2001 年第 3 期。

表 4－1　瓮棺组合类型(部分地点)分析表

	两器组合								多器组合									
	鬲鬲组合	鬲盆组合	瓮盆组合	瓮瓮组合	瓮釜组合	釜釜组合	釜盆组合	二舟形器	三釜组合	二釜一瓮(罐)	二釜一盆(钵)	二釜一筒形器	一釜一罐一瓮	一釜一瓮(罐)一盆	三盆	二盆一筒形器	合计	时代
凤县郭家湾	1																1	战国
天津牛道口					1												1	战国
天津巨葛庄						有				有							≥2	
天津窦庄子									有								≥1	东汉
辽阳三道壕					有				有		有					有	≥4	
北京八里庄					有												≥1	
唐山徐庄					有				有								≥2	新莽
凌源安杖子					有							有					≥2	

续表

	两器组合								多器组合									
	鬲鬲组合	鬲盆组合	瓮盆组合	瓮瓮组合	瓮釜组合	釜釜组合	釜盆组合	二舟形器	三釜组合	二釜一瓮(罐)	二釜一盆(钵)	二釜一筒形器	一釜一罐一瓮	一釜一瓮(罐)一盆	三盆	二盆一筒形器	合计	时代
泗水尹家城						有	有										≥2	
唐山贾各庄						有											≥1	
北京窦店						有											≥1	
北京天坛						有											≥1	
北京中关园						有											≥1	
北京朱房村						有											≥1	
北京怀柔城北						有			有								≥2	
咸阳长陵车站		3	有				有	1									≥6	秦代

续表

	两器组合								多器组合									
	鬲鬲组合	鬲盆组合	瓮盆组合	瓮瓮组合	瓮釜组合	釜釜组合	釜盆组合	二舟形器	三釜组合	二釜一瓮(罐)	二釜一盆(钵)	二釜一筒形器	一釜一罐一瓮	一釜一瓮(罐)一盆	三盆	二盆一筒形器	合计	时代
西安沣西客省庄		有															≥1	战国
凤翔高庄			2														≥2	西汉
咸阳塔儿坡			9														9	战国
洛阳涧西			多												有		≥15	西汉
洛阳中州路			有														≥1	西汉
巩县石家庄			有														≥1	东汉
章丘宁家埠					1	4	有										≥6	
临沂陈白庄				1	1												2	汉代

续表

	两器组合								多器组合									
	鬲鬲组合	鬲盆组合	瓮盆组合	瓮瓮组合	瓮釜组合	釜釜组合	釜盆组合	二舟形器	三釜组合	二釜一瓮（罐）	二釜一盆（钵）	二釜一筒形器	一釜一罐一瓮	一釜一瓮（罐）一盆	三盆	二盆一筒形器	合计	时代
临淄辛店友联				1													1	汉代
沈阳伯官屯				1							有		有				≥3	西汉
延庆葫芦沟						5			14	1	6			3			29	战国
易县燕下都			1	2	2	12			1								18	战国
丰润东欢坨						6	1			1			有	1			≥10	战国
宝坻秦城				1		19	1		20	1	3						45	战国
昌平史家桥									有								≥1	西汉

战国秦汉时期的瓮棺葬是与新石器时代的瓮棺葬一脉相承的，这种葬法在战国至汉末这六百年多的时间里变化不大，但地域性特征非常明显。与原始社会的瓮棺葬相比，这一时期出现了不少新的变化。其一，分布地域有所变化。汉代以前瓮棺葬的分布地域还仅局限于我国内陆地区，而汉代瓮棺葬的分布地区则多集中于环渤海湾地区。其二，墓圹在以竖穴墓圹为主的基础上，又出现了二洞墓圹。其三，竖置瓮棺的现象大大减少，且成人二次葬与瓮棺合葬的现象基本消失。其四，瓮棺葬于房内的情况也基本消失。其五，有意识地在瓮棺或随葬器表面凿孔洞的现象也很少见到。①

我国秦汉以后的墓葬中使用瓮棺葬的例子也不少见到。如 2004 年 5 月 15 日，就在大同市九龙壁斜对面的一家具广场前出土了一座辽代瓮棺葬，同时出土的还有一尊 15 厘米高的镏金铜佛；②山西稷山县发现元代道姑瓮棺合葬墓，为成人二次葬；③1980 年冬，四川仪陇县发掘出明清时期瓮棺葬；④四川岳池后山也发现有明清时期瓮棺葬；⑤四川凉山、渡口等地也曾出土明清时期瓮棺葬⑥；等等。另外，我国还有一些少数民族中也多有使用过瓮棺葬的葬法。如藏族，成年人死后多实行天葬或火葬；幼儿夭亡，不举行葬礼，而是把尸体置入陶罐，扔进河流，也有的把盛尸的陶罐长期存放在库房里；"旧时畲族人死后，便是先停棺于野外，经数年后，用火焚化，把骨灰收入罐中，然后再行土葬。《闵峤輏轩录》载：畲族'人死刳木纳尸，其中少长，辟相击节，主丧者盘旋四舞，乃焚木拾骨，置诸罐，浮葬林麓间，将徙则取以去。'瑶族从前也是人死后以棺木盛殓，抬到山中以火焚化，然后拣骨盛入罐中，就地掘土埋葬"⑦。

从以上我们对瓮棺葬发展脉络的分析可以看出，相对于土葬等其他墓葬形式来说，瓮棺葬是一种相对简单的葬式，瓮棺葬中所使用的瓮，自然是一种陶制品，但形制略有不同。它普遍应用于装殓儿童的尸身或在成人二次葬时使用。瓮棺所用的材料多为夹砂陶或泥质灰陶，瓮棺组合形式多样，且组合形式日趋复杂，从仰韶文化的两器组合发展至秦汉时期的多器组合，瓮棺表面没有过多的纹饰，且比较简陋，甚至在秦汉时期的瓮棺葬中还发现用陶器残片和瓦等拼合成瓮棺使用的现象。

---

① 白云翔：《战国秦汉时期瓮棺葬研究》，《考古学刊》2001 年第 3 期。

② 《大同出土一辽代瓮棺葬》，http://www. sx. xinhuanet. com/dfzx/2004－05/19/content_21503[illegible]4. htm。

③ 《山西稷山县"五女坟"发掘简报》，《考古》1958 年第 7 期。

④ 王永平：《仪陇馆藏瓮棺葬具浅析》，《文物研究》，第 39 页。

⑤ 陈涛：《岳池后山瓮棺葬》，《四川文物》1994 年第 5 期，第 39 页。

⑥ 李绍明：《凉山、渡口瓮棺葬及其族属问题》，《四川文物》1984 年第 4 期，第 19 页。

⑦ 宋德胤：《丧葬仪观》，中国青年出版社 1991 年版，第 136 页。

第三节 明器及其使用制度中体现的造物思想

明器是我国古代专为陪葬而仿照实物制成的殉葬品和各种器物，其实明器也是礼器的一种，它属于“凶礼”的范畴。我们今天使用‘明器’一词是指非实用的模型性、象征性的随葬品，但在先秦文献中的‘明器’一词，实际有两种不同的含义。第一种含义是广义的，而且可能是比较原始的，是泛指在墓中随葬给亡灵用的东西。在《仪礼·既夕礼》“陈明器于乘车之西”以下，列举了苞、筲、瓮，用器（弓、矢、耒、敦、杅、盘、匜）、燕乐器、役器（甲、胄、干即盾、箙即箭筒）、燕器（杖、笠、翣即扇）。根据考古发掘，这些东西都可以是实用品，并不一定是非实用品。所以郑玄在这里注：“明器，藏器也。”是比较贴切的。第二种含义是狭义的，可以看作是儒家对“明器”一词的解说或定义。在儒家对于明器的解说中，明器是必须和生者的用器有别的东西，亡灵不能用生者的器具。《礼记·檀弓下》记载：“孔子谓：‘为明器者，知丧道矣，备物而不可用也。’哀哉！死者而用生者之器也，不殆于用殉乎哉！其曰明器，神明之也。涂车、刍灵，自古有之，明器之道也。孔子谓‘为刍灵者善’，谓‘为俑者不仁’，殆于用人乎哉！”

在明器的使用上，儒家的理论在处理生者与死者的关系方面，既体现了人道情怀，又反映了冷静的理智。《礼记·檀弓上》载有“孔子曰：之死而致死之，不仁而不可为也。之死而致生之，不智而不可为也”。意思是，亲人死了就当他是死人看待，是没有仁心的错误行为；但当他是活人看待，又是愚昧的行为。“是故竹不成（盛）用，瓦不成（盛）味，木不成斲。瑟张而不平，竽笙备而不和，有钟磬而无簨簴。其曰明器，神明之也。”（《礼记·檀弓上》）这是主张明器有半真半假的性质。钟磬是实用器，但没有挂钟磬的架子，就有虚拟性了。瑟可以用真的，但张了弦不调均音律，就和真用有区别了。所以，明器本身并非一定是非实用物，只要下葬时弄得和实用状态有某种差别就行了。这在早期仰韶文化瓮棺葬中的瓮棺及其随葬品都有人为敲损的痕迹这一点上可以看出。

但从出土的明器以及各朝历代的明器使用制度上来看，明器的使用并非如儒家所言都是非实用器，而有不少时期是大量使用人们日常用器随葬的。而陶瓷明器的使用在我国两个重要时期发展得最为突出，即汉代的陶制模型明器和唐代的三彩器。

早在原始社会，我国先民已经出现了使用随葬器物的习俗，且随葬品已经出现了非常明显的等级差异，其墓葬中的随葬品大体包括生产工具、生活器具、礼器、装饰品、玩具和食物这几类。这一时期最显著的变化为：礼器已经从日用器中分离出来，成为独立系统出现在墓葬中用作随葬。如大汶口文化王因墓地出

土的高足觚形杯，便是显著的礼器；另外，良渚文化反山墓地中出土的玉器，“这些玉器的形状和在墓中的位置，基本上可分为礼仪用玉和佩挂装饰用玉两大类。礼仪用玉的情况比较复杂，其中一部分是墓主人身份地位的象征物，以琮、钺、璧等为代表；另一部分似可作为别人臣服、奉献于墓主人的‘葬玉’，主要是大量的璧，石钺数量较多，含义相似，也可归入后者”[1]。还有山东龙山文化中出土的蛋壳黑陶器，多数都没有使用过的痕迹，且制作难度很大，与贵重的玉器一样，是一种显示身份等级的礼器。

春秋战国以前明器使用的最大特点是大量使用成系列组合的礼器作为随葬明器使用。铜制明器在夏代已经大量出现，而陶明器依然是这一时期的主流随葬器皿，并已经形成系列组合的态势。以二里头文化的墓葬为例，在郑州上街[2]、洛达庙[3]、洛阳东干沟[4]、东马沟[5]、偃师二里头[6]以及晋南东下冯[7]等地的夏文化墓葬中，出土有鼎、豆、觚、爵、鬶、盘、罐、盆等陶器，并形成了罐、爵、盉的系列组合。商代墓葬中，青铜明器的数量和质量明显增加，但多出土于贵族大墓中，并显示出重酒器的礼器组合。以商代妇好墓为例，墓中出土的 468 件青铜器中，礼器就占 210 件，且以彝、尊、觥、壶等酒器数量最多。而陶制明器则多出土于墓室面积在 5 平方米以下的小墓中，主要有斝、爵、豆、鬲、簋、盆等，极个别墓还出土有陶罐、大口尊等器，表现出了这一时期明显的阶级差别。西周时期已经形成了严格的“升鼎制度”，这在西周乃至春秋时期的墓葬中表现得十分明显，而且也使用得严格。西周时期南北方的明器使用制度存在很大差异，南方地区大量使用原始青瓷随葬，如安徽屯溪发现的两座西周墓，都随葬有大量的原始青瓷，器形有豆、碗、尊、罐、盉等，而以豆为最多，类似情况也出现在江苏丹徒、句容、溧水、金坛等地的西周墓葬中。而北方地区的组合则以鬲、簋、罐、豆为主。

秦汉时期是我国古代明器使用制度的大发展时期。秦始皇统一中国后，具有秦朝风格的新型明器制度也逐步确立了。这种新型的明器制度具有两个特点，一是多用秦式的茧形壶、盒、甑、瓮、罐等实用陶器，或再加以铜蒜头壶、鍪、甗、钫等代替传统的礼器；二是大量反映日常生活的模拟器物用于随葬，如陶制的釜、灶、缶、盆以及兵马等等。这一明器制度既承袭了以前的因素，又更多地体

---

① 王明达:《反山良渚文化墓地初论》,《文物》1989 年第 12 期。

② 《郑州上街商代遗址的发掘简报》,《考古》1960 年第 6 期;《河南郑州上街商代遗址发掘简报》,《考古》1966 年第 1 期。

③ 《郑州洛达庙商代遗址试掘简报》,《文物》1957 年第 10 期。

④ 《1958 年洛阳东干沟遗址发掘简报》,《考古》1959 年第 10 期。

⑤ 《洛阳东马沟二里头类型墓葬》,《考古》1978 年第 1 期。

⑥ 《关于二里头文化》,《考古》1980 年第 6 期。

⑦ 《山西夏县东下冯遗址东区、中区发掘简报》,《考古》1980 年第 2 期。

现和反映了秦文化丰富多彩的思想内涵【图 4－3 秦代兵马俑】。

图 4－3 秦代兵马俑

西汉时期是我国丧葬文化的一个重要转型期，它既承袭了秦代以来的奴隶制社会的遗风，又有新的庄园经济的变化与反映。从西汉前期的诸墓葬出土的明器来看，这一时期还保留着旧的战国时期诸侯僭越的礼器随葬情况，新旧葬俗在这一时期的墓葬中并存，这是由于西汉初年各地经济、政治和文化等方面发展的不平衡所导致的。一般来说，京师长安所在的关中地区，新葬俗出现在先，昔日奴隶制的等级制度破坏得快一些，所以咸阳杨家湾汉墓的葬俗尚处于由旧葬俗向新葬俗转变的过程，其他地区，特别是边远地区，新葬俗出现为后，因此长沙马王堆汉墓所见一套较为完备的旧礼制，也就不足为怪了。西汉中期明器制度的变化，是有其深厚的社会根源的。先秦时期用鼎一类礼器随葬制度的兴起，正是因为死者要在幽冥中继续保持生前的地位和财产，礼器正是那时死者生前地位和财产的象征物。到了西汉中期，开始使用陶仓模型明器代替礼器随葬，也正表明当时人们的观念中把庄园视为最珍贵的物品【图 4－4 西汉陶仓】。就拿象征庄园经济最主要的器物陶仓来说，在陕西凤翔高庄春秋晚期秦墓中即已出现；战国秦墓出土的更多，如凤翔高庄墓 18 出土陶仓 2 件、凤翔八旗屯墓 103 出陶仓 2 件①、沣西客省庄墓 204 出陶仓 1 件②。陶仓在西汉前期的西安等秦国故地的关中地区开始流行。③ 此时，在南方的湖北江陵地区汉墓中亦有陶仓出土，这可能因为自战国中期秦国灭蜀以后，通过长江秦楚的关系比较密切，故这一地区出

① 吴镇烽，尚志儒：《陕西凤翔八旗屯秦国墓葬发掘简报》，《文物资料丛刊 3》，文物出版社 1980 年版。

② 中国科学院考古研究所沣西发掘队：《沣西发掘报告》，科学出版社 1963 年版。

③ 吴儒祚，胡谦盈：《宝鸡和西安附近考古发掘简报》，《考古通讯》1955 年第 2 期；陕西省文管会等：《咸阳杨家湾汉墓发掘简报》，《文物》1977 年第 10 期。

现的陶仓也就较早些。但在过去六国故地的大部分关东地区陶仓尚未出现；传统的礼器，如成套的鼎、盒、壶、钫还占重要地位。西汉中期以后，风格为之一变，鼎、盒、壶、钫等礼器越来越不占显著地位，相伴而来的模型明器增多。随葬品中显示的礼器衰落和模型明器的涌现，恰好印证当时以大土地所有制为基础的封建庄园经济有了进一步的发展。

图 4-4　西汉陶仓

汉代提倡以孝治天下，兴厚葬。文景之时，力扭骄奢之风，并禁止以金属器皿随葬，这一节用的举措一直到东汉时期才见成效。东汉时期，随葬品主要是各种陶制容器和各种专为随葬而作的陶制明器，而比较贵重的实用器如铜器和漆器等则呈现逐渐减少的趋势，即使是贵族和官宦大臣的墓葬也不例外。但这一时期的陶制模型明器已经普遍流行起来，共计有建筑模型明器【图 4-5　东汉陶楼】；田地池塘模型明器；仓、灶、井模型明器；磨、臼、风车、碓房模型明器；畜、禽、圈模型明器；车马、船模型明器；摇钱树和俑这八大类①。另外还有镇墓兽、镇墓瓶、镇墓罐和镇墓俑等类的镇墓用具，这些都是陶瓷制品，而且以灰陶和低温铅釉陶器居多。通过对表 4-2 的分析，我们可以看出，建筑模型明器、田地池塘明器在西汉还不普遍，而东汉则出现很多，而且形式日趋复杂多样；陶井、仓、灶等模型明器早在西汉早期的临沂银雀山 4 号墓就已经出现，西汉晚期更加盛行；陶质禽畜模型明器更是普

图 4-5　东汉陶楼

① 郑德坤，沈维钧：《中国明器》(影印本中“汉代明器种类”将其分为十一类，分别为：俑、瓦灶、屋舍、陶仓、畜舍、鸡犬及其他禽兽、瓦井、杵臼、车舆、圹砖、瓶壶鼎罐之类)，上海文艺出版社 1992 年版。

遍，几乎在汉代墓葬中都有出现，且多以一两只猪、一只狗和两三只鸡为主要的组合方式①。这充分反映了汉代的封建庄园经济的发展在这一时期还处在刚起步的状态，并没有魏晋南北朝时期的庄园经济发展的迅猛。

表 4－2　部分陶模型明器出土情况简表

序号	出土地点	陶模型种类及数量	资料来源
1	郑州市乾元北街	院落 1	郑州市博物馆：《郑州市乾元北街空心画像砖墓》，《中原文物》1985 年 1 期
2	郑州南关 159 号汉墓	四合院 1；陶禽畜	河南省文化局文物工作队：《郑州南关 159 号汉墓的发掘》，《文物》1960 年第 8、9 期
3	河南陕县刘家渠 8 号汉墓	陶屋院 1；绿釉陶楼 7	黄河水库考古工作队：《河南陕县刘家渠汉墓》，《考古学报》1965 年第 1 期
4	广州东山马棚岗 4011 号汉墓	“曲尺式”单层院 1	中国社会科学院考古研究所：《广州汉墓》，文物出版社 1981 年版
5	广州市小港路大元岗 409 号汉墓	“阁楼式”三合院 1	中国社会科学院考古研究所：《广州汉墓》，文物出版社 1981 年版
6	广州西村石头港 4007 号汉墓	“阁楼式”院 1	中国社会科学院考古研究所：《广州汉墓》，文物出版社 1981 年版
7	广州墓 4016	“阁楼式”院 1	中国社会科学院考古研究所：《广州汉墓》，文物出版社 1981 年版
8	广州墓 5041	陶城堡 1	中国社会科学院考古研究所：《广州汉墓》，文物出版社 1981 年版
9	广州西村水泥厂路皇帝岗 4028 号	望楼 1	中国社会科学院考古研究所：《广州汉墓》，文物出版社 1981 年版
10	广州东山三育路 5032 号	陶城堡 1	中国社会科学院考古研究所：《广州汉墓》，文物出版社 1981 年版

① 根据朱天舒：《试析汉陶家禽家畜模型》，《考古与文物》1996 年第 1 期，所列 115 座汉墓出土陶禽畜情况列表分析。

续表

序号	出土地点	陶模型种类及数量	资料来源
11	广东佛山市郊澜石	陶三合院1；陶水田附船模型1；陶禽畜	广东省文物管理委员会：《广东佛山市郊澜石东汉墓发掘报告》，《考古》1964年9期
12	北京怀柔汉墓	二层陶楼3；陶禽畜舍	北京市文物工作队：《北京怀柔城北东周两汉墓》，《考古》1962年5期
13	山东滕县柴胡店汉墓	三层陶楼2；陶禽畜舍	山东省博物馆：《山东滕县柴胡店汉墓》，《考古》1963年8期
14	陕西韩城县芝川镇汉墓	三层陶楼1	王玉清：《陕西韩城芝川镇东汉墓》，《考古》1961年8期
15	河南灵宝张湾东汉墓	陶楼阁3；陶仓、灶、井；陶禽畜	河南省博物馆：《灵宝张湾汉墓》，《文物》1975年11期
16	河南淅川东汉墓	陶水榭1	孙传贤，张静安：《介绍一件东汉晚期的陶水榭》，《文物》1966年3期
17	江苏徐州十里铺汉墓	陶楼2	江苏省文物管理委员会、南京博物院：《江苏徐州十里铺汉画像石墓》，《考古》1966年2期
18	甘肃张掖郭家沙滩汉墓	陶楼1	甘肃省文物管理委员会：《张掖郭家沙滩汉墓清理简报》，《文物参考资料》1957年6期
19	潼关吊桥杨氏墓地5号汉墓	绿釉陶楼院1；陶禽畜	陕西省文物管理委员会：《潼关吊桥汉代杨氏墓群发掘简记》，《文物》1961年1期
20	陕西勉县老道寺汉墓	四合院1；水塘模型4；陂池模型1；陶仓、灶、井；陶畜禽	郭清华：《陕西勉县老道寺汉墓》，《考古》1985年5期；郭清华：《陕西勉县老道寺四号汉墓发掘简报》，《考古与文物》1982年2期
21	甘肃武威雷台汉墓	绿釉陶楼院1	甘肃省博物馆：《武威雷台汉墓》，《考古学报》1974年2期

续表

序号	出土地点	陶模型种类及数量	资料来源
22	成都天迴山3号崖墓	陶水田1；陶水塘1；陶禽畜	刘志远：《成都天迴山崖墓清理记》，《考古学报》1958年1期
23	广州沙河太平岗5081号汉墓	水田模型1	中国社会科学院考古研究所：《广州汉墓》，文物出版社1981年版
24	云南昆明呈贡小松山汉墓	水田模型1	云南省博物馆：《云南古文化的发掘与研究》，《文物考古工作三十年》，文物出版社1979年版
25	贵州兴义汉墓	水塘稻田模型1；陶禽畜	贵州省博物馆考古组：《贵州兴义、兴仁汉墓》，《文物》1979年5期
26	陕西汉中汉墓	陂池模型1	秦中行：《记汉中出土的汉代陂池模型》，《文物》1976年3期
27	河南淮阳于庄1号汉墓	陶庄园1	周口地区文化局文物科、淮阳太昊陵文物保管所：《淮阳于庄汉墓发掘简报》，《中原文物》1983年1期
28	西安白家口汉墓	陶仓、陶灶3	吴汝祚，胡谦盈：《宝鸡和西安附近的考古发掘简报》，《文物》1976年6期
29	咸阳杨家湾汉墓	陶方仓60；陶圆仓2；陶囤2	陕西省文管会：《咸阳杨家湾汉墓发掘简报》，《文物》1977年10期
30	江陵凤凰山	陶仓5；陶禽畜	长江流域第二期考古工作人员训练班：《湖北江陵凤凰山西汉墓发掘简报》，《文物》1974年6期；凤凰山167号汉墓发掘整理小组：《江陵凤凰山167号汉墓发掘简报》，《文物》1976年10期；纪南城凤凰山汉墓发掘整理组：《湖北江陵凤凰山168号汉墓发掘简报》，《文物》1975年9期
31	宜昌前坪汉墓	陶仓；陶灶；陶井；陶禽畜舍	湖北省博物馆：《宜昌前坪战国两汉墓》，《考古学报》1976年2期

续表

序号	出土地点	陶模型种类及数量	资料来源
32	洛阳烧沟汉墓	陶仓;陶灶;陶井;陶磨1;陶禽畜	中国科学院考古研究所:《洛阳烧沟汉墓》,科学出版社1959年版
33	洛阳西郊汉墓	陶仓90;陶灶16;陶磨1;陶俑1;陶禽畜	中国科学院考古研究所:《洛阳西郊汉墓发掘报告》,《考古学报》1963年2期
34	辉县琉璃阁汉墓	陶仓;陶灶;陶井;陶禽畜	中国科学院考古研究所:《辉县发掘报告》,科学出版社1956年版
35	临沂银雀山汉墓	陶仓1;陶井1;陶磨1;陶臼1;陶禽畜	山东省博物馆、临沂文物组:《临沂银雀山四座西汉墓葬》,《考古》1975年6期
36	常德南坪东汉墓	陶仓;陶灶;陶井;陶禽畜舍	湖南省博物馆:《湖南常德南坪东汉"酉阳长"墓》,《考古》1980年4期
37	南昌市南郊汉墓	陶仓、灶、井	江西省博物馆:《江西南昌市南郊汉六朝墓清理简报》,《考古》1963年3期
38	彰明常山村	陶仓、灶;陶禽畜	王光明、沈仲常、张彦煌:《四川彰明常山村崖墓清理简报》,《考古通讯》,1955年5期
39	成都站东乡青杠包	陶仓、灶	徐鹏章:《成都站东乡汉墓清理记》《考古通讯》1956年1期
40	长沙潆湾市东汉墓	陶仓、灶、井	湖南省文物管理委员会文物清理工作队:《长沙潆湾市发现东汉砖墓》,《文物参考资料》1955年12期
41	武威磨咀子汉墓	陶仓、灶、井;陶禽畜	甘肃省博物馆:《甘肃武威磨咀子汉墓发掘》,《考古》1960年9期;《甘肃武威磨咀子6号汉墓》,《考古》1960年5期;《武威磨咀子三座汉墓发掘简报》,《文物》1972年12期
42	随县塔儿垮汉墓	陶磨1;陶禽畜舍	湖北省文物管理委员会:《湖北随县塔儿垮古城岗发现汉墓》,《考古》1966年3期

续表

序号	出土地点	陶模型种类及数量	资料来源
43	安徽亳县凤凰台	陶磨 1	亳县博物馆:《亳县凤凰台一号汉墓清理简报》,《考古》1974 年 3 期
44	济源泗涧沟汉墓	陶磨、陶风车、陶俑等;陶禽畜	河南省博物馆:《济源泗涧沟三座汉墓的发掘》,《文物》1975 年 2 期
45	洛阳东关汉墓	陶风车等	余扶危,贺官保:《洛阳东关东汉殉人墓》,《文物》1973 年 2 期
46	洛阳涧西七里河汉墓	陶作坊模型一套	洛阳博物馆:《洛阳涧西七里河东汉墓发掘简报》,《考古》1975 年 2 期
47	西安西郊大土门村汉墓	陶禽畜	陕西省文化局通讯小组:《西安西郊大土门村附近发现汉唐墓群》,《文物参考资料》,1956 年 3 期
48	内蒙古乌拉特前旗公庙子汉墓	陶禽畜	《内蒙古乌拉特前旗清理古墓一座》,《文物参考资料》,1954 年 4 期
49	新津堡子山崖墓	陶禽畜	四川博物馆文物工作队:《四川新津堡子山崖墓清理简报》,《考古通讯》1958 年 8 期
50	乐山汉代崖墓	陶禽畜、陶鱼等	李复华、曹丹:《乐山汉代崖墓石刻》,《文物参考资料》1956 年 5 期
51	长沙东囤渡汉墓	陶禽畜舍	张中一:《长沙东囤渡清理了一座东汉砖室墓》,《文物》1960 年 5 期
52	禹城车站汉墓	陶禽畜舍	山东省文物管理委员会:《禹城汉墓清理简报》,《文物参考资料》,1955 年 6 期

魏晋南北朝时期的丧葬习俗相对于汉代来说是一个薄葬期,但这一时期的葬俗融汇了边陲地区少数民族的文化特点,并在汉代明器制度的基础上有所改变。这一时期的墓葬中,随葬器多为形制较小的陶瓷器,如杯、盘、碗、壶、薰炉、唾壶、虎子和果盒等生活用具,铜器比较罕见,漆器也显著减少,甚至连比较大型的储藏所用的陶器在这一时期的墓葬中都比较少见,但瓷质明器的数量大增,且在南方的长江流域表现得更加明显。值得注意的是,一些带有佛教色彩的明器也在这一时期的墓葬中出现。如武昌莲溪寺永安五年(公元 262 年)墓中出土有

前额带有类似“白毫相”的陶俑，以及带有佛教造像的鎏金铜带饰。① 早期佛教造像南传系统中日联合研究组，曾在中国南方进行了多次调查，现已了解到汉至西晋间的佛教造像近二百二十处，其中有纪年的三十余处，时代集中在汉末至西晋前期，最早的纪年为云南大理下关北郊出土的汉熹平年间(172—178)的七件吹箫胡僧俑，最晚的为浙江绍兴凤凰山出土的西晋永嘉七年(313)的佛饰魂瓶。这些器物集中分布于云南、四川、湖南、湖北、江西、安徽、江苏、浙江，波及山东南部，东至日本。根据阮荣春先生的“西晋前南方佛教造像遗物一览表”可以看出，这一时期的佛教造像题材大多数都出现在魂瓶、俑、钱树座等陶瓷器物上，且表中列出的近 140 个佛教造像题材的遗物中，有 94 件是魂瓶，可见当时的佛教多于丧葬习俗有所关联，是明器使用题材的一部分。

唐代是我国厚葬历史上最为盛行的时期之一，这一时期的皇家真正开始使用法律制度的形式将明器使用制度确立下来(见表 4－3)。《旧唐书·舆服志》载睿宗时唐绍上书云：“近者王公百官，竞为厚葬，偶人像马，雕饰如生，徒以炫耀路人，本不因心致礼。更相扇慕，破产倾资，风俗流行，遂下兼士庶。”而在唐代墓葬众多的随葬明器中，唐三彩无疑是最具代表性的明器种类【图 4－6 唐代三彩马】。“从大量的考古资料看，唐三彩起源于汉代的铅釉陶，当是铅釉陶发展的新品种。汉代的铅釉陶多为黄釉或绿釉，因主要流行于黄河流域，故又称‘北方釉陶’。到了南北朝时期，铅釉陶中出现了多色釉，如在黄地或白地上加绿彩，或黄、绿、褐三色同时并用，这种多色釉器物为绚丽多彩、晶莹匀润的唐三彩的烧造打下了良好的基础。到了唐代，铅釉陶的制作工艺出现了一个飞跃。多种色彩同时交错使用，工匠们用这种工艺把唐代社会生活的各个方面都塑造出来。”② 随葬唐三彩的墓葬基本上集中在陕西、河南、河北、江苏、辽宁、山西、安徽、甘肃、江西、湖北、山东等几个省，且以陕西出土的唐三彩器尤多，像长乐公主墓③、张士贵

图 4－6 唐代三彩马

① 《武昌莲溪寺东吴墓清理简报》，《考古》1959 年第 4 期。

② 阎存良：《唐三彩》，三秦出版社 2001 年版，第 1 页。

③ 昭陵博物馆：《唐昭陵长乐公主墓》，《考古》1989 年第 1 期，第 46 页。

墓[①]、郑仁泰墓[②]、李凤墓[③]、契苾明墓、永泰公主墓[④]、懿德太子墓[⑤]、章怀太子墓[⑥]、独孤思敬墓、越王李贞墓[⑦]、鲜于庭诲墓[⑧]、安元寿夫妇墓[⑨]等皇室与贵族墓葬或陪葬墓中都有大量唐三彩器出土。根据各个地区出土的唐代三彩器的分析，唐三彩大体可以分为以下几类：①镇墓俑(包括镇墓兽、天王俑、武士俑和文官俑)。②仪仗俑(包括男骑马武士俑、男骑俑、女骑俑、女立俑、胡人男立俑、胡人男骑俑、男立俑、马俑、牵马俑、骆驼俑、牵驼俑、骑驼载乐俑)。③僮仆俑(包括男侍俑、女侍俑和女坐俑)。④动物俑(包括马、骡、狮子、骆驼等)。⑤生活用器(包括碗、洗、盘、瓶、壶、盆、枕、盂、盅、罐、炉等)。⑥建筑模型(包括屋宇、庭院、园林山水、作坊、橱柜、牛车等)这六大类，并在各墓中呈现不同的器物组合形式以区别墓主人的身份。唐三彩并没有随唐朝的灭亡而消亡，它不但传播到日本、朝鲜、印尼、伊拉克、伊朗等周边地区，更在我国宋、辽、金时期还有持续的发展，一直到明清景德镇还在唐三彩的基础上烧制出了“素三彩”的新品种。

表 4-3　唐文献部分关于明器制度的规定

时间/规定	三品以上	五品以上	九品以上	庶人	高低限度等
开元二十年(733年)《通典》	90事	70事	40事		四神、骏马不过尺，余不过七寸。
开元二十九年(742年)《唐会要》	70事	40事	20事	15事	皆以素瓦为之，不得用木及金、银、铜、锡，其衣不得用罗锦绣画。
元和六年(812年)《唐会要》	90事	60事	40事	15事	四神不得过一尺，余人物等不得过七寸，不得用金银雕镂、帖毛发装饰。

① 陕西省文管会昭陵文管所：《陕西礼泉张士贵墓发掘简报》，《考古》1978年第3期，第168页。

② 陕西省博物馆礼泉县文教局唐墓发掘组：《唐郑仁泰墓发掘简报》，《文物》1972年第7期，第33页。

③ 富平县文化馆，陕西省博物馆文物管理委员会：《唐李凤墓发掘简报》，《考古》1977年第5期，第313页。

④ 陕西省文管会：《唐永泰公主墓发掘简报》，《文物》1964年第1期，第7页。

⑤ 陕西省博物馆乾县文教局唐墓发掘组：《唐懿德太子墓发掘报告》，《文物》1972年第7期，第26页。

⑥ 陕西省博物馆乾县文教局唐墓发掘组：《唐章怀太子墓发掘简报》，《文物》1972年第7期，第13页。

⑦ 昭陵文物管理所：《唐越王李贞墓发掘简报》，《文物》1977年第10期，第41页。

⑧ 马得志，张正龄：《西安郊区三个唐墓的发掘简报》，《考古》1958年第1期，第42页。

⑨ 昭陵博物馆：《唐安元寿夫妇墓发掘简报》，《文物》1988年第12期，第37页。

续表

时间/规定	三品以上	五品以上	九品以上	庶人	高低限度等
会昌元年(841年)《唐会要》	100事	70事	50事	25事	四神三品以上不得过一尺五寸，五品以上不得过一尺二寸，九品以上不得过一尺，庶人不得过七寸。

从唐代墓葬中出土的明器可以看出唐代很多官僚士大夫阶层与上层皇家权贵的丧葬观念已经出现分歧，皇亲国戚多以厚葬为之，而当时的官僚士大夫阶层则多有主张薄葬，如虞世南、姚崇、萧瑀、唐绍、宋璟、白敏中、傅奕、王绩等人，这在《旧唐书》他们的列传中都可以看出，这种对厚葬薄葬的不同主张，始终是夹缠交织在一起的，因而，所谓“厚葬”和“薄葬”也只是相对而言，这也直接影响到后来宋代的丧葬礼俗，并体现于宋代的明器使用制度上。

宋代明器使用制度较之前代有较大变化，这主要表现在宋代纸质明器流行起来，进而使得专门为随葬而制造的陶瓷明器大为减少。其主要原因，首先是宋代丧葬观念的变化，即儒、道、释三教合流影响了宋代丧葬观念和制度的变化。

随着宋代儒、道、释三教合流的出现，使得宋代的丧葬观念在佛教与道教的日益世俗化面前与前代传统儒家丧礼一统天下的局面相比发生了巨大的变化。传统丧礼的佛道化倾向在这一时期表现得十分明显，火葬、风水术、佛事等丧葬习俗风靡一时。如《佛说十王经》中记载的“死后十王审判”说，已经糅合了儒家孝道观、佛教的因果轮回报应观念和民间道教的鬼神思想。但是这一时期在贵族大户中的厚葬风俗也愈演愈烈，可以说宋代的丧葬中厚葬和薄葬是同时发展的两条线索，这与传统儒家丧礼的被破坏是分不开的，因而宋代的丧葬习俗在我国历史上是有其独特性的一面的。

宋代盛行火葬，火葬在宋代的盛行有以下几个原因：①佛教的世俗化带动了火葬在宋代大行其道。宋代信佛之风十分兴盛，而佛教是主张火葬的。宋人永亨《搜采异闻录》卷三载：“自释氏火葬化之说起，于是死而焚尸者，所在皆然。”②土葬费用浩大而火葬俭素，且贫者少地或无地的社会状况也促进了火葬的盛行。宋代社会发展有其积贫积弱的一面，贫穷的人自然乐意采用花费较少的火葬，且宋代人口多耕地少的矛盾十分突出。苏辙言：“吴越巴蜀之间，拳肩侧足，以争寻常尺寸之地。”①《宋史》也有“其境(太原府)土狭民众，惜地不葬”之说。③周边少数民族葬俗的影响。② 尽管宋代统治者一再禁止火葬，且有法律明文禁止火葬。像建隆三年(962)三月丁亥，宋太祖赵匡胤就曾下诏曰：“王者设棺椁之品，建封树之制，所以厚人伦而一风化也。近代似来，遵用夷法，率多火葬，甚愆典礼，自今宜禁之。”③又有“敕：京城外及诸处，今日多有焚烧尸柩者，宜令今后止绝。若是路远归葬，及僧尼、蕃人之类，听许焚烧。”④另外，《宋史》之《礼志二八》也有宋高宗赵构二次下诏禁止火葬的记载。但这些禁止火葬的法律条文却并没有阻碍宋代火葬的盛行。宋代火葬的盛行严重影响了宋代以前传统儒家丧葬礼制的发展，并进一步改变了宋代社会的伦理观念。一些当时的文人士大夫，像二程、王安石、宋祁、朱熹、吕祖谦等，他们都是极力反对火葬的。

宋代厚葬之风亦盛，这在各地宋墓的考古发现中已经得到印证。众所周知，宋代统治者曾多次就金银器的制造和使用颁布过很多禁令，这在《宋史》等文献中可以找到其端倪，但宋代墓葬中却屡有金银器出土，甚至有些还是极为普通的平民百姓墓葬。这种厚葬墓多出土于宋代经济比较发达的福建、浙江、江西、江苏、湖北等地区。如 1975 年于福州市北郊发现的黄昇墓，随葬有各种器物 436 件，除大量精美的服饰、丝织品外，还有金、银、铜、漆、角、木等日用器物。⑤ 1986 年于福州北郊茶园村发掘的南宋端平二年(1235)墓，除出土 100 多件丝织品外，也有许多金、银、铜、漆器等。⑥ 江西省彭泽出土宋代易氏八娘墓，有金银饰、瓷碟、木梳、铁剪、铜镜等大量随葬日用品，其中还有金耳环 1 对、银镯子 1 对和银梳子一支。⑦ 江苏无锡市郊区的北宋 1 号墓出土有随葬品 60 件，其中金耳坠 1 件、金双鱼饰 1 件、银簪子 1 件还有各类铜镜、铜钱、瓷器、漆器等随葬。⑧ 武汉市十里铺北宋墓出土有金器 3 件、铜器 3 件、瓷器 19 件、漆木器 19 件以及 70 多枚铜钱等。⑨ 相似的例子还有很多。但从整体上来看，宋代墓葬中的随葬品几乎全部是日用器皿。当然，也有特别制造的明器，如宋代流行的皈依瓶(或称龙虎瓶、日月瓶)等，但品类较少，远不如唐代三彩器器类丰富。

因此，对宋代的丧葬不能简单地用薄葬或厚葬来加以阐释，而是两条线索并

① 苏辙：《栾城应诏集》卷一〇《进策五道·民政下·第二道》。
② 徐吉军：《中国丧葬史》，江西高校出版社 1998 年版，第 434－437 页。
③ 王偁：《东都事略》卷三《本纪二》，江苏广陵古籍刻印社影印。
④ 窦仪等撰：《宋刑统》卷一八《残害死尸》，中华书局 1984 年版。
⑤ 福建省博物馆编：《福州南宋黄昇墓》，文物出版社。
⑥ 《文物考古工作十年》“福建近十年的文物考古收获”，文物出版社 1990 年版。
⑦ 彭适凡、唐昌朴：《江西发现几座北宋几年墓》，《文物》1980 年第 5 期。
⑧ 《无锡市郊北宋墓》，《考古》1982 年第 4 期。
⑨ 湖北文化局文物工作队：《武汉市十里铺北宋墓出土漆器等文物》，《文物》1996 年第 5 期。

行发展的。而且在这一时期的墓葬中随葬器皿大多数是日常生活用的器类，专门制造的明器较之前代已经大为减少，这种现象的产生也与宋代在丧葬礼仪中大量使用纸质明器有关，它直接促成了后世元、明、清三代墓葬中多以日用陶瓷器随葬之风俗的延续。

另一个重要原因是纸质明器的流行及其延续对陶瓷器类随葬产生的影响。纸质明器中的纸钱，早在唐代就已经很流行了，但用竹扎纸糊的办法制作的房舍、箱笼、车马、仆役等明器，还并没有普遍使用。墓内陪葬明器大多还是用木制或陶瓷制品，只是出丧时用来开路的“方相”，已经用竹或荆来编扎，并在外表用纸或布糊上。但是，到了宋代，纸扎明器已经使用得非常普遍了。《东京梦华录》卷八“中元节”条载：“七月十五日中元节，先数日，市井卖冥器靴鞋、幞头、帽子、金犀、假带、五彩衣服，以纸糊架子盘游出卖。……又以竹竿斫成三脚高，三五尺上织灯窝之状，谓之盂兰盆，挂搭衣服冥钱在上焚之。”陆游《老学庵笔记》卷七也说：“故都残暑，不过七月中旬，俗以望日具素馔享，先织竹作盆盎状，贮纸钱，承以一竹焚之，视盆倒所向，以占气候。”《东京梦华录》卷七“清明节”条又载：“纸马铺皆于当街用纸衮叠成楼阁之状。”可见北宋东京不但使用纸明器者多，而且专门制作纸扎冥器的纸马铺也有开设。

纸扎明器在宋代大行其道与宋代造纸术的进步是密不可分的，当时一些人甚至还以纸作为衣料、被料、帐料等在日常生活中使用。且以纸作衣，也是当时僧道所提倡的。苏易简《文房四谱》：“山居者常以纸为衣，盖释氏云：不衣蚕口衣也。”陆游《行年诗》：“楮弁新裁就，翛然学道装。”（《剑南集》卷三七）王禹偁《道服诗》：“楮冠布褐皂纱巾。”（《小畜集》卷八）。洪适《宴坐庵诗》：“一点斜光明纸帐。”（《盘洲集》卷二）。释德洪用高僧诗：“沙泉带草堂，纸帐卷空床。”（《石门文字禅》卷十四）等等。可见这些纸质料的衣帽、服饰应当与佛道的提倡有关，而纸质明器在这一时期的兴起也应与此有关。

纸扎明器的使用与陶瓷明器截然不同，结合《东京梦华录》之“清明节”“中元节”与“重阳”条，并与《政和五礼新仪》之卷首语分析，此三节记载：所用纸扎明器都是在祭奠过程中焚化掉的，而并非如原来的陶瓷明器一般带入墓圹，因此墓中多无纸质明器的踪迹。而盛行于唐代墓葬中的三彩俑类明器在宋代也已经基本转变为瓷俑，且数量不多，与江西接壤的安徽望江县有 20 件瓷俑出土[①]；江西分

① 程霁红：《安徽望江发现一座北宋墓》，《考古》1993 年第 2 期，第 141 页；宋康年：《安徽望江宋墓出土的瓷俑》，《南方文物》1996 年第 2 期，第 121 页。

宜和永丰①、景德镇②、饶州③也有出土，另外，比较特殊的是，四川地区宋代墓葬中还会看到陶俑的形象④。但在中原地区则更多的是在各种仿木结构的砖室墓中承袭唐代以来墓室壁画之风，以浮雕形式或壁画形式出现在墓室中。如宿白先生参与发掘的白沙宋墓，随葬器皿就较为稀少（第3号墓甚至一件随葬品也没有），因此宿白先生在其《白沙宋墓》一书中注云："此种情况大约一方面欲借壁画器物或砖雕器物来代替实物，另一方面也与当时流行纸制明器有关。"

宋代是我国陶瓷业得以巨大发展的时期，这一时期不但出现了官、哥、汝、定、钧为代表的五大名窑，更有耀州窑、磁州窑、越窑、龙泉窑、景德镇窑、吉州窑和建窑等诸多窑场，并有形成窑系之趋势。从各类考古文献和记载中，我们大致可以看出，宋代诸名窑所产大多数都为日用陶瓷器皿，而专门为随葬而烧造的陶瓷明器却在数量和质量上远不如前代。应该说，这种现象的出现与宋代盛行纸质明器与火葬等丧葬习俗有着密不可分的关系。《中国陶瓷史》上列出了宋代有墓志和纪年的墓葬中出土的青白瓷器的图表⑤，从这个图表中可以看出，宋代纪年墓中出土的青白瓷器大多数都为日常生活用具，有钵、注子、盏托、瓶、碗、壶、盒、碟、盏、罐、薰炉等，且"出土的青白瓷，在造型上常有明显仿金属器特征，如瓜棱型的壶身，细长弯曲的壶流，薄胎盘碟的里部凸起几条直线纹，盘口折沿，碗罐等器皿口部多呈花口五出或六出装饰。纹饰有刻花、印花两种"⑥。可见，宋代墓葬中出土的瓷器确实大多是已经变为日常生活用器皿。

从宋代及以后的墓葬中出土的明器来看，虽然多有日用器皿出土，但其内涵可能有所不同。日用器器物出现系列组合的趋势。一般宋墓中出土的日用器物多为执壶、罐、坛、碗、盏的组合，且其表面纹饰中的佛、道教题材表现突出。如镇江谏壁砖瓦厂北宋墓出土青白瓷注碗、注子，其腹部印有佛教题材的仰莲纹；镇江登云山北宋2号墓也有出土青白瓷高足杯，器身刻划仰莲纹等。而到了明清时期则多以碗（或钵）、盘（或碟）、瓶（或罐、坛）为主，如湖北孝昌石板地明墓出土有瓷碗10件，釉陶罐10件，瓷碗均为青白色粗瓷，有的碗腹部通饰莲瓣纹；南京板桥明代穀城郡主墓也出土有一件白瓷碗，内壁浅刻有缠枝莲花纹。再如江西德兴市香屯镇和万村乡发现的两座明代墓葬⑦，香屯镇明墓发现有黑酱釉鬲形三

---

① 彭适凡，刘玲：《江西分宜和永丰出土的宋俑》，《考古》1964年第2期，第72页。
② 彭适凡：《景德镇市郊出土瓷俑》，《考古》1977年第2期，第143页。
③ 刘念兹：《南宋饶州瓷俑小议》，《文物》1979年第4期，第23页。
④ 陈云洪：《试论四川宋墓》，《四川文物》1999年第3期。
⑤ 中国硅酸盐学会主编：《中国陶瓷史》，文物出版社1982年版，第266页。
⑥ 中国硅酸盐学会主编：《中国陶瓷史》，文物出版社1982年版，第268页。
⑦ 孙以刚：《江西德兴市两座明墓》，《南方文物》1998年第2期，第120页。

足鼎炉 1 件、黑酱釉戟耳瓶 2 件、敞口碗 2 件；万村乡出土有白釉鬲式三足鼎炉 1 件、绿釉长颈双耳瓶 2 件、青花点纹小瓶 1 件。这种与香炉在一起的生活用器，例如碗、瓶、罐等，很可能在当时墓葬中是作为供器来使用的，而且颇具"五供"的基本形式。

宋元一直到明清这段时期的墓葬中出土的明器多为日用器具，且地方特色比较明显，各地都表现出不同的丧葬习俗。产生这种现象的原因是多方面的，其一，盗墓现象突出。"世既知其所以贵爱，故有得一器，其直为钱数十万，后动至百万不翅者。于是天下塚墓，破伐殆尽矣。"①当时河南关中的"秦人之俗"，说的就是"以开发冢墓为事"②的现象。其二，纸制明器逐渐被普遍接受。宋代是我国历史上最为普遍使用火葬的时期，盛行使用纸质明器，用纸扎制偶人、明器，并在送葬过程中用火焚烧。这种用纸扎明器代替陶瓷明器的习俗一直使用至今。因而相对汉代和唐代的厚葬之风来说，宋代以后的陶瓷明器已经被各式各样的纸制明器所替代了，因而宋代及其以后的墓葬中出土的一般都是日用器皿了。

第四节　谷仓罐所体现的造物思想

谷仓罐【图 4－7　西晋青瓷谷仓罐】，在考古发掘报告和各类简报的报道中称谓各异，也有称五罐瓶、五联罐、堆塑瓶、魂瓶、飞鸟人物罐、堆塑谷仓罐、百戏飞鸟谷仓罐、人物楼阁罐、魂亭、神亭壶等等。其实其真正称呼应为"䨩"，江苏吴县狮子山西晋墓出土一件谷仓罐，其上铭文曰："用此䨩，宜子孙，作吏高，其乐无极。"③该字在《说文解字》与《康熙字典》上都可以查到，《说文解字》言："罍，瓦器也，从缶霝声。"段玉裁注："篇韵皆云，似瓶有耳。""然实物与解不符，或该器在汉以前乃日常用物，至孙吴、西晋时成南方专门之葬品，称'䨩'而另具新意，由造型审之，下部乃如《说文解字》段注，其上部塑出人物、楼阁、鸟兽等，是为汉代墓中壁画之立体化及各种俑类的'浓缩'，因葬入墓中，故借以'䨩'称，而含'靈'(灵)意。我国古代称死者曰灵，与死者有关的器物常以灵名之，如棺谓灵柩(曹植《赠白马王彪》)，柩车称灵輀(曹植《王仲宣诔》)，停放死者之床称灵床(《后汉书·张奂传》《世说新语·伤逝》)，为体现这种特殊随葬品之性质，时谓之'䨩'，适矣。"④

---

① 蔡絛：《铁围山丛谈》卷四，中华书局 1983 年版。

② 程颢，程颐：《河南程氏文集》卷一二《改葬告少监文》，中华书局 1981 年版。

③ 吴县文物管理委员会，张志新：《江苏吴县狮子山西晋墓清理简报》，《文物资料丛刊》第 3 期，文物出版社 1980 年版，第 130 页。

④ 贺云翱：《历史与文化》，中国人事出版社 1996 年版，第 273 页。

谷仓罐是一种流行于孙吴、西晋时期江、浙、皖地区墓葬中专为死者储藏粮食①的明器的一种，它是由汉代的五联罐（五罐瓶）发展而来的【图 4－8　东汉五联罐】。三国至西晋时期是谷仓罐的大发展时期，东晋时期“自大兴三年（320）开始到义熙二年（405）中，既没有谷仓罐，也没有稻谷加工的各种工具和反映饲养业牲畜的冥器，所有随葬物，绝大部分为实用器所代替”②。但谷仓罐并没有绝迹，它在宋、元、明代的墓葬中以“皈依瓶”（或称堆塑瓶、龙虎瓶、日月瓶）③【图 4－9　青白瓷皈依瓶】、“多嘴谷仓”（或称多嘴罂、多管瓶、五管瓶）【图 4－10　婺州窑多嘴谷仓】的形式延续了下来（见表 4－4）。这种堆塑的罐（瓶）形器皿，经历了吴、西晋和宋代三个比较大的发展时期，在清代墓葬中已经罕见。

图 4－7　西晋青瓷谷仓罐

图 4－8　东汉五联罐

图 4－9　青白瓷皈依瓶

图 4－10　婺州窑多嘴谷仓

① 见汪庆正：《简明陶瓷辞典》之“谷仓”条，上海辞书出版社 1997 年版，第 90 页。

② 林士民：《青瓷与越窑》，上海古籍出版社 1999 年版，第 77 页。

③ 汪庆正：《简明陶瓷词典》，上海辞书出版社 1997 年版，第 150 页“皈依瓶”条载：“皈依瓶，亦称‘魂瓶’。陪葬器，主要见于宋、元、明时期的墓葬中，以江西省景德镇窑青白釉制品最著。”

表 4－4　部分五联罐、谷仓罐和唐宋纪年墓多嘴谷仓和皈依瓶出土情况简表

分类	序号	出土地点或藏馆	年代	出土情况	资料来源
五联罐	1	浙江上虞	东汉	陶五联罐 3	浙江省文物考古研究所，上虞县文物管理所：《浙江上虞凤凰山古墓葬发掘报告》，《浙江省文物考古研究所学刊》，浙江省文物考古研究所编，科学出版社 1993 年版
	2	浙江武义县良种场东汉墓	东汉	釉陶五联罐 1	贡昌：《婺州古瓷》，图版 4，紫禁城出版社 1988 年版
	3	浙江金华县华南乡南干村东汉墓	东汉	釉陶五联罐 1	贡昌：《婺州古瓷》，彩图 3，紫禁城出版社 1988 年版
	4	浙江宁波地区	东汉	黑釉瓷五联罐 1	杨泓：《吴东晋南朝的文化及其对海东的影响》，《考古》1984 年 6 期
	5	浙江上虞凤凰山	东汉	釉陶五联罐 4	吴玉贤：《浙江上虞蒿坝及东汉永初三年墓》，《文物》1983 年 6 期
	6	浙江上虞联江	东汉	釉陶五联罐	上虞县文物管理所：《浙江上虞联江鞍山东汉墓》，《东南文化》1992 年 5 期
	7	浙江浦江县大许东汉墓	东汉	青瓷五联罐 1	贡昌：《婺州古瓷》，紫禁城出版社 1988 年版，第 158 页
	8	浙江省龙游县十里坪农场东汉墓	东汉	五联罐残件 1	贡昌：《婺州古瓷》，紫禁城出版社 1988 年版，第 158 页
	9	浙江绍兴	东汉	青瓷五联罐 2	周燕儿，蔡晓黎：《绍兴县出土越窑魂瓶初探》，《东南文化》1992 年 5 期

续表

分类	序号	出土地点或藏馆	年代	出土情况	资料来源
五联罐	10	浙江奉化	东汉	青瓷五联罐 1	奉化县文管会等:《奉化白杜汉熹平四年墓清理简报》,《浙江省文物考古所学刊》,文物出版社 1981 年版
	11	浙江嘉兴	东汉	青瓷五联罐 1	嘉兴文化局:《浙江嘉兴九里汇东汉墓》,《考古》1987 年 7 期
	12	浙江温州	东汉	青瓷五联罐 1	温州博物馆编:《温州古陶瓷》,文物出版社 2001 年版
	13	浙江萧山	东汉	青瓷五联罐 1	中国陶瓷全集编委会:《中国陶瓷全集(3)》,图版 133,上海人民出版社 2000 年版
	14	浙江黄岩	东汉	青瓷五联罐 1	钟禾:《浙江黄岩出土的青瓷五联罐》,《文物》1988 年 8 期
	15	浙江鄞县	东汉	黑瓷五联罐 1	朱伯谦、林士民:《我国黑瓷的起源及其影响》,《考古》1983 年 12 期
	16	浙江海盐	东汉	青瓷五联罐 1	国家文物局主编:《中国文物精华大辞典·陶瓷卷》图版 318,上海辞书出版社、商务印书馆(香港)联合出版,1995 年版
	17	浙江临海	吴	青瓷五联罐 1	南京博物院等:《佛教初传南方之路文物图录》图版 53,文物出版社 1993 年版
	18	浙江绍兴	吴	青瓷五联罐 1	张拯亢:《绍兴出土古物调查记》,《文澜学报》1914 年 3 卷 2 期

续表

分类	序号	出土地点或藏馆	年代	出土情况	资料来源
五联罐	19	浙江武义县桐琴果园	吴	青瓷五联罐 1	1. 武义县文管会:《从浙江省武义县墓葬出土物谈婺州窑早期青瓷》,《文物》1981 年 2 期;2. 贡昌:《婺州古瓷》,紫禁城出版社 1988 年版,第 158 页
	20	浙江兰溪县永昌	吴	青瓷五联罐 1	贡昌:《婺州古瓷》,紫禁城出版社 1988 年版,第 158 页
	21	浙江金华古方砖瓦厂 M12	吴	青瓷五联罐 1	贡昌:《婺州古瓷》,紫禁城出版社 1988 年版,第 158 页
	22	浙江衢州市龚家埠	吴	青瓷五联罐 1	贡昌:《婺州古瓷》,紫禁城出版社 1988 年版,第 158 页
	23	浙江瑞安	吴	青瓷五联罐 2	俞天舒:《浙江瑞安出土青瓷百戏堆塑罐》,《东南文化》1992 年 2 期
	24	浙江温州	吴	青瓷五联罐 1	温州博物馆编:《温州古陶瓷》,文物出版社 2001 年版
	25	江苏南京	吴中期	陶质五联罐 5	南京市博物馆:《南京郊县四座吴墓发掘简报》,《文物资料丛刊》第 8 期;屠思华,李鑑昭:《南京梅家山六朝墓清理记略》,《文物参考资料》1956 年 4 期;南京市博物馆:《南京唐家山孙吴墓》,《东南文化》2001 年 11 期;南京市博物馆:《江苏南京北郊郭家山东吴纪年墓》,《考古》1998 年 8 期;南京市博物馆:《江苏南京邓府山吴墓和柳塘村西晋墓》,《考古》1992 年 3 期

续表

分类	序号	出土地点或藏馆	年代	出土情况	资料来源
五联罐	26	江苏镇江	吴中期	陶质五联罐 1	镇江博物馆:《镇江东吴西晋墓》,《考古》1984 年 6 期
	27	江苏高淳	吴中期	陶质五联罐 1	李知宴:《三国两晋南北朝制瓷业的成就》,《文物》1979 年 2 期
	28	安徽南陵	吴中期	陶质五联罐 1	安徽省文物工作队:《安徽南陵县麻桥东吴墓》,《考古》1984 年 11 期
	29	安徽马鞍山	吴中期	陶质五联罐 1	李敏:《马鞍山首次发掘完整东吴墓》,《中国文物报》,1999 年 2 月 24 日第 1 版
	30	江苏金坛	吴晚期	陶质五联罐 1	常州市博物馆、金坛县文管会:《江苏金坛县方麓东吴墓》,《文物》1989 年 8 期
	31	安徽青阳县	西晋早期	青瓷五联罐 1	朱献雄:《安徽青阳县清理 1 座西晋残墓》,《考古》1992 年 11 期
吴西晋至唐初时期青瓷谷仓罐	32	浙江上虞横塘	吴	青瓷谷仓罐 1	朱伯谦:《越窑》,《中国陶瓷全集(4)》,上海人民美术出版社日文版美乃美出版社 1981 年版
	33	浙江上虞	吴	青瓷谷仓罐 1	中国历史博物馆:《简明中国历史图册》,天津人民美术出版社
	34	浙江萧山	吴永安三年(260)	青瓷谷仓罐 1	朱伯谦:《越窑》,《中国陶瓷全集(4)》,上海人民美术出版社日文版美乃美出版社 1981 年版

续表

分类	序号	出土地点或藏馆	年代	出土情况	资料来源
吴西晋至唐初时期青瓷谷仓罐	35	浙江绍兴	吴永安三年(260)	青瓷谷仓罐 1	陈万里:《中国青瓷史稿》中华书局香港版 1972 年
	36	浙江绍兴	西晋	青瓷谷仓罐 1	张秀荣:《介绍一件西晋青瓷谷仓罐》,《中原文物》2004 年 2 期;现藏于首都师范大学历史博物馆
	37	江苏江宁赵士岗 7 号墓	吴凤凰二年(273)	青瓷谷仓罐 1	江苏省文物管理委员会:《南京近郊六朝墓的清理》,《考古学报》1957 年 1 期
	38	江苏金坛唐王	吴天玺元年(276)	青瓷谷仓罐 2	镇江市博物馆、金坛县文化馆:《江苏金坛出土的青瓷》,《文物》1977 年 6 期
	39	江苏江宁东山	吴	青瓷谷仓罐 1	南京博物院:《江苏六朝青瓷》,文物出版社 1980 年版
	40	江西瑞昌县马头	吴	青瓷谷仓罐 1	江西省博物馆:《江西瑞昌马头西晋墓》,《考古》1974 年 1 期
	41	安徽芜湖赭山	吴	青瓷谷仓罐 1	王步艺:《芜湖赭山古墓清理简报》,《文物》1956 年 12 期
	42	江苏江宁上坊	吴天册元年 7 月(275)	青瓷谷仓罐 1	《文物资料丛刊》,文物出版社 1983 年版,8 期
	43	江苏金坛白塔	吴天玺元年(276)	青瓷谷仓罐 1	镇江市博物馆、金坛县文化馆:《江苏金坛出土的青瓷》,《文物》1977 年 6 期
	44	浙江宁波市慈溪	西晋太康元年(280)	青瓷谷仓罐 1	林华东,展汝:《宁波慈溪发现西晋纪年墓》,《文物》1980 年 10 期

续表

分类	序号	出土地点或藏馆	年代	出土情况	资料来源
吴西晋至唐初时期青瓷谷仓罐	45	江苏南京西岗	西晋	青瓷谷仓罐 1	南波：《南京西岗西晋墓》，《文物》1976 年 3 期
	46	浙江上虞五夫和尚山	西晋	青瓷谷仓罐 1	朱伯谦：《越窑》，《中国陶瓷全集(4)》，上海人民美术出版社日文版美乃美出版社 1981 年版
	47	浙江平阳鳌江	西晋元康元年(291)	青瓷谷仓罐 1	朱伯谦:《越窑》,《中国陶瓷全集(4)》,上海人民美术出版社日文版美乃美出版社 1981 年版
	48	江苏吴县狮子山	西晋元康年间(291—299)	青瓷谷仓罐 4	吴县文物管理委员会:《江苏吴县狮子山四号西晋墓》,《考古》1983 年 8 期;《文物资料丛刊》文物出版社 1980 年版 3 期
	49	浙江诸暨	西晋永康元年(300)	青瓷谷仓罐 1	朱伯谦：《诸暨蚕桑学校工地清理晋墓两座》，《文物》1956 年 12 期
	50	江苏宜兴周墓墩二号墓	西晋	青瓷谷仓罐 1	罗宗真：《江苏宜兴晋墓发掘报告》，《考古学报》1957 年 4 期
	51	江苏南京市板桥镇	西晋	青瓷谷仓罐 1	南京市文物保管委员会：《南京板桥镇石闸湖晋墓清理简报》，《文物》1965 年 6 期
	52	江苏南京高家山	西晋	青瓷谷仓罐 1	李蔚然：《南京高家山的六朝墓》，《考古》1963 年 2 期
	53	江苏句容县石狮镇	西晋元康四年(294)	青瓷谷仓罐 1	南波：《江苏句容西晋元康四年墓》，《考古》1976 年 6 期

续表

分类	序号	出土地点或藏馆	年代	出土情况	资料来源
吴西晋至唐初时期青瓷谷仓罐	54	江苏南京甘家港高场	西晋	青瓷谷仓罐1	金琦:《南京甘家港和童家山六朝墓》,《考古》1963年6期
	55	浙江义乌太和五年墓	西晋	用青瓷盘口壶1代替谷仓置于墓后壁	贡昌:《婺州古瓷》,紫禁城出版社1988年版,第159页
	56	浙江龙游十里坪农场南朝墓	西晋	青瓷盘口壶1(内有谷物)	贡昌:《婺州古瓷》,紫禁城出版社1988年版,第159页
	57	浙江衢县棉纺织厂工地唐早期土坑墓	初唐	盘口壶1(内有谷物)	贡昌:《婺州古瓷》,紫禁城出版社1988年版,第159页
唐宋部分纪年墓出土多嘴罂与皈依瓶	58	浙江余姚上林湖窑址	唐光化三年(900)	食瓶1(腹部刻"食瓶一口光化三年十月十一日造")	浙江省博物馆编:《浙江纪年瓷》,文物出版社2000年版
	59	浙江临安钱宽夫人水邱氏墓	唐天复元年(901)	褐彩云气纹盖罂1	《临安县唐水邱氏墓发掘报告》,《浙江省文物考古研究所学刊》,文物出版社1981年版
	60	浙江慈溪上林湖	后梁龙德二年(922)	墓志罐1(上刻"……龙德二年十月初三乙酉日安葬……")	《余姚窑瓷器探讨》,《文物参考资料》1958年8期
	61	浙江绍兴	北宋咸平元年(998)	罂1(腹部刻"上虞窑匠人项□造粮罂瓶一个献上新化亡灵王七郎咸平元年七月廿日记")	《介绍一件宋咸平元年粮罂瓶》,《浙江省文物考古研究所学刊》文物出版社1981年版

续表

分类	序号	出土地点或藏馆	年代	出土情况	资料来源
唐宋部分纪年墓出土多嘴罂与皈依瓶	62	浙江龙泉兰巨乡独田村墓	熙宁三年(1070)	刻花莲瓣纹多嘴谷仓1(盖内墨书“庚戌十二月十一日太原王记”)	浙江省博物馆编:《浙江纪年瓷》,文物出版社2000年版
	63	浙江龙泉塔石乡秋皈村墓	元丰元年(1078)	刻花莲瓣纹多嘴谷仓1;刻花盘口罂1	浙江省博物馆编:《浙江纪年瓷》,文物出版社2000年版
	64	英国大维德中国艺术基金会	元丰三年(1080)	双耳盘口罂1	小山富士夫:《青瓷》,插图28《陶瓷大系》第36卷,日本平凡社,1978年版
	65	福建省南平宋代壁画墓	五代—北宋	多角盖罐1	张文崟:《福建南平宋代壁画墓》,《文物》1998年12期
	66	福建顺昌宋墓	北宋	青瓷多嘴谷仓1	国家文物局主编:《中国文物精华大辞典》,上海辞书出版社、商务印书馆(香港)1998年版
	67	浙江龙泉墩头	北宋	龙泉窑莲瓣纹五管瓶1	国家文物局主编:《中国文物精华大辞典》,上海辞书出版社、商务印书馆(香港)1998年版
	68	江西余江李大郎墓	北宋大中祥符四年(1011)	陶胎皈依瓶1	倪任福、项进良:《余江县锦江纪年宋墓出土文物》,《江西文物》1990年3期
	69	江西南城陈六娘墓	北宋嘉祐二年(1057)	青白瓷皈依瓶2	薛尧:《江西南城、清江和永修的宋墓》,《考古》1965年11期
	70	日本奈良大和文华馆	元丰三年(1080)	多嘴谷仓1	《大华文华馆所藏品图版目录》7,中国陶瓷,图版55,日本大华文华馆,1991年版

续表

分类	序号	出土地点或藏馆	年代	出土情况	资料来源
唐宋部分纪年墓出土多嘴罂与皈依瓶	71	浙江武义岩坞墓	北宋元丰六年(1083)	黑褐釉龙纹皈依瓶 2	李知宴,童炎:《浙江省武义县北宋纪年墓出土陶瓷器》,《文物》1984 年 8 期
	72	江西铅山吴氏墓	北宋元祐元年(1086)	酱褐釉皈依瓶 3	江西省文物工作队、铅山县文化馆:《江西铅山县莲花山宋墓》,《考古》1984 年 11 期
	73	江西金溪孙大郎夫妇合葬墓	北宋大观三年(1109)	青白瓷皈依瓶 4	陈定荣:《江西金溪宋孙大郎墓》,《文物》1990 年 9 期
	74	江西铜鼓荣询合葬墓	北宋政和八年(1118)	黑釉皈依瓶 2	《江西铜鼓县发现纪年宋墓》,《江西文物》,1989 年 3 期
	75	江西南丰宋墓	北宋政和八年(1118)	青白瓷皈依瓶 4	《文物考古杂记》,《江西历史文物》1983 年 1 期;《宋元纪年青白瓷》,庄万里文化基金会 1998 年版
	76	江西进贤戴良臣墓	南宋乾道六年(1170)	青白瓷皈依瓶 4	《文物考古杂记》,《江西历史文物》1983 年 1 期
	77	江西景德镇汪澈墓	南宋乾道八年(1172)	青白瓷四神皈依瓶 1	《中国文物精华大辞典·陶瓷卷》上海辞书出版社 1995 年版
	78	江西景德镇汪澈墓	南宋乾道九年(1173)	青白瓷皈依瓶 2	《文物考古杂记》,《江西历史文物》1983 年 1 期;《介绍一批江西出土的宋元青白瓷》,《中国陶瓷》1982 年 7 期
	79	江西清江刘椿妻杨氏墓	南宋乾道七年(1171)	青白瓷皈依瓶 1	《清江出土乳钉茶杯浅说》,《古陶瓷研究》1982 年 1 期
	80	江西南昌王蔚宗墓	南宋淳熙五年(1178)	青白瓷皈依瓶 2	《文物考古杂记》,《江西历史文物》1983 年 1 期

续表

分类	序号	出土地点或藏馆	年代	出土情况	资料来源
唐宋部分纪年墓出土多嘴罂与皈依瓶	81	江西广丰施师点墓	南宋绍熙五年(1194)	青白瓷皈依瓶 2	《广丰发现宋施师点墓》,《江西历史文物》1986 年 2 期
	82	江西宜黄叶九承事墓	南宋嘉泰元年(1201)	青白瓷皈依瓶 2	李家和:《介绍江西出土的几件宋代瓷器》,《文物》1976 年 6 期
	83	江西乐安洪觉顺墓	南宋嘉泰四年(1204)	青白瓷皈依瓶 2	江西省文物工作队、乐安县博物馆:《江西九江市、乐安县发现宋墓》,《考古》1984 年 8 期
	84	江西上饶赵氏墓	南宋开禧二年(1206)	青白瓷皈依瓶 1	《宋元纪年青白瓷》,庄万里文化基金会 1998 年
	85	江西清江王宣义妻周氏墓	南宋嘉定四年(1211)	青白瓷皈依瓶 4	薛尧:《江西南城、清江和永修的宋墓》,《考古》1965 年 11 期
	86	江西清江王宣义墓	南宋宝庆三年(1227)	青白瓷皈依瓶 2	薛尧:《江西南城、清江和永修的宋墓》,《考古》1965 年 11 期
	87	江西波阳范氏墓	南宋绍定二年(1229)	青白瓷皈依瓶 2	《文物考古杂记》,《江西历史文物》1983 年 1 期
	88	江西德兴蓝良蔚夫妇合葬墓	南宋绍定三年(1230)	青白瓷皈依瓶 1	德兴县博物馆:《江西德兴县香屯宋墓》,《考古》1990 年 8 期
	89	江西清江良种场墓	南宋绍定三年(1230)	青白瓷皈依瓶 2	《清江南宋纪年墓出土的瓷器》,《江西历史文物》1987 年 1 期
	90	江西乐平李知监墓	南宋端平三年(1236)	青白瓷皈依瓶 2	《文物考古杂记》,《江西历史文物》1983 年 1 期
	91	江西永修赵氏夫妇合葬墓	南宋嘉熙四年(1240)	青白瓷皈依瓶 4	薛尧:《江西南城、清江和永修的宋墓》,《考古》1965 年 11 期

续表

分类	序号	出土地点或藏馆	年代	出土情况	资料来源
唐宋部分纪年墓出土多嘴罂与皈依瓶	92	江西鹰潭徐汝楫墓	南宋宝祐二年(1254)	青瓷皈依瓶 3	《鹰潭宋代纪年墓葬》,《南方文物》1996 年 4 期
	93	江西高安孙愿夫妇合葬墓	南宋宝祐三年(1255)	青白瓷皈依瓶 2	陈柏泉,刘玲:《高安、清江发现两座宋墓》,《文物》1959 年 10 期
	94	湖北武汉任忠训夫妇合葬墓	南宋宝祐四年(1256)	釉陶皈依瓶 2	《武汉市青山宋墓清理简报》,《江汉考古》1986 年 4 期
	95	江西清江宋墓	南宋宝祐五年(1257)	青白瓷皈依瓶 2	黄颐寿:《江西清江出土的南宋青白瓷器》,《考古》1989 年 7 期
	96	江西清江樟树韩氏墓	南宋景定元年(1260)	青白瓷皈依瓶 2	薛尧:《江西南城、清江和永修的宋墓》,《考古》1965 年 11 期
	97	江西新建胡文郁墓	南宋景定四年(1263)	青白瓷皈依瓶 2	《文物考古杂记》,《江西历史文物》1983 年 1 期
	98	江西南昌宋墓	南宋咸淳元年(1265)	青白瓷皈依瓶 2	《宋元纪年青白瓷》,庄万里文化基金会 1998 年
	99	江西鹰潭叶绩善墓	南宋咸淳五年(1269)	青白瓷皈依瓶 2	《文物考古杂记》,《江西历史文物》1983 年 1 期
	100	江西樟树江克斋墓	南宋咸淳八年(1272)	青白瓷皈依瓶 2	《文物考古杂记》,《江西历史文物》1983 年 1 期
	101	江西丰城宋墓	南宋咸淳八年(1272)	青白瓷皈依瓶 2	《江西丰城县出土宋代稻谷》,《农业考古》1981 年 2 期

早在我国东汉中期,五联罐就已经在现在浙江省的北部和东部地区以会稽郡为中心的窑场开始生产,并逐步扩展到江苏省西南部和安徽省的东南部的丹阳郡地区,但在东汉时期它的分布并没有超出浙江省的范围,直到孙吴早中期(五凤年间),该类器物的原始形态才影响到古丹阳郡所在地区,形成了颇具地方特征的五联罐。该地区的五联罐主要流行在永安年间前后,几乎与此同时,古会

稽区的五联罐在束腰处出现堆塑平台，演变为魂瓶，并直接渗透入古丹阳地区，彻底取代了五联罐。[①] 宁波市江北区山城东汉中期墓葬中出土的陶质五联罐[②]是比较早期形态的器物，“这类五联罐发展到东汉中期偏晚就出现了施釉，1974年浙江省临海市大田双山出土的一件，上部已出现堆塑的禽鸟、人物，形象怪异。1977年鄞县梅墟龙头山出土的釉陶堆塑罐，罐上部呈五个葫芦形罐，中罐较大，周围四小罐”[③]。五联罐中蕴含的人们对神仙世界的向往是非常明显的，且暗含着汉代以来形成的阴阳五行思想。“魂瓶的构图正是对‘五山’神话的仿效：其罐身是大海的象征，故多以水族堆塑；而顶盖则为神仙的模拟，故以亭台楼阁，飞禽走兽，佛僧乐伎等表现一个金玉满屋、吉鸟翔集、歌吹渲阗、人神交混的长乐未央的世界。……魂瓶的前身是五口罐，它虽没有楼阁、禽兽、人物的附缀，亦具有五山的隐义：其口圆平，为‘天’之指代，五口与罐相通，表神山相邻，并附会着《史记·天官书》中‘天有五星，地有五行’之说。高山在神话信仰中多为登天之梯，故罐口成了绝地通天的天门象征，拟指亡灵进入天界的门户。南京博物院收藏有一个东吴时代的陶魂瓶，其顶盖不仅留有五罐遗制，且其主罐口加有平圆的口盖，印证了《列子·汤问》中的五山‘顶平’之说。”[④]

东汉晚期烧制的五联罐上已经出现了人物与动物的堆塑，并已经有佛教题材的内容出现。[⑤] 到三国吴时，堆塑内容上更增添了建筑堆塑的形式，可以说，谷仓罐在西晋时期已经基本成熟定型。以江苏吴县狮子山西晋墓中出土的四件谷仓罐为例，“青瓷楼台人物鸟兽谷仓罐龟趺驮碑上的铭文‘出始宁，用此霻，宜子孙，作吏高，其乐无极’和‘会稽出始宁用此葬宜子孙作吏高迁众无极’铭，以及‘永安三年时，富且洋(祥)，宜公卿，多子孙，寿命长，千意(亿)万岁未见英(央)’铭一样，都是吉祥语，也是地主阶级人生哲学的体现”[⑥]。另外，“这些铭文并无安魂的点题，反倒为活人算计，表现了时人借丧葬以图多子、益寿、升官的世俗之求。这些铭文的语义是浅白的，但其堆塑的构图却是古奥的，魂瓶用以安魂的本意正潜藏在这些图像中”[⑦]。当然，谷仓罐中蕴含着丰富的佛教造像形式，“南方早期佛教艺术品多数发现于墓葬中，或雕刻于墓室内(麻浩、柿子湾墓、盱眙西晋

---

① 仝涛：《五联罐和魂瓶的形态学分析》，《考古与文物》2004年第2期，第54页。

② 杨泓：《吴东晋南朝文化及其对海东的影响》，《考古》1984年第6期。

③ 林士民：《青瓷与越窑》，上海古籍出版社1999年版，第67页。

④ 陶思炎：《魂瓶、钱树与释道融合》，《学术月刊》1994年第5期。

⑤ 阮荣春：《佛教南传之路》，湖南美术出版社2000年版，第18页“西晋前南方佛教造像遗物一览表”。

⑥ 吴县文物管理委员会，张志新：《江苏吴县狮子山西晋墓清理简报》，《文物资料丛刊》第3期，文物出版社1980年版，第130页。

⑦ 陶思炎：《魂瓶、钱树与释道融合》，《学术月刊》1994年第5期。

砖画等),或出现于专门为丧葬而制作的器物上(摇钱树及其插座、魂瓶、俑等),表明这时的'佛'仍被民众看作是一种可以帮助消灾、辟邪、守灵的神仙道术"①。另外,也有学者指出:"粗略统计,饰有佛教造像的魂瓶有八十余件,主要分布于江、浙、皖等长江中下游一带。至于魂瓶的兴起是否与佛教的传播有关,尚值得进一步探讨,但魂瓶上表现的内容大多与佛教有关。从魂瓶兴起的时间及分布范围均与佛教在这一带的传播情况相一致分析,魂瓶或是吴地佛教传播过程中的主要工具之一,是研究早期佛教造像的重要内容。……东汉、三国至西晋,佛教虽然已在南方的长江沿线流布,佛陀这个外来神的形象在人们的心目中也占有了一席之地,但是人们的观念尚停留在功利性的崇奉上。一方面强烈地寄托着对现世利益的追求,同时也祈望来世生活的幸福。……由此可见,中国南方的早期佛像,不是作为断欲的觉悟者,而是充满欲望的神仙。"②从谷仓罐本身的佛教造像堆塑情况来看,"我们认为南方迄今发现的佛饰魂瓶上普遍具有秣菟罗风格的佛像以及与之伴存的佛寺形象,与康僧会在建邺及附近地区的弘法活动有直接关系,因为目前发现的几十件佛饰魂瓶中,没有一件的时代是早于赤乌十年(247)的,其中最早的一件为五凤元年(254)稍后③。魂瓶的烧造地点,以陶制的时代一般较早,集中见于南京附近,用瓷制的则以浙江上虞越窑系为中心,德清窑、瓯窑也有烧造,而号称'佛画之祖'的曹不兴是吴兴人,地近上虞一带,它的佛画艺术活动与康僧会有密切关系"④。因此,可以说谷仓罐中反映的佛教题材多是佛教刚传入中国时期所采用的传播教义的一种手段。

从东汉中期五联罐发展到吴西晋谷仓罐的这一过程中,还不可避免地会受到当时阴阳五行流行思想的影响。"以阴阳五行作为世界观和方法论的基础写成的《白虎通义》,对纲常伦理、日常生活现象、婚丧嫁娶和诸多礼义祭祀的解释,都是以阴阳五行为出发点。种种解释虽属荒谬,但却成了一种思维模式。在汉代,由于儒学统治地位的形成被观念化、实用化,阴阳五行学说得到广泛传播,演化为统摄一切的表述体系,主宰了西汉以降中国古代文化的发展方向,成为全社会认同的信仰。汉代五联罐的创制,是远古农耕生产条件下产生的阴阳五行说这一朴素自然哲学在汉代与儒学思想融合,作为两汉时期占统治地位的思想观念作用于陶瓷艺术和墓葬制度的结果。汉代五联罐和吴、晋谷仓罐便是阴阳五行观念笼罩下的直接产物。"⑤诚然,汉代的阴阳五行观念经过儒家的改造后,其

---

① 贺云翱:《历史与文化》,中国人事出版社 1996 年版,第 119 页。

② 阮荣春:《佛教南传之路》,湖南美术出版社 2000 年版,第 30 页。

③ 资料见南京市博物馆:《南京郊县四座吴墓发掘简报》,《文物资料丛刊》第 8 辑,1983 年。

④ 贺云翱:《历史与文化》,中国人事出版社 1996 年版,第 126 页。

⑤ 孙长初:《谷仓罐形制的文化演绎》,《东南文化》2000 年第 7 期,第 96 页。

作用力是巨大的，它作用于时人衣、食、住、行的各个方面，对人们的生活产生巨大影响，丧葬习俗也不例外，人们更想通过赋予谷仓罐阴阳五行的观念来达到祈福纳祥的目的。

因此，无论是汉代五联罐中体现的阴阳五行思想还是孙吴、西晋时期谷仓罐中的佛教题材的介入，其中心意义还是为了祈福纳祥，保佑死者在幽冥世界能够太平富足，保佑生者在现世能够顺利发展。

东晋时期，曾在浙江、江苏和安徽盛极一时的西晋谷仓罐烧造量大减，而且有些墓葬也采用盘口壶(罂)代替谷仓罐使用，如"义乌太和五年墓，发现用盘口壶代替谷仓，放置在墓后壁。龙游县十里坪农场南朝墓中，大型盘口壶放置在棺床前，用假圈足碗作盖，出土时，盘口壶内有炭化谷物。可见东晋到南朝均用盘口壶装谷物来代替谷仓使用"①。谷仓罐"到了唐、宋时期再次烧造，但在形制方面与六朝青瓷谷仓罐有了明显的差异，器呈瘦高的圆筒瓶形，且形态各异；装饰去繁求简，省略了各类动物的组合和歌舞百戏的场景，突出由'五罐'演化的'五管'，甚至把'管'或'嘴'以'五五之数'来强调。唐代晚期南方地区出现了一种用于陪葬的青瓷多嘴(角)谷仓，五代开始流行，与六朝青瓷谷仓罐相比，少却了众多动物、人物装饰和作为五联罐遗留的四小罐，代之以多嘴装饰。器身饰等距离的五道弦纹，把器体分成五层，每层环列五个尖嘴，上下整齐地排成五行，用作器盖的阁楼也趋于简练，宋代多嘴谷仓器形变小，嘴变为乳突状，仅存其形迹"②。另外，六朝谷仓罐还以其他的形式出现在唐代以后的墓葬中，"墓志铭，一般刻志铭与刻题死者姓氏、籍贯、官爵等生平事迹。唐代烧瓷作墓志，在全国窑场中实属罕见，唯独越窑的上林湖窑场烧制墓志形式多样，不拘一格。从文字上，长则像篇短文，短则也有几十个字。……这些典型墓志的造型演变发展是：唐长庆朝(821—824)为平面长方形，至会昌朝(841—846)为直筒形，至大中朝(847—859)为罂式，至咸通朝(860—873)则由盖、罐、盘组成的盖罐式，至光启朝(885—887)为筒形罐式，至光化朝(898—900)为瓶式"③。粮罂瓶在墓葬中的作用依然同谷仓罐一样，是为死者储藏粮食之用。1997 年浙江绍兴文管会收集到腹部刻有"上虞窑匠人项□造粮罂瓶一个献上新化亡灵王七郎咸平元年(998)七月廿日记"铭文，故可知其名为"粮罂瓶"。明代郎瑛在《七修类稿》卷二十五《辩证类》中载："人死以纸覆面，小说以为起于春秋吴王夫差临终曰：'吾无面目见子胥，为我以帛冒之。'此说恐非。只是生人不忍见死者之意。今包筲谓之粮罂瓶者，因夷齐

① 贡昌：《婺州古瓷》之《婺州窑瓷器五联罐到堆纹瓶的演变》，紫禁城出版社 1988 年版，第 159 页。
② 孙长初：《谷仓罐形制的文化演绎》，《东南文化》2000 年第 7 期，第 98 页。
③ 林士民：《青瓷与越窑》，上海古籍出版社 1999 年版，第 231 页。

饿死后，人恐其魂饥而设五谷之囊，故《礼记》曰：'重生道也。'起于商。看果，乃五代周祖灵前雕香为之，形色与真无异；世宗发引之日，金银钱以纸为之，印文直曰'泉台上宝'，白曰'冥游亚宝'，'果钱'实起于此也，并记之。"可见，粮罂瓶一方面延续着谷仓罐为死者储存粮食的功用，另一方面也融入了唐代晚期以来在"罂"上记载墓志铭的功用，如大中四年"维唐故大中四年岁在次庚午八日丙午朔……墓志"①用的就是粮罂瓶记载，而在光化三年"食瓶一口光化三年十月十一日造"②则已经演变为瓶式。这一于陶瓷器物上书写墓志的葬俗，一直到元、明、清历代都还有延续，但这一时期的墓志多书写于碗、盘、盒等日用器物上，而非书写在专门的明器上，且器物多为青花瓷器，多集中在乾隆朝以后的墓葬中。③

宋代各地不同阶层的丧葬习俗存在较大差异，因而出土的器物中与魏晋南北朝时期谷仓罐有所关联的器物也就形态各异，主要有产于江浙地区龙泉窑、越窑、温州窑和北方磁州窑等窑址的青瓷多嘴谷仓（或称多管瓶、五管瓶、多嘴罂）和产于江西景德镇窑，并在江西、湖南、湖北、福建邵武和浙江江山等部分地区流行的青白瓷皈依瓶（或称堆塑瓶、龙虎瓶、日月瓶）两种。"多嘴罂为随葬器。从考古资料看，多嘴罂主要出土于龙泉及其周围地区。在金村窑址最下层的淡青釉瓷堆积中，已发现这种制品。其流行年代，大致是从北宋早期至南宋中期。各期多嘴罂的造型与装饰有所变化，即造型由丰满向修长衍变，装饰则根据各时期品种以及工艺时尚的变化而不同。如北宋'厚胎薄釉'青瓷，盛行刻划花，纹饰由简单渐趋繁密。南宋厚釉制品多在颈部堆塑蟠龙。约在南宋中后期，多嘴罂被龙虎瓶所取代。……在龙泉及其周围地区宋墓中，多嘴罂与盘口罂、执壶三者往往成套出土。多嘴罂盛谷物，盘口罂盛酒，这反映了当时的丧葬习俗。英国大维德中国艺术基金会藏有一件年代明确的盘口罂，其腹部题刻'元丰三年闰九月十五圆日原烧上邑粮膺承贮千万年香酒归去阴荟千子万孙永招富贵长命大吉受福无量天下太平'，这就把盘口罂的用途及象征意义揭示得很清楚了。"④多嘴罂发展到南宋中后期时，多被皈依瓶所取代，且流行的地域也扩展到了以江西景德镇为主的青白瓷烧造地区。现发现的北宋早期皈依瓶，如江西余江大中祥符四年（1011 年）李大郎墓⑤出土的陶制皈依瓶等北宋早期器物，造型特征与晚唐五代时期的越窑粮罂瓶近似，二者存在着明确的渊源关系。目前北宋纪年墓中所见

① 金祖明：《浙江余姚青瓷窑址调查报告》，《考古学报》1959 年第 3 期，第 107 页。
② 王莲瑛：《介绍一件自铭"食瓶"的唐越窑青瓷》，《文物》1993 年第 2 期，第 93 页。
③ 尹青兰：《清代的瓷墓志》，《南方文物》2002 年第 1 期，第 70 页。
④ 刘涛：《宋辽金纪年瓷器》，文物出版社 2003 年版，第 89 页。
⑤ 倪任福，项进良：《余江县锦江纪年墓出土文物》，《江西文物》1990 年第 3 期。

最早的青白瓷皈依瓶是江西南城嘉祐二年(1057年)陈氏六娘墓①出土的一对青白瓷皈依瓶，该瓶的表面装饰还不是很多，有盘口，颈部细长并堆贴盘龙，颈肩之间有三个圆弧形錾连接，盖为笠帽状且上有立鸟形的纽。北宋末年的皈依瓶，如江西金溪孙大郎夫妇合葬墓②中出土的四个，圆弧形錾已经消失，颈部装饰上增加了鸡犬和日月的纹样。南宋中期以后，青白瓷的皈依瓶产量大增并十分流行于江西、湖北、湖南等地区的墓葬中，这一时期的皈依瓶在造型上也出现了新的变化。以江西高安孙愿夫妇合葬墓③中出土的两个皈依瓶为例，器身已经变得修长且瓶身变高，长颈上除了堆塑龙虎和日月外，更增加了仙人、神佛以及鸡犬龟蛇等动物形象，堆塑得十分繁密，整体形象较之以前要挺拔一些。大约景定年间前后，皈依瓶中又出现了日月和虎头以朵云承托悬空侧立于瓶颈上的样式，而这种样式一直延续到元代和明代的墓葬中。

从以上我们对谷仓罐形制的演变过程分析，可以看出东汉晚期到孙吴早期的五联罐还带有明显的阴阳五行的造物思想，主要生产地为浙江上虞地区的越窑，早期采用材料为陶制，后又有釉陶器和青瓷器产生，主要流行的地域是浙江、江苏和安徽地区的古会稽地区和古丹阳地区，两区的中间地带还没有完全发展起来；五联罐发展到后期，罐体周围堆塑逐渐增多，围绕着大罐和小罐周围逐渐贴满形形色色的动物、祥物、人物、建筑楼阁等，这种谷仓罐的造型样式到西晋时期大体成型，表面堆饰既有道教吉祥瑞物又有秣菟罗风格的佛教造像出现，因此可以说孙吴、西晋时期谷仓罐的发展基本上体现了佛教思想世俗化的过程，人们当时还是把佛陀当作天界的神佛来崇拜，谷仓罐的主要生产地还是集中在浙江地区的越窑周围，且大部分已经是青瓷谷仓，其主要的流行地区已经扩展到了江浙大部分地区和安徽东南部；东晋到唐初曾有使用盘口壶替代谷仓罐使用的情况，这在江、浙、皖地区的东晋、初唐墓葬中可以看到，且盘口壶表面几乎没有什么堆饰；晚唐、五代时期的粮罂瓶和多嘴谷仓是六朝谷仓罐的延续，它在功能上仍然延续六朝谷仓罐储藏粮食的功能，但表面堆饰已经大大简化，且这一时期也在江西景德镇地区出现使用青白瓷皈依瓶代替谷仓罐随葬的葬俗，经过宋代儒、道、释的合流，这一时期的粮罂瓶和皈依瓶的表面堆塑内容都表现出合流之势，并一直沿用至明代。

---

① 薛尧:《江西南城、清江和永修的宋墓》,《考古》1965年11期。

② 陈定荣:《江西金溪宋孙大郎墓》,《文物》1990年9期。

③ 陈柏泉,刘玲:《高安、清江发现两座宋墓》,《文物》1959年10期。

从以上我们对丧葬礼俗中使用的陶瓷明器的分析可以看出，丧葬礼俗中所使用明器的多少以及明器所反映的思想内容，是随着时代的变化而变化的，所谓厚葬和薄葬也只是局限在一定领域内的相对概念。明器也是礼器的一种，是属于“凶礼”的范畴，因而，它同礼器一样，表现出器以藏礼的造物思想。

首先，我国古代的丧葬礼俗有两次大的转变，一次发生在秦汉时期，一次发生在宋代。秦汉时期通过统治阶级对“以孝治天下”政策的肯定，而使得先秦以来形成的使用礼器作为随葬明器的制度被打破，进而替代以大量形式各样的陶制明器随葬，这其中既包括日常生活用品，也有专门烧造的明器，汉代的“东园署”就是专门烧造明器的机构。特别是西汉时期，旧的明器制度被破坏，新的明器形式正在逐渐形成，这一时期的墓葬中所用明器几乎无所不包。而到了东汉时期，大量的反映地主庄园经济生活的陶瓷模型明器大量出现，这不但反映出当时生产关系的变化，更反映出汉代“事死如事生”①的丧葬明器的设计思想。宋代以来，纸钱②和纸制明器③的大量使用逐渐替代了墓中的部分陶瓷明器和实用随葬器皿。用纸钱和纸制明器替代实钱和陶瓷明器随葬，是继用陶瓷器代替活人和牲畜殉葬后的又一次社会进步。虽然纸钱和纸制明器在宋代始终没有完全替代实钱和陶瓷明器，但替代了相当一部分是可以肯定的。同时，我们也应该看到，尽管专门生产的陶瓷明器在宋代以后逐渐减少，但丧葬仪式却日渐繁杂，朱熹的《文公家礼》为明清两代政府所推崇，并颁行天下百姓通用，这一私修礼书，由宋至清，普遍为士人及庶民所依循，可称得上是传统丧礼的具体代表，《文公家礼》中仅丧礼大项内容就有 20 项，每一项下还有若干程序结构，多达 156 项④；顾颉刚先生所开列出殡导子帐⑤更有 80 项，若加上招魂导子帐的 32 项，共有 112 项，可见花销是十分巨大的。因此，可以说纸制明器的使用使得陶瓷器的生产方向逐渐转向了更多日用器皿的生产。

其次，墓葬明器使用制度显示出明确的等级差异。自古以来，在墓葬形制、明器使用制度、墓上建筑、礼仪规程等丧葬仪规方面，不同的阶层都表现出巨大

---

① 《中庸》十九载：“事死如事生，事亡如事存，孝之至也。”

② 关于纸钱的起源，学术界有三说：第一，魏晋说。唐代封演在其《封氏闻见记》卷六“纸钱”中言：“魏、晋以来，始有(纸钱)其事。”第二，南齐东昏帝说。南宋《爱日斋丛钞》(佚名)卷一七“说郛”中提出此说。第三，唐玄宗时王屿说。《新唐书》卷一〇九《王屿传》载，王屿在唐玄宗开元二十六年(738)任祠祭使，始正式用纸钱禳祓祭祀。宋人戴埴在《鼠璞·寓钱》和高承在《事物纪原》卷九“寓钱”中都持相同观点。

③ 纸质的明器开始于唐代中期以后。司马光说：“自唐室中叶，藩镇强盛，不尊法度，竟其侈靡。”他们扎成祭屋，高达数丈，宽数十步，又扎起鸟兽、花木、车马、仆从、侍女，穿上用缯绮做成的衣服，待柩车经过时，全部焚烧(《司马氏书仪》卷七“丧仪三”)。

④ 崔昌源：《中国古代丧葬仪礼结构之分析》，《内蒙古师大学报》(哲学社会科学版)1999 年第 3 期。

⑤ 顾颉刚：《两个出殡的导子帐》，《歌谣》周刊第 52 期。

的等级差异。传为张景文所作的《大汉原陵秘葬经》共五十篇中，其“盟器神杀篇”中就详细记载并图示了天子、亲王、公侯卿相、士大夫以及庶人在墓葬中的各种所该随葬的明器制度，而《旧唐书》《新唐书》等文献中，也详细记载了唐代明器使用制度的差异。

明器的使用，无非是为了想让死去的人在阴间仍能享受他在阳间所拥有的财富和地位的一种手段，因而在陶瓷明器上，特别是汉代陶质模型明器和唐代的三彩器中反映出的都是人们对现实世界的描摹，以期达到“事死如事生”的效果。但同时也不可否认，其间也孕育着人们对于神鬼世界的丰富想象，谷仓罐就是一个鲜明的例子。

结　　论

诚如钱穆先生所言:“思想必然是公共的,尤其是所谓时代思想,或某学派的思想等,其为多数人的共同思想,更属显然。”①造物思想也不例外,它在设计艺术领域应该有公共性,是为大多数设计师和工匠所认可的、代代相传的传统文化的原理、原则等思想脉络,在各自行业的实践活动中的梳理和渗入,因而,各个时代的造物思想也必然是公共的,是具有最大的普及性的。

造物思想作为各类造物活动的指导思想,其对于造物活动的主宰和决定作用,通常经过“实用”与“审美”两个不可分割的方面,决定着设计师和工匠的劳动实践以及他所取得的结果。实用与审美间的对立与统一,始终是交织穿插于不同时代造物思想的发展变化的全过程之中,它们之间没有十分明确而清楚的界线,如果片面强调功能实用,则成为“功能主义设计”,反之,片面强调审美因素或装饰美化,则又将沦为“唯美主义设计”。一件器物的制造,就其本身来讲,它包含着设计师对前人经验的借鉴、设计师自身的创见与发明、工艺技术上的可行性分析和审美因素的考虑等,设计往往在不同的时代与所有这些因素相互交织,还要受限制于不同时代的经济、政治和文化等方面的外部条件。因此,造物过程涉及的因素是方方面面的,任何按照风格、地域、时代或其他标准的硬性划分都多少显得有些不自然。

存在于造物活动中的实用与审美这一对矛盾体也是如此,二者的成分是无法量化的,它们总是交织穿插在一起,既影响着一个时代的造物风格,又从不同层面根据社会的需求而有所创新。威廉·詹姆士在他的《实用主义》一书中说:“实用主义的方法,不是什么特别的结果,只不过是一种确定方向的态度。这个态度不是去看最先的事物、原则、‘范畴’和假定是必需的东西;而是去看最后的事物、收获、效果和事实。”②我国的传统文化,由于过分强调“理论联系实际”,重视现实的可能性,而轻视了逻辑的可能性,轻视和贬低了抽象思维的作用。从孔子起,重视的都是“名(概念)”与“实(现实)”的关系,是“必也正名乎”,而不是努

① 钱穆:《中国思想通俗讲话》,生活·读书·新知三联书店 2004 年第 3 版,第 1 页。
② [美]威廉·詹姆士著,陈羽伦、孙瑞禾译:《实用主义》,商务印书馆 1997 年版,第 31 页。

力确立“名”自身独立发展的价值；其根由则在于，在天人不分的巫史传统的思想桎梏下，没有可能从独立科学基础上发展出高度抽象的“先验”观念和思维方法①。但尽管如此，先秦诸子还确实是为后世的造物传统提供了丰富的借鉴思想，儒家“名与实”“文与质”“体与用”以及“白贲”“因于体宜”的造物思想；道家“道与器”“大器晚成”“物顺自然”的造物思想；韩非、墨子“物以致用”“节用”的造物思想；管子“侈靡消费”的在经济管理方面的造物思想等，这些与造物有关的思想成果，不同程度地影响了当时和后世造物活动的前进方向，但究其根本，存在于他们造物思想中的功利性观点还是很强的。

中国古代的陶瓷器有很大一部分是集实用与审美于一体的工艺美术品。特别是在功能和用途上具有特殊性的器物，如陶瓷礼器、专门用于丧葬的模型明器等。对这些古代艺术品的创造，必然凝聚了当时社会的历史文化背景、人们的思想观念和审美意识，以及创作技术水平等。通过对这些工艺美术品的历史分析，发掘出创作者的意图和思想，便是本文的核心所在。本文将琳琅满目的中国古代陶瓷实物资料，按照它们在古人生产生活中所起的作用，划分为日常生活的陶瓷用器、礼制思想影响下的陶瓷礼器和丧葬中的陶瓷明器三大类，逐一进行分析解剖，并通过一些典型器物的例子，阐述存在于日常生活的陶瓷用器、礼制思想影响下的陶瓷礼器和丧葬中的陶瓷明器的古人的造物思想。

日用陶瓷器当然最注重的是器物之“用”，但这个“用”是随着生活方式的变迁而有所互借或转变的，因此古代陶瓷器皿有许多在使用功能上并没有明确的界线，这一点在士庶阶层所使用的民间陶瓷器上表现得尤其明显。礼器和祭器则具有明确的祭祀、礼拜和教化等功能。《礼记·礼运》曰：“夫礼之初，始诸饮食。”礼器的功能无非是要用食物和美酒来敬奉鬼神，达到为生者祈福纳祥、趋吉避凶的效果，但它又有教化的功能，以象征身份地位尊卑。《资治通鉴·卷一》载：“夫礼，辨贵贱，序亲疏，裁群物，制庶事。非名不著，非器不形。名以命之，器以别之，然后上下粲然有伦，此礼之大经也。名器既亡，则礼安得独在哉？”这里表现出的给器物“赋义”的功能，远远超出了其最初的物质使用功能。丧葬明器在宋代之前的发展，以汉代的模型明器、魏晋时期的谷仓罐和唐代的三彩俑形器为代表，宋代以后虽有其余绪，但已非主要的随葬器皿，而随着儒、道、释在宋代的合流以及礼制思想的世俗化，丧葬明器开始转变为以日用器皿为主，并一直延续至明清。因此，丧葬明器中体现出的佛、道思想以及儒家孝道观，都具有明显的“赋义性”，生者希望通过这种“养生送死”的形式来达到为死者在幽冥世界求得幸福，为生者在阳世祈福的效果。可见，无论是日用器在使用功能上的实用

① 李泽厚：《实用理性与乐感文化》，生活·读书·新知三联书店 2005 年版，第 12 页。

性，还是陶瓷礼器、祭器或明器表面纹饰上和造型中所要表达的思想，都具有明确的功利性目的。

因此，日常生活陶瓷中有功能主义的造物思想和“文与质”的造物思想的体现；礼制影响下的陶瓷器有“物以载道”造物思想以及“侈靡消费”的陶瓷经济管理的造物思想的体现；丧葬明器中儒家孝道观、佛教和道教题材表现为祈福纳祥的功利性造物思想。这些不同的造物思想在宫廷艺术、宗教艺术、文人艺术和民间艺术中都有所表现，但这种思想的内涵，则随时间和地域的不同而不断变化其侧重点和着力处。主要有“器以载道”“器以藏礼”“文质彬彬”“神与物游”“得意忘形”等几个基本的造物观念，即：载道、藏礼、致用、传神、得意。

1. “器以载道”

人们熟知刘勰在《文心雕龙》中提出的著名论点“文以载道”，刘勰在这里所说的“道”，主要指自然之道，也就是客观世界中宇宙万物的运行规律。如果我们把刘勰的“文”，理解为文章，实际上也就是体现精神和思想成果的一切文学作品和艺术作品，那么也就包含了造物艺术的成果。晋代王弼注释《老子·第四十五章》有云：“大巧因自然以成器。”巧，能工巧匠之谓也，他们之所以能够创造出优秀的作品，原因就在于能把握自然规律，合乎“道”。也就是说，我们从古人的“器”里面，也能够体察到“道”的存在，这又是“道以成器，器以体道”了。本文主要从古代大量存在的陶瓷日用器皿中，研讨了这个命题。

2. “器以藏礼”

“礼”是儒家学说的重要命题，孔子的言论中所极力维护的礼，指的是西周以来形成的一整套社会道德规范和礼仪制度。它是保持和维系封建社会秩序所必需的精神尺度。在古代，人们用一定的器物来体现道德、法制、礼仪、秩序的规范，所以赋予器物以超常的价值，甚至代表着国家、政权、地位的存在，这是我国古代造物思想的一个重要特征。其后出现的“宫廷陶瓷”和“民间陶瓷”之间的分野，“祭器”“明器”和日用器之间的分野，都是由于人们赋予那些被神、鬼、帝王所占有的器皿以“礼”的内涵，油然而生一种敬畏和尊崇心理罢了。

3. “文质彬彬”

孔子“文质彬彬，然后君子”一句话，留给后人许多争执。有人认为这是指的君子的外表形象，要做到既华丽，又朴素；也有人认为孔子说的是君子的修饰和修养的关系，要把外表的斯文和内心的质朴完美统一起来；也有人认为，这是指的“形式”和“内容”的关系，要求君子做到外在形式和内心世界都和谐共处、协调发展。后来刘勰在《文心雕龙》中用“文质彬彬”四个字来代表对于文章的品评标准，他在《文心雕龙·情采篇》中说：“夫水性虚而沦漪结，木体实而花萼振，文附质也;虎豹无文而鞟同犬羊,犀兕有皮而色资丹漆,质待文也。"它雄辩地说明了形式与内容的关系:内容决定形式,形式体现内容。我国古代陶瓷艺术的造物思想,无处不体现了这种形式服从功能、功能决定形式的原则。它在造型、纹饰、釉色、质感等形式美方面所表现出的华美、绚丽、朴素、淡雅、光洁、柔润等诸多形态;它在功能、质地、材料、烧成等内在美方面所表现出的坚固、细腻、便利、合理、经济、宜人等诸多功能,可以说都是工匠们自觉不自觉地在"文质彬彬"的思想指导下所取得的。

4. "神与物游"

这里是指造物者的精神境界与造物活动之间的交流和融通的关系。它是使造物过程得以"出神入化",产生精品的关键所在。我国古代学者在论及艺术活动的时候,往往用"游"这个动词来表示艺术活动的特点。孔子说:"志于道,据于德,依于仁,游于艺。"(《论语·述而》)庄子在形容艺术创作的心态时说:"乘物以游心。"(《庄子·人世间》)而"神与物游"则是南朝刘勰在《文心雕龙·神思篇》一书中提出的命题。他说:"文之思也,其神远矣。故寂然凝虑,思及千载;悄然动容,视通万里;吟咏之间,吐珠纳玉之声;眉睫之前,卷舒风云之色。其思理之致乎!故思理为妙,神与物游。"这里的"思及千载""视通万里""吐珠纳玉""卷舒风云"等等,都是"神思"所及的内容,也是设计和创作的准备阶段。刘勰在这里所说的"物",是指客观世界的万事万物,就陶瓷艺术而言,自然也包括造物者所特别关心的陶瓷器创造。中国是一个能工巧匠汇聚的智慧之国,历代能工巧匠层出不穷,他们之所以代有突破,就是因为能够在创作过程中达到"神与物游"的忘我境界,全身心地投入到造物活动中。而一旦进入"神游"的境界,造物者自身也就获得了极大的创作自由,取得了创造活动的主动权。也只有这样,才能够创造出优秀的作品来。

5. "得意忘形"

"得意忘形",是一句俗语,指得意之人,忘乎所以,以致做出某些不合规矩的事情来。它的本源来自庄周的思想,《庄子·外物篇》中说:"筌者所以在鱼,得鱼而忘筌;蹄者所以在兔,得兔而忘蹄;言者所以在意,得意而忘言。吾安得乎忘言之人而与之言哉!"庄子用渔猎的渔具、猎具和猎物的关系来比喻"言"和"意"的关系,一旦得到了猎物,就会把渔具和猎具都忘记了。这里的"意"是目的,"言"是手段,能够完美地体现目的的作品一旦出现,怎样做出来的?自己也不知道了。我们在论述到陶瓷造物过程中许多优秀的、具有代表性的器物时,也可以看到这种境界。陶瓷造物的目的,不外乎载道、藏礼、致用,造物者在千方百计地思索着将泥土变化成器物的时候,一旦达到目的,那最后得到的造型,很可能是自已从未想到过的。例如从原始陶罐的实足鬲到袋足鬶的转变，是出于为了解决在火上加热食物的功能目的，当最后达到满意的效果时，就产生了由三只类似乳房一般的袋装足所支撑的直颈鸟首鬶，这个造型的出现，在当时可能引起一种惊世骇俗的惊讶，产生了“得意忘形”的效果。又如用于汲水的尖底器——欹器，也是在用普通的瓦罐汲水而遭遇困难的时候，被逼而作如此改进的。尖底在水中易于倾斜，两耳一高一低，也有助于水流进入瓶口，这个造型也是不伦不类，以至于引起崇尚端正的孔夫子的惊讶，在了解了它的功能之后，孔子还把它作为做人的道理奉为“宥坐之器”。再如宋代出现的梅瓶，本来用于盛酒，为了防止挥发，采取了小口、圆腹、收分的造型，但是由于它和当时流行的妇女妆容的丰腴体态相互映照，引起许多审美联想，意外地成为文人士大夫推崇的陈设品，被放到了客厅、书房的博古架上。对于这种出乎意外的功能转变来说，岂不又是一种“得意忘形”？

士大夫阶层和庶民阶层的关系在我国传统文化中的相互关系，颇为微妙。士大夫阶层受过良好的教育，熟读圣贤书，对于精神领域、审美境界的文化成果，能够融会贯通，巧于因借；同时在实践上，他们占有最为广泛的器物使用层面。虽然士大夫往往是思考者而非劳动实践者，但他们也可能会根据自己的需要来设计产品的图样，让庶民阶层的工匠去制作，或者以“游于艺”的态度，偶尔参与生产过程，因而他们往往是造物实践的观察者和总结者，更便于以客观的立场探查造物艺术思想的内在机制；而工匠则不同，他们既是产品的设计者又是生产者，因文化程度不高，往往只能通过“言传身教”，在实践中传承具体经验的方式来对待设计。这种没有见诸文字的经验传承不仅使得其手艺具有了很强的私密性，更阻碍了当时手工业技术的系统化、理论化。童书业先生在《中国瓷器史概论》中写道：“由于过去封建统治者不重视手工业，手工业向来很少专书。士大夫们只把瓷器当作骨董来赏玩，偶有记载瓷器的书，也多是些赏玩骨董的杂记。……绝谈不上科学著作。”①宋以后出现的市民文学和通俗文艺的发达，促进了士大夫阶层与工匠的结合，反映在为数众多的窑场、瓷厂，出现了许多富有文化内涵、格调清新雅致的作品，甚至在酒瓶、瓷枕、茶具、餐具等“大路货”中，也出现了极具文学品味的器物造型、图案纹样、装饰文字等等，元、明两代出现了青花瓷器的繁荣，这种以素净的美而著称，并得以流行的器物，也说明了文人士大夫阶层的审美观点对于民间工匠的影响。近代工业初兴时期那种为征服自然而破坏自然、毁坏生态的做法已经逐渐退出，后工业时期在物质文明高度发达的同时恢复

① 童书业：《童书业说瓷——中国瓷器史概论》，上海古籍出版社 1998 年版，第 9 页。

自然、保护生态的关系的观念逐渐兴起，从而人与自然不再是对峙、冲突的关系，而应是和谐共处的关系；人既是自然的一个部分，又是自然的光环和荣耀，是它真正的规律性和目的性的体现。而这，恰好就是“天人合一”的实质所在，是这个古老命题所具有的现代意义。①

诚然，有需要才会有生产，造物活动也是应需要而产生的。然而人的需要是多方面的，它不仅包含物质方面的需要，也同时具有精神方面的需要。工业革命以来，以产品的实用功能为出发点，人类不断地用科学与技术充实着物质生活的内容，那么，精神方面的满足是如何实现的呢？马克思说：“动物只是按照它所属的那个物种的尺度和需要来进行塑造，而人则懂得按照任何物种的尺度来进行生产，并且随时随地都能用内在固有的尺度来衡量对象；所以，人也按照美的规律来塑造物体。”②马克思这里所指的“美的规律”，张道一先生在其《造物的艺术论》中做了这样的阐释：“马克思所指的‘美的规律’，我们理解，不仅是狭义美学上的概念，而是泛指人的理想。人们按照自己的理想来创造物品，制作出自然界所没有的东西。在这个造物活动中，既包含了具体的使用目的，也包含了审美的社会功能，在具体方法上，当然也包括对形式美的规律的运用。”从这里我们看到了造物艺术的两个层面，即实用性和审美性，二者同时对人民生活发生着作用，是融为一体、互不分离的。科学可以直接给人们的精神生活以熏陶和感染，然而要作用于物质生活就必须以技术作为手段，以物质作为媒介。正因为工艺美术包含了具体的使用目的和审美的社会功能，它才能直接与科学和技术相结合，并作用于人们的物质生活和精神生活两个层面（如下图）。

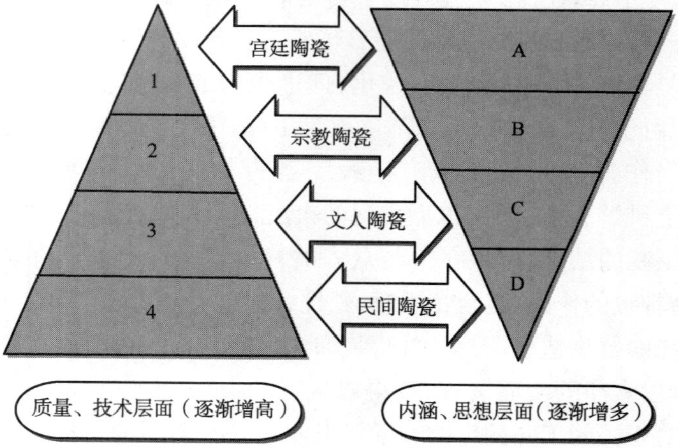

① 李泽厚：《中国古代思想史论》，天津社会科学院出版社2003年版，第305页。

② 《1844年经济学——哲学手稿》。

工艺美术，或者称设计科学，是艺术同科技的统一体。它在人们的生活中是不可或缺的。中国古代的陶瓷工匠（又称窑工）正是凭借他对原料的物理和化学性质的把握（尽管在当时这种把握是经验性的，而非理论性的），以及多年制陶的技术经验积累，才将陶瓷器的功能、材料和当时人们的审美风尚紧密地结合起来，并以工艺美术产品的最终形态，凝聚起这些经验，不断地丰富着生活的内容，进而推动了整个人类文明史的进程。

参考书目

一、期刊类：

[1] 文物编委会主编:《文物》,文物出版社。

[2] 中国社会科学院考古研究所编:《考古》,科学出版社。

[3] 中国社会科学院考古研究所编:《考古学刊》,科学出版社。

[4] 陕西省考古研究所编:《考古与文物》,陕西人民出版社。

[5] 南京博物院编:《东南文化》,南京博物院《东南文化》杂志社。

[6] 江西省文物考古研究所主编:《南方文物》《中国学术期刊(光盘版)》电子杂志社。

[7] 陕西省文物管理委员会主编:《文博》,陕西人民出版社。

[8] 湖北省文物考古研究所编:《江汉考古》,《江汉考古》杂志社。

[9] 文物参考资料编辑委员会编:《文物参考资料》,文物出版社。

[10] 故宫博物院主编:《故宫博物院院刊》,紫禁城出版社。

[11] 江西省社会科学院编:《农业考古》,《中国学术期刊(光盘版)》电子杂志社。

二、古典文献：

[1] [民国]赵汝珍编述:《古玩指南全编》,北京出版社 1992 年版。

[2] [民国]邓之诚:《骨董琐记全编》,北京出版社 1996 年版。

[3]《诸子集成》(共十册),岳麓书社 1996 年版。

[4] [宋]黎靖德编:《朱子语类》(共四册),岳麓书社 1997 年版。

[5] [宋]孟元老等著,周峰点校:《东京梦华录》(外四种),文化艺术出版社 1998 年版。

[6] [宋]沈括:《梦溪笔谈》,时代文艺出版社 2001 年版。

[7] [清]陈梦雷主持修成,[清]蒋廷锡重校:《古今图书集成·经济汇编·考工典》,台北文书局 1977 年版。

［8］［明］宋应星：《天工开物》，扬州广陵古籍刻印社 1997 年版。

［9］［清］李渔撰，民辉译：《闲情偶寄》，岳麓书社 2000 年版。

［10］李学勤主编：《十三经注疏》（标点本），北京大学出版社 2000 年版。

［11］《世本八种》，商务印书馆 1957 年版。

［12］方诗铭，王修龄：《古本竹书纪年辑证》，上海古籍出版社 1981 年版。

三、研究著作：

［1］中国硅酸盐学会主编：《中国陶瓷史》，文物出版社 1987 年第 2 版。

［2］中国社会科学院考古研究所编：《新中国的考古发现和研究》，文物出版社 1984 年版。

［3］冯先铭主编：《中国陶瓷鉴赏》，上海古籍出版社 2004 年版。

［4］冯先铭：《古陶瓷鉴真》，北京燕山出版社 1998 年版。

［5］安金槐主编：《中国考古》，上海古籍出版社 1992 年版。

［6］冯先铭主编：《中国陶瓷》，上海古籍出版社 1994 年版。

［7］马承源主编：《中国青铜器》，上海古籍出版社 2003 年版。

［8］田自秉：《中国工艺美术史》，东方出版社 2004 年版。

［9］杨永善：《陶瓷造型艺术》，高等教育出版社 2004 年版。

［10］杨永善：《陶瓷造型设计》，辽宁科学技术出版社 1988 年版。

［11］钟敬文主编：《中国礼仪全书》，安徽科学技术出版社 2003 年版。

［12］张福康：《中国古陶瓷的科学》，上海人民美术出版社 2000 年版。

［13］李家治等：《中国古代陶瓷科学技术成就》，上海科学技术出版社 1985 年版。

［14］葛兆光：《中国思想史》（三卷本），复旦大学出版社 2003 年版。

［15］徐复观：《中国艺术精神》，华东师范大学出版社 2001 年版。

［16］韦政通：《中国思想史》，上海书店出版社 2003 年版。

［17］李泽厚：《美的历程》，天津社会科学院出版社 2002 年版。

［18］李泽厚：《己卯五说》，中国电影出版社 1999 年版。

［19］李泽厚：《实用理性与乐感文化》，生活·读书·新知三联书店 2005 年版。

［20］李泽厚：《中国古代思想史论》，天津社会科学院出版社 2003 年版。

［21］杨志刚：《中国礼仪制度研究》，华东师范大学出版社 2001 年版。

［22］钱穆：《中国思想通俗讲话》，生活·读书·新知三联书店 2004 年版。

[23] 张子英:《磁州窑瓷枕》,人民美术出版社 2000 年版。

[24] 宋镇豪:《夏商社会生活史》,中国社会科学出版社 1994 年版。

[25] 方李莉:《传统与变迁——景德镇新旧民窑业田野考察》,江西人民出版社 2000 年版。

[26] 孙机:《汉代物质文化图说》,文物出版社 1991 年版。

[27] 张光直:《中国青铜时代》,生活・读书・新知三联书店 1990 年版。

[28] 张光直:《美术、神话与祭祀》,辽宁教育出版社 2002 年版。

[29] 沈从文:《花花朵朵 坛坛罐罐——沈从文文物与艺术研究文集》,外文出版社 1996 年版。

[30] 王国维著,傅杰编校:《王国维论学集》,中国社会科学出版社 1997 年版。

[31] 王力:《中国古代文化史讲座》,广西师范大学出版社 2003 年版。

[32] 李学勤:《失落的文明》,上海文艺出版社 1997 年版。

[33] 许倬云:《历史分光镜》,上海文艺出版社 1998 年版。

[34] 张光直:《青铜挥麈》,上海文艺出版社 2000 年版。

[35] 陈登原:《中国文化史》(共两卷),辽宁教育出版社 1998 年版。

[36] 刘岱主编:《中国文化新论・科技篇・格物与成器》,生活・读书・新知三联书店 1992 年版。

[37] 上海古籍出版社编:《生活与博物丛书・饮食起居编》,上海古籍出版社 1993 年版。

[38] 林乃桑:《中国饮食文化》,上海人民出版社 1991 年版。

[39] 夏鼐:《考古学论文集》,河北教育出版社 2002 年版。

[40] 张泽咸:《唐代工商业》,中国社会科学出版社 1996 年版。

[41] 陈炎主编:《中国审美文化史》(共四卷),山东画报出版社 2001 年版。

[42] 陈绶祥:《遮蔽的文明》,北京工艺美术出版社 1992 年版。

[43] 杨向奎:《宗周社会与礼乐文明》(修订本),人民出版社 1997 年版。

[44] 胡维佳主编:《中国古代科学技术史纲——技术卷》,辽宁教育出版社 1999 年版。

[45] 徐吉军:《中国丧葬史》,江西高校出版社 1998 年版。

[46] 吕思勉:《中国制度史》,上海世纪出版集团、上海教育出版社联合出版 2002 年版。

[47] 柳诒徵:《中国文化史》(共两卷),东方出版中心 1996 年版。

［48］傅振伦：《〈景德镇陶录〉详注》，书目文献出版社 1993 年版。

［49］邱国珍：《景德镇瓷俗》，江西高校出版社 1994 年版。

［50］刘凤君：《中国古代陶瓷艺术》，山东教育出版社 1990 年版。

［51］郭沫若：《中国古代社会研究》(共两卷)，河北教育出版社 2002 年版。

［52］周世荣：《长沙瓷窑鉴定与鉴赏》，江西美术出版社 2000 年版。

［53］刘杨，赵荣华：《吉州瓷窑鉴定与鉴赏》，江西美术出版社 2001 年版。

［54］王建中：《磁州瓷窑鉴定与鉴赏》，江西美术出版社 2002 年版。

［55］禚振西，杜文：《耀州瓷窑鉴定与鉴赏》，江西美术出版社 2000 年版。

［56］湖南省文物考古研究所等著：《长沙窑》，紫禁城出版社 1996 年版。

［57］张之恒：《中国新石器时代文化》，南京大学出版社 1992 年版。

［58］张之恒，吴建民：《中国旧石器时代文化》，南京大学出版社 1991 年版。

［59］张之恒主编：《中国考古学通论》，南京大学出版社 1991 年版。

［60］张之恒，周裕兴：《夏商周考古》，南京大学出版社 1998 年版。

［61］刘国良：《中国工业史・古代卷》，江苏科学技术出版社 1990 年版。

［62］余也非：《中国古代经济史》，重庆出版社 1998 年版。

［63］袁仲一，张占民：《秦俑研究文集》，陕西人民美术出版社 1990 年版。

［64］陈进海：《世界陶瓷艺术史》，黑龙江美术出版社 1995 年版。

［65］程金城：《中国陶瓷艺术论》，山西教育出版社 2001 年版。

［66］王毅：《中国民间艺术论》，山西教育出版社 2001 年版。

［67］高丰：《中国器物艺术论》，山西教育出版社 2001 年版。

［68］潘守永：《佛教与工艺杂项》，天津人民出版社 1996 年版。

［69］林少雄：《人文晨曦——中国彩陶的文化读解》，上海文化出版社 2001 年版。

［70］程金城：《远古神韵——中国彩陶艺术论纲》，上海文化出版社 2001 年版。

［71］蒋书庆：《破译天书——远古彩陶花纹揭秘》，上海文化出版社 2001 年版。

［72］户晓辉：《地母之歌——中国彩陶与岩画的生死母题》，上海文化出版社 2001 年版。

［73］宗白华：《宗白华全集》(共四卷)，安徽教育出版社 1994 年版。

［74］尚秉和：《历代社会风俗事物考》，江苏古籍出版社 2002 年版。

［75］秦大树：《石与火的艺术——中国古代瓷器》，四川教育出版社 1995

年版。

[76] 朱顺龙，李建军：《陶瓷与中国文化》，世纪出版集团 汉语大词典出版社 2003 年版。

[77] 杜金鹏，杨菊华：《中国史前遗宝》，上海文化出版社 2000 年版。

[78] 杜金鹏：《中国古代酒具》，上海文化出版社 1995 年版。

[79] 姚国坤，胡晓军：《中国古代茶具》，上海文化出版社 2000 年版。

[80] 贡昌：《婺州古瓷》，紫禁城出版社 1988 年版。

[81] 秦永洲：《中国社会风俗史》，山东人民出版社 2001 年版。

[82] 张道一：《张道一文集》，安徽教育出版社 1999 年版。

[83] 张道一：《美术长短录》，山东美术出版社 1992 年版。

[84] 张道一：《工艺美术论集》，陕西人民出版社 1986 年版。

[85] 张道一：《造物艺术论》，福建美术出版社 1989 年版。

[86] 张道一主编：《工艺美术研究》(第一集)，江苏美术出版社 1987 年版。

[87] 张道一编撰：《〈考工记〉注译》，陕西人民美术出版社 2004 年版。

[88] 张道一主编：《艺术学研究》(第一、二集)，江苏美术出版社。

[89] 汝信，张道一主编：《美学与艺术学研究》(第一、二、三集)，江苏美术出版社。

[90] 吴诗池：《文物学概论》，上海文艺出版社 2002 年版。

[91] 闻人军：《考工记导读》，巴蜀书社 1996 版。

[92] 闻人军译注：《考工记译注》，上海古籍出版社 1993 版。

[93] 戴吾三：《考工记图说》，山东画报出版社 2003 版。

[94] 李砚祖：《工艺美术概论》，山东教育出版社 2003 年版。

[95] 李砚祖：《造物之美：产品设计的艺术与文化》，中国人民大学出版社 2000 年版。

[96] 李砚祖：《装饰之道》，中国人民大学出版社 1993 年版。

[97] 童书业：《童书业说瓷》，上海古籍出版社 1999 年版。

[98] 徐恒醇：《技术美学》，上海人民出版社 1989 年版。

[99] 许平：《造物之门》，陕西人民美术出版社 1998 年版。

[100] 朱狄：《艺术的起源》，中国青年出版社 1999 年版。

[101] 林惠祥：《文化人类学》，商务印书馆 1996 年版。

[102] 袁珂：《中国神话传说词典》，上海辞书出版社 1985 年版。

[103] 袁珂校译：《山海经校译》，上海古籍出版社 1985 年版。

［104］陈高华、徐吉军主编，徐吉军等著：《中国风俗通史·宋代卷》，上海文艺出版社 2001 年版。

［105］奚传绩主编：《设计艺术经典论著选读》，东南大学出版社 2002 年版。

［106］诸葛铠：《图案设计原理》，江苏美术出版社 1998 年版。

［107］杭间：《中国工艺美学思想史》，北岳文艺出版社 1994 年版。

［108］潘鲁生：《中国民间美术工艺学》，江苏美术出版社 1992 年版。

［109］李立新：《中国设计艺术史论》，天津人民出版社 2004 年版。

［110］徐飚：《成器之道》，南京师范大学出版社 1999 年版。

［111］夏燕靖：《中国设计艺术史》，辽宁美术出版社 2003 年版。

［112］李庆：《中国文化中人的观念》，学林出版社 1996 年版。

［113］阮荣春：《佛教南传之路》，湖南美术出版社 2000 年版。

［114］李建毛：《中国古陶瓷经济研究》，湖南人民出版社 2001 年版。

［115］熊海堂：《东亚窑业技术发展与交流史研究》，南京大学出版社 1995 年版。

四、工具书：

［1］中国社会科学院语言研究所词典编辑室：《现代汉语词典》(第 7 版)，商务印书馆 2016 年版。

［2］《简明不列颠百科全书》，中国大百科全书出版社 1986 年版。

［3］《中国大百科全书·文物·博物馆卷》，中国大百科全书出版社 1993 年版。

［4］《中国大百科全书·考古卷》，中国大百科全书出版社 1986 年版。

［5］《中国大百科全书·美术卷》，中国大百科全书出版社 1998 年版。

［6］汪庆正主编：《简明陶瓷词典》，上海辞书出版社 1997 年版。

五、图录：

［1］中国陶瓷全集编辑委员会编，安金槐主编：《中国陶瓷全集·新石器时代卷》，上海人民美术出版社 2000 年版。

［2］中国陶瓷全集编辑委员会编，安金槐主编：《中国陶瓷全集·夏商周春秋战国卷》，上海人民美术出版社 2000 年版。

［3］中国陶瓷全集编辑委员会编，朱伯谦主编：《中国陶瓷全集·秦汉卷》，上海人民美术出版社 2000 年版。

[4] 中国陶瓷全集编辑委员会编，朱伯谦主编：《中国陶瓷全集·三国魏晋南北朝卷》，上海人民美术出版社 2000 年版。

[5] 中国陶瓷全集编辑委员会编，李辉柄主编：《中国陶瓷全集·隋唐卷》，上海人民美术出版社 2000 年版。

[6] 中国陶瓷全集编辑委员会编，李辉柄主编：《中国陶瓷全集·唐五代卷》，上海人民美术出版社 2000 年版。

[7] 中国陶瓷全集编辑委员会编，李辉柄主编：《中国陶瓷全集·宋（上、下）卷》，上海人民美术出版社 2000 年版。

[8] 中国陶瓷全集编辑委员会编，冯永谦主编：《中国陶瓷全集·辽西夏卷》，上海人民美术出版社 2000 年版。

[9] 中国陶瓷全集编辑委员会编，汪庆正主编：《中国陶瓷全集·元（上、下）卷》，上海人民美术出版社 2000 年版。